MAÇONARIA
50
INSTRUÇÕES DE COMPANHEIRO

Raymundo D'Elia Junior

MAÇONARIA
50
INSTRUÇÕES DE COMPANHEIRO

MADRAS®

© 2024, Madras Editora Ltda.

Editor:
Wagner Veneziani Costa (*in memoriam*)

Produção e Capa:
Equipe Técnica Madras

Revisão:
Maria Cristina Scomparini

Dados Internacionais de Catalogação na Publicação (CIP)
(Câmara Brasileira do Livro, SP, Brasil)

D'Elia Junior, Raymundo
Maçonaria: 50 instruções de companheiro/Raymundo D'Elia Junior.
– São Paulo: Madras, 2024.
Bibliografia
ISBN 978-85-370-0692-4

1. Maçonaria 2. Maçonaria – Rituais 3. Maçonaria – Simbolismo I. Título.

11-05949   CDD-366.12

Índices para catálogo sistemático:
1. Maçonaria: Simbolismo e tradição: Sociedades secretas 366.12

Proibida a reprodução total ou parcial desta obra, de qualquer forma ou por qualquer meio eletrônico, mecânico, inclusive por meio de processos xerográficos, incluindo ainda o uso da internet, sem a permissão expressa da Madras Editora, na pessoa de seu editor (Lei nº 9.610, de 19.2.98).

Todos os direitos desta edição, em língua portuguesa, reservados pela

MADRAS EDITORA LTDA.
Rua Paulo Gonçalves, 88 – Santana
CEP: 02403-020 – São Paulo/SP
Tel.: (11) 2281-5555 – (11) 98128-7754
www.madras.com.br

Apresentação

*Somente o Homem,
dentre todas as criaturas,
pode mudar sua própria vida.*

*A maior descoberta dessa geração
é que o ser humano,
mudando as atitudes internas e sua mente,
pode mudar os aspectos externos de sua vida!*

William James

*Àqueles que privamos em prol dos afazeres maçônicos,
mas que são verdadeiros baluartes de nossa vida,
de quem só se recebeu compreensão e paciência, em todo tempo
devotado
a elaboração deste trabalho.*

*Amada esposa Lili, queridos filhos Fabiana e Fernando,
novos e amados netinhos Marcela e Frederico,
e caríssimos pais Deolinda e Ir∴ Raymundo*
(in memoriam)

Índice

Prefácio 9
Prólogo – 'Instrução' – e Mensagem.. 11
I – INSTRUÇÕES COM TEOR SIMBÓLICO.................................... 17
    1. A 'Pedra Polida' do Segundo Grau (Parte I).............................. 18
    2. A 'Pedra Polida' do Segundo Grau (Parte II)............................ 23
    3. Estrela – A História 28
    4. Estrela – Símbolo do Grau (Parte I) 34
    5. Estrela – Símbolo do Grau (Parte II) 41
    6. Estrela – Símbolo do Grau (Parte III) 48
    7. A 'Letra G' – Simbologia (Parte I) 54
    8. A 'Letra G' – Simbologia (Parte II) 59
    9. As 'Cinco Viagens' Simbólicas da Elevação (Parte I)............... 64
    10. As 'Cinco Viagens' Simbólicas da Elevação (Parte II) 69
    11. O Avental do Companheiro 74
    12. Interpretação Simbólica da 'Palavra de Passe'........................ 79
    13. A 'Marcha' do Segundo Grau.. 84
    14. O Painel da Loja de Companheiro (Parte I) 89
    15. O Painel da Loja de Companheiro (Parte II)........................... 95
    16. O Número Cinco 102
    17. As Ferramentas do Companheiro (Parte I) 107
    18. As Ferramentas do Companheiro (Parte II).......................... 112
    19. As Ferramentas do Companheiro (Parte III) 117
II – INSTRUÇÕES COM TEOR FILOSÓFICO 123
    20. As Faces da Arquitetura (Parte I).. 124
    21. As Faces da Arquitetura (Parte II) 129
    22. As Sete Artes-Ciências Liberais e o Grau 2 (Parte I) 134
    23. As Sete Artes-Ciências Liberais e o Grau 2 (Parte II).......... 139
    24. Filosofia do Companheiro Maçom (Parte I)......................... 144
    25. Filosofia do Companheiro Maçom (Parte II) 149
    26. A Ritualística do Grau – Comentários (Parte I) 154
    27. A Ritualística do Grau – Comentários (Parte II) 159
    28. Exaltação ao Trabalho no Grau de Companheiro.................. 164

29. O Trabalho dos Companheiros 169
30. O Verdadeiro Aprendizado de Moral na Maçonaria 174
31. Os Pontos de Perfeição dos Companheiros 179
32. Resumo Filosófico do Grau de Companheiro 184
33. Comentários sobre Antigos Rituais 189
34. Conceitos sobre a 'Verdade' 194

III – INSTRUÇÕES COM TEOR PRÁTICO 203
35. História dos Companheiros (Parte I) 204
36. História dos Companheiros (Parte II) 209
37. História dos Companheiros (Parte III) 214
38. A Bíblia e o Grau de Companheiro 219
39. A Conjugação dos Quinários 224
40. Aspectos Gerais do Grau 2 (Parte I) 231
41. Aspectos Gerais do Grau 2 (Parte II) 236
42. Considerações Adicionais sobre o Grau 241
43. Diversidade do Grau de Companheiro 246
44. Generalidades do Grau de Companheiro 251
45. Noções Básicas ao Companheiro 256
46. O Companheiro de Ofício 261
47. Posição e Destino do Companheiro 266
48. Qualificações do Verdadeiro Companheiro 271
49. Os Companheiros e os Quase-Maçons 276
50. Recomendações aos Companheiros 281

IV – FONTES 286

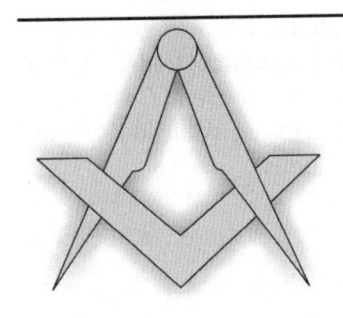

Prefácio

"**Perscrutar o Espírito Humano**" – eis o 'Grande Mistério' que é a razão de ser e causa efetiva exercida pela literatura.

Qualquer que seja o texto, que dependeu de muito esforço e dedicação, como no caso, vale lembrar que sempre tem a magnífica capacidade de penetração no mais íntimo daquele que o lê, com atenção e interesse de que se torna merecedor.

Por menos que seja perceptível, a grande verdade é que, em qualquer circunstância, a leitura sempre traz consigo um determinado aprendizado que se acumula na região ou repartição mais apropriada do cérebro humano, ou seja, aquela que se destina ao Conhecimento, sendo então certo que nesse local essa mensagem irá provocar uma importante 'modificação' natural, principalmente, no 'imo' de todo aquele que bem estudou e se entusiasmou com o texto.

Devem prestar atenção que foi dito estudou, pois um texto para ser bem compreendido, apreciado com entusiasmo e poder modificar ou alterar tanto os Pensamentos, quanto a maneira e forma de enxergar determinado assunto, deve ser muito bem estudado, ou seja, acompanhado da necessária e conveniente atenção e interesse.

E, ainda tive a oportunidade e a alegria de prefaciar alguns livros anteriores do Am∴ Ir∴ D'Elia, e neste instante estou me referindo a sua obra *Maçonaria – 100 Instruções de Aprendiz*. Agora, novamente volto a ter a satisfação de iniciar a leitura deste novo texto, de autoria desse dedicado Integrante da Sublime Instituição.

Desta vez são "50 Instruções do Grau de Companheiro", que a exemplo do livro anterior sobre 'Instruções do Grau de Aprendiz', pode e deve ser muito bem estudado por todos os Irmãos interessados, que se encontrem em qualquer um dos 'Degraus da Evolutiva Escada de Jacó', até porque se trata de 'exemplares e norteadores' Conhecimentos, que sem dúvida tornam-se válidos em acrescentar não só a preciosa Cultura, mas acima de tudo, o Aprendizado e o indispensável Teor a respeito da Verdadeira Maçonaria!

Essa decantada Verdadeira Maçonaria, que deve penetrar nos corações e mentes de todos os seus privilegiados Integrantes, para que seja processada a mais realista integração, quando for realizado o explendoroso Ato gerador, por meio do qual passa o Candidato a fazer parte da mais importante, tradicionalista, orientadora e conhecida Assembleia de Homens Livres e de Bons Costumes, e essa, por sua vez, se agrupa na produção do Aculturamento e Evolução Espiritual do Indivíduo que pertence e compõe suas hostes ou fileiras.

Assim, parabéns Am∴ Ir∴ D'Elia por mais esta obra !

Obrigado pela oportunidade, e que o G∴A∴D∴U∴ sempre vos abençoe e ilumine, bem como a todos os seus privilegiados leitores.

Aos 6 dias do mês de julho do ano de 2010 da E∴V∴

Am∴ Ir∴ Osmar Maranho – Gr∴33
(inspirado em texto do Am∴Ir∴ Francisco Glicério)
Ex-VM da ARLS Reais Construtores e Secretário Adjunto de Ritualística para o Rito Adonhiramita do GOSP.

Prólogo – 'Instrução' e Mensagem

1. Prólogo

Desde a apresentação do primeiro trabalho destinado aos Aprendizes, aos caros Irmãos deixamos registrada a real intenção, de que nada contido neste simples novo trabalho é caracterizado pelo 'ineditismo', tanto no seu conteúdo filosófico quanto simbólico.

O verdadeiro sentido é a tentativa de auxílio aos Irmãos e Lojas, pertencentes aos vários Ritos, poderem contar com determinadas Instruções, que poderão repassar aos Companheiros, acrescentando simples 'conhecimentos maçônicos', de modo ágil, porém não por demais profundos.

Estas Instruções foram divididas em Capítulos, com o intuito de ser percebida a verdadeira mensagem de seus conteúdos, desde o simbolismo mais simples até algo com teor pouco mais filosófico, demonstrando que o universo da Instituição tem amplitude incomensurável.

A forma de apresentação do trabalho possibilita que seja proporcionada a condução de todas as Luzes das Oficinas a participar nas exposições das Instruções; e assim, contribuindo para a criação de agilidade no pensar e falar, o que aumenta a concentração dos Integrantes da Oficina, tanto aos que usam do verbo quanto aos que se instruem ouvindo-os.

Ao longo de muitos anos militando na Ordem, quando ocorreu a oportunidade de conhecer algumas diferentes maneiras de serem ministradas as Instruções, aquela que mais competente se mostrou na criação de clima propício ao entendimento e concentração de todos foi a da exposição em forma de JOGRAL; a partir disso, recaiu nessa forma de apresentação a escolha do exposto, que deve ser entendida apenas como simples sugestão.

Então, como dito, a forma do trabalho possibilita a participação das Luzes na exposição das Instruções, trabalhando como JOGRAL; assim, agiliza-se o falar e não esgota o discurso por único expositor, nem se utiliza só um timbre de voz aos ouvintes, o que aumenta a concentração coletiva.

Raymundo D´Elia Junior

2. 'Instrução'

E, cabe expor um importante Artigo, que devidamente adaptado, versa sobre esse trabalho:

Instruir é Ensinar, ou, provocar responsabilidade e distribuir ensinamentos.

Aquele que instrui também aprende, pois no desenvolver do discurso mental, utilizando-se do aprendizado interior do subconsciente, vai recordando o já muitas vezes esquecido, e este processo reanima sua mente e o alerta para a conquista de novos conhecimentos.

Muito mais que mostrar o caminho, o que se predispõe a instruir abre espaço para adquirir; e, mutuamente dando e recebendo, ambos os lados são favorecidos; isto implica que só juntos, de mãos dadas, é que se consegue o Verdadeiro Aprendizado.

O autor se doa e recebe a troca; o receptor recebe e devolve, ao repassar o aprendizado.

Poucos se predispõem a utilizar seu armazenamento interior, e de sua busca e investigação exteriores, para juntarem-se aos que não possuem condições físicas e na grande maioria, mentais, de desenvolverem Instruções; e, se assim o fazem (se negam), é porque se sentem repletos de conhecimento, acima dos demais que não o compreenderão; ou como age a maioria, ignora o tanto de aprendizado de que está se privando.

Auxiliemos os que instruem, busquemos orientá-los antes de tudo quanto à responsabilidade, mas também quanto ao júbilo e gratidão de 'ensinar', quer dizer, de doar, e dessa forma, agir de acordo com um dos Principais Preceitos da Ordem que é de 'repartir para somar'.

Ir∴ Francisco Glicério

3. Mensagem

3.1 – Objetivo

A proposta deste trabalho é conter Instruções com visão superficial sobre *'simbologia, alegorias, emblemas, história e tradições'*, servindo de guia prático a quem desejar instruir seus pares com alguns poucos conhecimentos sobre Maçonaria.

É certo que o trabalho não satisfará tão amplamente como desejável, se considerada a amplitude e complexidade dos temas; mas, a preocupação foi de 'compilação', mostrando-se apenas como guia de apresentação e enriquecimento de conhecimentos sobre a 'simbologia' da Instituição, e assim, propõe-se que sejam relevadas as lacunas que porventura possam conter os textos.

Não há pretensão de mostrar nenhuma originalidade nos textos, pois o conteúdo não será novidade aos conhecedores dos assuntos abordados, somente tratando-se de um trabalho de 'compilação coordenada', sendo a maior dificuldade a de *'encontrar, selecionar e compendiar'*, o que está esparso em parte da bibliografia existente e consultada; e assim, as matérias estão divididas em Capítulos para maior facilidade de *'busca, escolha e apresentação'*.

Este modesto material representa o resultado de pesquisas feitas por intermédio do muito que se tem escrito sobre Maçonaria.

E, parafraseando o autor e prezado amigo e Am∴ Ir∴ José Martins Jurado, ao afirmar que o futuro responderá se esse trabalho satisfez os Irmãos, o que será aferido conforme as críticas, que se construtivas serão bem aceitas, porém, após a apreciação do trabalho sempre se faz necessária uma reflexão momentânea, a considerar que a intenção é a de fraternalmente alertar quanto a agressões ou críticas destrutivas, pois cabe cientificar ter sido a mais 'pura nobreza de sentimentos' o que norteou sua elaboração, cientes todos de que: *"Nada mais é enobrecedor no Homem do que sua luta, a luta por um Ideal, qualquer que seja, que faz o Homem sair da simples condição de um ser voltado para si mesmo, para elevar-se à condição de se tornar um ser voltado ao próximo."*; então, queiram receber o sincero T∴F∴A∴

3.2 – Recomendações

Por vezes são encontradas, inadvertidamente, em várias publicações (revistas), artigos sobre Sociedades Secretas, Lojas Maçônicas, Maçons, Rosa-Cruzes, etc., constando fotos de cerimônias tidas como totalmente secretas pelas Autoridades Maçônicas; já que sendo a Ordem um mundo selecionado de bondade, inteligência e energia, será sempre a Instituição criadora das obras da salvação humana, pois hoje como ontem, os Iniciados na verdade e no bem continuam a construção do Templo da Humanidade Perfeita.

Assim, os trabalhos maçônicos devem ser secretos, porque as injúrias que o povo maçônico tem sofrido alertam para que sua técnica deva ser a mais perfeita, evitando a repetição de fatos que, além das graves consequências, desprestigiam-na aos olhos dos adversários profanos.

Na organização da Maçonaria Universal o Segredo possui vital importância, pois se propõe a derramar a Luz, e sob a honra dos seus aderentes exige segredo de tudo o que a ela se refere; então, *Como é assegurada a observância do 'Segredo Maçônico'?* Ela o é pelas Constituições e Regulamentos dos Grandes Orientes e demais Potências, no Brasil e em todo o Mundo.

A Disciplina Maçônica consiste na íntima ligação de todos os Irmãos, no Respeito Fraternal de cada um pelo outro, sob a *'orientação dos Corpos Superiores, na satisfação do Cumprimento dos Deveres e na observância do Sigilo Maçônico'*.

Partidários sinceros e entusiastas do que é grande e elevado, e do que é possível se decifrar pelas augustas palavras da mais nobre trilogia conhecida: *'Liberdade, Igualdade e Fraternidade'*, de concluir que a Maçonaria é uma Instituição Universal, a mais antiga, tendo portanto sua história, que com orgulho se mostra onde for, à consideração, observação e raciocínio dos Homens que pretendem instruir-se nas suas Doutrinas e Ideias.

Quando foi criada a Instituição ao certo ninguém sabe, os profundos e pacientes investigadores da Ciência, Filosofia e História, por ser inteiramente impossível, não dão a data exata de sua fundação; porém, um fato não deixa dúvidas, a Maçonaria pelos séculos vem se afirmando e desenvolvendo com respeito de todos que conhecem sua digna História.

É de indagar: *Por que a Maçonaria é vida e pensamento em ação permanente?*. Porque é:

- *A inteligência e o livre-exame em contínua luta contra a ignorância e preconceitos; A Moral e a solidariedade sempre latentes; A fonte imensa de Luz em perpétuo conflito com as trevas; A Alma radiosamente Divina; e Atira dardos de glória imperecível e faíscas da Doutrina de 'paz, harmonia, concórdia, grandeza e beleza';*

todos Conceitos que transformarão o Mundo, irmanando os povos, educando e instruindo para os elevar ao cume de verdadeira civilização e progresso.

Assim, segundo o estudioso Theobaldo Varolli Fº, em *Curso de Maçonaria Simbólica*:

- *"A Maçonaria repousa em Três Colunas, Sabedoria, Força e Beleza reunidas, o que quer dizer que a Instituição não pretende ser um cenáculo de sábios, nem um agrupamento de poderosos e ricos, nem uma academia de estetas, mas uma Ordem que busca o poder da Justiça, com a Sabedoria do Amor e a Beleza Moral, como de fato é o que mais se verifica numa Loja, apesar das exceções, numa comunhão de criaturas humanas sujeitas a erros como as demais."*

O Maçom não deve se abster da responsabilidade por seus atos, e a sabedoria ser estendida a todos; então, desses Princípios resulta a preocupação maçônica de impor o ensino em seus Graus; por tudo isso, definitivamente, vale dizer que:
Na Maçonaria não há ninguém melhor, todos são Iguais e Irmãos, existindo, respeitosamente, apenas superioridade Cultural e Intelectual;

até porque, como sua primeira atitude o Maçom deve aprender a *'Conhecer A Si Próprio'*, assim como estar ciente de que é falível e que suas virtudes podem decair, agravado ainda pelo correto posicionamento que deve sempre ter frente aos seus pares e à sociedade em que vive, pois caso se torne exibicionista, certamente comprometerá a Sublime Instituição.

Nessa censura incidem os que fazem *'propaganda maçônica'* em via pública ou por meio da imprensa, apresentando-se com *'aventais, espadas, etc.'*, destacando-se junto aos profanos que não têm a mínima noção do segredo da simbologia dessa indumentária; e aquele que se apresenta, deve ignorar que se tornando conhecido também será visado, e é quando a maldade profana poderá aproveitar-se para denegrir a Ordem, porque os ataques à Maçonaria sempre foram engendrados, categoricamente, por falsa indução e grosseira generalização.

Finalmente, da Constituição Maçônica do Grande Oriente Lusitano Unido, retira-se o seguinte *'Preceito Maçônico'* a ser sempre considerado em todas as ações:

"Nos teus atos mais secretos, supões que tens todo o Mundo por testemunha".

I – Instruções com Teor Simbólico

A 'PEDRA POLIDA' DO SEGUNDO GRAU (PARTE I)

VM (ou Venerabilíssio Mestre) _____

I) Introdução

O Aprendiz, já tendo aparado sua Pedra Bruta e alcançado a condição de Companheiro Maçom, isto é, integrando o Segundo (2º) Degrau na Escada Evolutiva de Jacó da Maçonaria Simbólica, agora deve se preparar, sem perda de tempo, com eficácia, para dar continuidade à construção do Templo interior.

Para tanto, deverá utilizar as Pedras Lavradas, frutos de seu trabalho anterior, e pretender que devam ser tão perfeitamente ajustadas umas às outras, que sua magnífica obra se torne exemplo de estabilidade e perfeição.

1º (ou Venerável 1º) Vigilante _____

E sendo Aprendiz, esse foi o trabalho realizado, quando, simbolicamente, buscou 'desbastar e aparar as arestas de si próprio', que, antes da execução desses serviços anteriores, representavam todos os seus defeitos adquiridos ao longo do tempo na vida profana; então, seguindo com seu trabalho, passa a Polir sua Pedra Bruta inicial, que agora quase toma a forma cúbica almejada.

PEDRA BRUTA   PEDRA DESBASTADA

Assim, advindo desse resultado, torna-se muito mais *'culto, espiritualizado e consciente socialmente'*, portanto, reunindo todas as condições que o caracterizam em estar pronto e apto para continuar, agora com mais eficácia, a edificação do Templo pessoal alocado em seu interior.

II) Da História

Com respeito ao Globo Terrestre, a Geologia ensina muitas verdades que desacreditam as cosmogonias dos povos, se entendidas tendo origem no grego *kosmogonia*, que significa:

- Origem ou formação do Mundo (Universo), ou ainda:
- Que trata, especificamente, da criação e formação do Universo;

e essa Ciência moderna, a Geologia, afirma ainda que a Terra, primitivamente, se tratava de um corpo incandescente e luminoso, com massa fluídica e núcleo líquido, e que para alcançar o estado atual, sofreu imensas modificações durante muitos milhões de séculos.

Dentre as alterações, como das principais, a destacar o lento e ininterrupto resfriamento da sua calota externa, e o diminuir das temperaturas na face externa da Terra, gerou a conversão em líquidos dos gases circundantes, e os líquidos em sólidos, em rochas, culminando nas formações rochosas conhecidas atualmente.

E ainda, de acordo a mesma Ciência, apenas uma pequena parte da superfície externa do Globo Terrestre passou por essas modificações que são na atualidade visíveis, enquanto seu interior permanece líquido e incandescente.

2º (ou Venerável 2º) Vigilante

Na Antiguidade, os sábios e estudiosos entendiam o Mundo como dividido em somente três (3) partes, a saber: *Europa, Ásia e Líbia ou África*, ao passo que na modernidade, agora é conhecido pela divisão em cinco (5): *Europa, Ásia, África, América e Oceania*.

A Pedra Polida ou Cúbica, em geral, pode ser representada pelo hexaedro ou cubo perfeito, ou seja, a figura geométrica tridimensional de seis (6) lados denominados 'faces ou caras', opostas duas-a-duas, transformando-se no emblema da perfeição, e ainda da perfectibilidade.

Das grandes construções da Antiguidade, apenas como simples exemplo, pode ser citado que na edificação das Pirâmides egípcias e no Templo do Rei Salomão, acertadamente, os construtores houveram por bem optar na obra por contar somente com Pedras Cúbicas ou Polidas.

Então, essa mesma determinação tornou-se condição essencial em edificações desse porte, isto é, necessária e suficiente, e imprescindível para obtenção da importante estabilidade da obra.

Tanto assim, que a necessidade de utilização das Pedras Trabalhadas nas mais importantes construções pode ser constatada se consultada a Bíblia no Velho Testamento, especificamente, no Livro de Reis I – Cap. VI, Vers. VII, onde é possível verificar a seguinte citação:

- *"... edifica-se a Casa, em honra ao Senhor, com <u>Pedras Preparadas</u>, como as traziam se edificava, de maneira que nem martelo, nem machado, nem nenhum outro instrumento de ferro se ouviu na Casa quando a edificavam.";*

e, segundo o estudioso e autor maçônico Theobaldo Varoli Fº, em concordância com sua afirmação de que esse versículo sugere ainda dois importantes aspectos, a saber:
• *'Tanto o imprescindível sigilo maçônico, como também a construção do edifício social, dependem da perfeição individual dos que estão inseridos na sociedade'*.

Orador

Outros autores entendem que a Pedra Polida ou Cúbica também deva ser motivo de estudo, principalmente quando apresentada desenvolvida como uma Cruz.

```
        1
      Divino
  2    3    5
Animal Psíquico Humano
        6
      Vegetal
        4
      Mineral
```

E, considerando seus *'Lados, Faces ou Caras'*, numerados de um (1) a seis (6) como os 'dados' do jogo, e desse modo, esses numerais que comporiam o Cubo passam a representar:

Um (1) e seis (6) = respectivamente, a unidade e o equilíbrio;
Dois (2) e cinco (5) = a dualidade e a Estrela Flamejante; e
Três (3) e quatro (4) = a trindade e os quatro elementos;

e, há ainda os que consideram que tais Números significam:

• Um (1) = o Divino, a Divindade;
• Dois (2) = o Animal;
• Três (3) = o Psíquico;
• Quatro (4) = o Mineral;
• Cinco (5) = o Humano; e
• Seis (6) = o Vegetal.

Infelizmente, essas interpretações não obedecem a nenhum estudo específico mais acurado, que devia ser elaborado com mais afinco, dedicação e seriedade, mas ao contrário, em determinadas condições as mesmas interpretações podem não ser consideradas como cabíveis em Maçonaria.

III) Do Simbolismo

De supor também, que os antigos e autênticos Pedreiros afiavam seus instrumentos de trabalho nessa Pedra Polida, em concordância com o que afirmam alguns estudiosos maçônicos.

E, partindo desse ponto técnico, sem dúvida era dos principais objetivos dos bons Pedreiros deixarem Cúbicas as Pedras, mais perfeitas possível, para na Idade Média terem sucesso nas construções das: *'catedrais, castelos, pontes, aquedutos, seminários, escolas, cavalariças, etc.'*.

Secretário

Quanto a Pedra Cúbica ser considerada como símbolo, tal aspecto do simbolismo parece ter sido aprimorado, adotado e desenvolvido na Ordem, pelo Maçom Willian Preston, nascido em 1742 em Edimburgo e falecido em 1818 em Londres; e, a esse prócer da Maçonaria da época, também é atribuída toda *'concepção da estrutura do simbolismo maçônico'* como é conhecida na atualidade.

A Pedra Polida não precisa necessariamente obedecer qualquer forma geométrica definida por antecipação, assim, pode ter diversas formas, pois no retrabalho ou lapidação não há premência em ser perseguido o modelo do cubo de lados iguais, mas, deve sempre estar devidamente Polida.

Como exemplo do exposto, poder-se-ia citar, dentre tantas outras, as:

Pedra Perpianho = *Tem a medida da largura da parede em construção e, evidentemente, se apresenta aparelhada ou polida em todas as suas faces;*

Pedra Silhar = Aparelhada ou lavrada, em geral quadrada, com medida da face até o meio da parede, então, de afirmar que a Pedra Silhar corresponde à metade da Pedra Perpianho; e

Pedra Piramidal ou De Ponta = Aparece em várias gravações maçônicas, bem como, decorando a Coluna do Norte de alguns Templos, o que traz certa confusão ao Companheiro Maçom; usada, unicamente, no acabamento da parte superior das edificações, e não na construção de paredes, por razões óbvias, principalmente devido a sua forma, pois, por exemplo: Como seria possível sem muita adequação, edificar um Templo apenas contando com Pedras Piramidais?

Guarda (ou Cobridor)

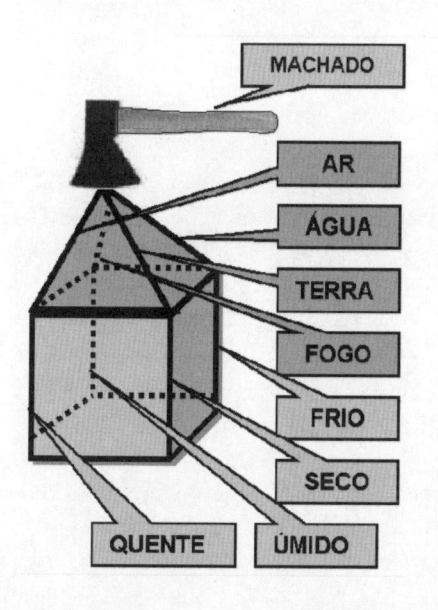

Entretanto, sobre a Pedra Piramidal ou De Ponta, caberia outra citação importante, a informada no Ritual de Companheiro Maçom do autor maçônico J.M. Ragon, ao indicar que: "A Pedra Cúbica deveria ser terminada com a forma de uma Pirâmide, símbolo do Fogo, objetivando que ali sejam inscritos os Nomes Sagrados".

No Primeiro (1º) Grau de Aprendiz tem-se a Pedra Bruta, simbolicamente, como a porção de rocha sem forma definida, podendo se apresentar, ou ser obtida, de duas maneiras diferentes:

Extraída direto da pedreira, como parte de um bloco, e com formas irregulares; ou

Retirada do interior da Terra, de Córrego ou Rio, não como bloco específico, ao

contrário, apesar de una, detém formas díspares arredondadas; lembrando que pode se compor por qualquer substância inorgânica.

Pela localização da Loja, principalmente para tê-la como exemplo palpável, pode ser recolhida de qualquer espécie ou natureza: *'granito, arenito, basalto, mármore, etc.'*.

Assim, um exemplar da Pedra Bruta, com tais características e conseguida conforme condições explicitadas, a vista de todos deve ser alocada junto ao Altar do Vigilante responsável pela Coluna dos Aprendizes, para de modo equitativo, sem interrupções ou outra interpretação, recordar, desde aos mais recentes Integrantes, a verdadeira condição dos ocupantes dessa Coluna.

VM (ou Venerabilíssimo Mestre)

Porém, maçonicamente, importa na verdade é que a Pedra Bruta simboliza o Aprendiz; mas, apesar de recém-Iniciado, ainda traz enraizadas características passíveis de melhoria substancial, aspectos que, por analogia, são comparados às 'arestas' da Pedra, que necessitam ser removidas, desbastadas ou lapidadas, pois ocultam sua verdadeira personalidade, caráter e virtudes.

Finalmente, comentar que a representatividade desse Integrante, agora na condição de Companheiro Maçom, é demonstrada por uma Pedra Polida ou Cúbica, mesmo recebendo outras tantas denominações; e do mesmo modo como a anterior, deve estar disposta à vista de todos junto ao Altar do Vigilante que comanda a Coluna oposta à mencionada, onde estão alocados os Integrantes do Segundo (2º) Grau de Companheiro Maçom.

A 'PEDRA POLIDA' DO SEGUNDO GRAU (PARTE II)

VM (ou Venerabilíssimo Mestre) _____

IV) Pedra Cúbica Piramidal

Nesse novo Grau de Companheiro a Pedra a ser Polida já deve ter suas arestas removidas, e de início se apresenta como uma Pedra apenas Burilada, mas ainda passível de Polimento, resultado do exaustivo trabalho enquanto Aprendiz.

O necessário Polimento ocorrerá, o mais rápido possível, no novo período de aprendizado agora na condição de Companheiro, porque, certamente, como resultado essa atividade embasará seu caminho que o conduziria ao Mestrado; pode-se atestar que se a Pedra estiver só Burilada não refletirá a Luz, o que contrariamente será conseguido se Polida, podendo até chegar a quase se constituir numa espécie de espelho, tal a reflexão que pode ser obtida.

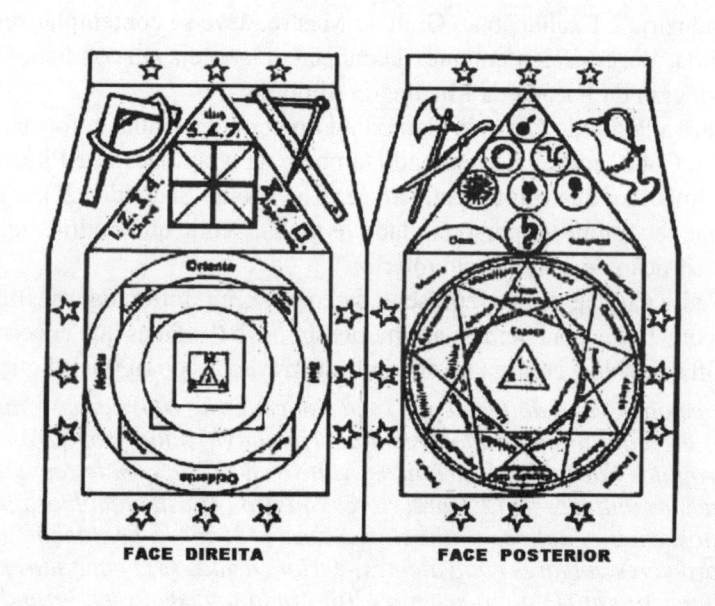

FACE DIREITA   FACE POSTERIOR

FACE ESQUERDA   **FACE ANTERIOR**

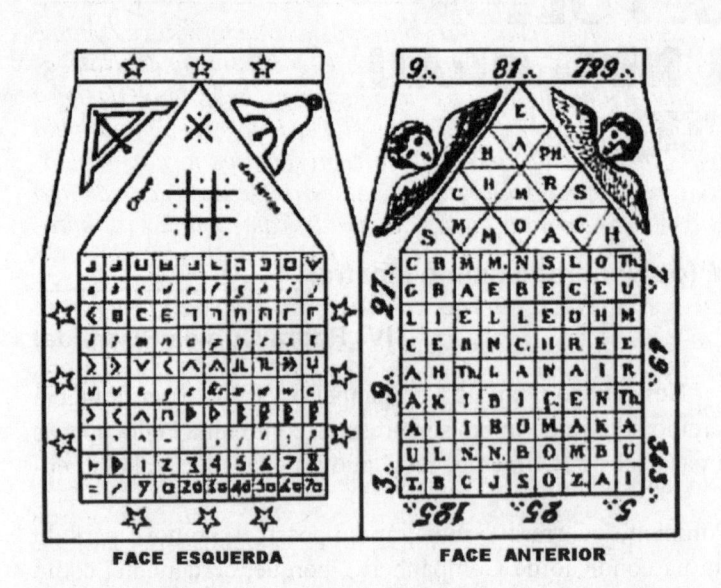

1º (ou Venerável 1º) Vigilante

V) Descrição

Assim, o Companheiro antes de concluir sua nova jornada, que, com eficácia, o conduziria à Exaltação ao Grau de Mestre, deve se contemplar refletido na Pedra Polida, até, conscientemente, reconhecer que esteja em condições de galgar o último degrau da Escada da Maçonaria Simbólica.

Então, a Pedra do Grau de Companheiro com determinada forma, em geral próxima ao Cubo, entretanto, podendo também ter a lapidação de Pirâmide sobre o Cubo, simboliza que o Integrante ao ser Elevado ao Segundo (2º) Grau consegue revelar seu caráter e personalidade, e ainda, sentir que realmente está apto para a construção de seu edifício interior.

A Pedra Cúbica ao ser representada com o cimo piramidal mostra todas as figuras geométricas conhecidas; assim, possui nove (9) faces que encerram peculiar filosofia, devido à contida diversidade de gravações de signos e figuras, então:

1. *A face observada do Ocidente divide-se em cem (100) casas = número dez (10) elevado ao quadrado, assim distribuídas: vinte e seis (26) contém os hieróglifos tidos como maçônicos; vinte e seis (26), com letras itálicas, traduzem as vinte e seis (26) anteriores; quatro (4) ostentam hieróglifos compostos, e letras itálicas explicativas; doze (12) com a pontuação geográfica e caracteres vulgares equivalentes; e trinta e duas (32) ocupadas por cifras, do número um (1) até o setenta (70). Ainda apresenta um 'grande círculo' dividido em 360º, percorrido pelo Sol em cerca de 24 (vinte e quatro) horas, assim, originando o dia-e-noite.*

2º (ou Venerável 2º) Vigilante

No interior do círculo há três triângulos superpostos que formam as vinte e seis (26) casas triangulares, com os nomes das Ciências místicas. No centro da figura há outro triângulo menor com o caractere hebraico IOD. Para compreender os ensinamentos sugeridos nessa face, deve-se principiar pelo pequeno triângulo denominado 'gênio', que representa as forças geradoras, germinadoras, e o germem contido na Natureza. Desde esse triângulo central, que também representa a inteligência, admiram-se todas as maravilhas criadas pelo Ser Supremo.

2. *Na face frontal triangular, aparece a 'chave dos hieróglifos conhecidos como maçônicos'. Tem nos lados, esquerdo um Prumo e direito um Nível, a demonstrar que a 'Instrução iguala os Homens', tanto que o talento dos humildes pode elevá-los ao nível dos grandes Homens.*

3. *Ainda na parte frontal as dezesseis (16) casas triangulares correspondentes formam um 'grande triângulo ou Delta, emblema da Divindade', representado na Loja pelo Delta Luminoso alocado no Oriente, sob o dossel de cobertura do trono do VM. Nas casas estão as letras da palavra Tetragramaton, ou seja, o nome do Grande Jeová, que se encontra esculpido no interior do Delta Sagrado.*

4. *A face ao Sul é a obra-mestra, composta por oitenta e uma (81) casas = número nove (9) elevado ao quadrado, onde estão todas as Palavras Sagradas, desde o Grau um (1) até trinta e três (33), evidentemente, referidos aos Ritos que os adotam, e á dependência de decifração.*

Orador

5. *A face ao Norte com quatro (4) círculos concêntricos representa as 'quatro regiões' que os antigos diziam existir em torno da Terra, e denominadas 'quatro pontos cardeais': Oriente, Ocidente, Sul e Norte, e as quatro estações do ano: Primavera, Verão, Outono e Inverno.*

Além disso, os antigos Iniciados legaram à Humanidade, a Ciência da 'combinação dos números' por meio de cálculos; e assim, essas atitudes orientaram os Homens na direção da necessidade premente do estudo da Geometria e da Aritmética.

O estudo da Geometria deve principiar pelo efetivo conhecimento dos números, que detém forma geométrica por estarem contidos numa 'chave'; e além disso, estão os Iniciados ainda cientes de que esses conhecimentos foram legados pelos sábios egípcios, e que num dos triângulos que encimam a Pedra, em uma de suas faces, está encerrada a 'chave numérica egípcia'.

Já o 'quadrado perfeito' pode ser dividido em quatro (4) partes iguais, mediante duas (2) linhas, perpendicular e horizontal; porém, outras duas (2) linhas em sentido diagonal podem ainda subdividi-lo de ângulo-a-ângulo, então o quadrado resultará dividido em oito (8) triângulos.

Daí resulta os dez (10) signos geométricos de números um (1) a dez (10), e então, essas 'cifras' são denominadas 'cifras angulares'; e assim, foram burilados os caracteres resultantes a dar-lhes mais elegância, quando surgiram os atuais números chamados, impropriamente, de arábicos.

Depois disso, as futuras investigações dos sábios da Antiguidade passaram a ser orientadas na direção da imensa 'abóboda celeste', que realmente continha o que era entendido, concebido e considerado misterioso, e dessa maneira, surgia a Ciência da Astronomia.

Secretário

Em colaboração com as demais, essa Ciência também propiciou o futuro desenvolvimento e o descobrimento das leis e fenômenos que regem a Natureza; tais fatos ocorreram pela minuciosa observação do Sol, Lua e Estrelas, conjugados às ocorrências nas 'quatro (4) estações do ano'.

VI) Da Filosofia

E então, o Homem é instalado no 'centro do infinito' como contemplador da maravilhosa construção, para admirar os fenômenos meteorológicos, cósmicos e astronômicos; e além disso, depois de 'despolarizar' a Luz chega às cores primárias: vermelho, amarelo e azul, e inspirado por tantas descobertas passa a investigar e descobre a imortalidade.

Quando o Homem quis 'medir' seus conhecimentos, tomou providências traçando uma linha, a seguir um ângulo, e depois um triângulo, e assim determinou sua primeira (1ª) superfície, e com esse triângulo formou um quadrado, encontrando sua segunda (2ª) superfície, mas logo resolveu procurar o volume; para tanto, com o mesmo triângulo formou uma Pirâmide, e com essa formou um Cubo, a segunda (2ª) medida do volume, e assim, dispondo desses dois (2) corpos geométricos construiu a Pedra Cúbica Pontiaguda, emblema da perfeição e Geometria.

E como sempre acontece, o Homem se mostrava insatisfeito, por isso, continuando resolveu 'medir' o tempo, tendo conseguido ao tomar como ponto de partida o astro Rei, o Sol, e assim, sucessivamente, surgiram os novos horizontes, Ciências e aplicações; por fim, eficientemente, praticou as Ciências contidas nos vinte e sete (27) triângulos do Universo; e, o triângulo, que corresponde a face, contém 'sete (7) corpos celestes' da Antiguidade, tão venerados que formam os responsáveis pelo surgimento da Mitologia, originada do grego *Mythologia*, significando:

Guarda (ou Cobridor)

- *A história fabulosa dos Deuses, Semideuses e Heróis da Antiguidade,*
- *O conjunto dos mitos próprios de um povo, civilização, religião e Ciência, e*
- *O estudo ou tratado sobre as origens, desenvolvimento e significação dos anteriores;*

assim, ainda na Antiguidade, entendiam esses 'sete (7) corpos celestes' como:

1) Sol representa Apolo = Deus da Luz, Ciências e Artes; ilumina a Inteligência;
2) Lua representa Diana, irmã de Apolo = Deusa da Luz noturna, da Luz de segunda ordem, penumbra do talento despreparado; 3) Marte = Emblema do Deus da Guerra; preside batalhas; 4) Mercúrio = Intérprete da Luz Divina; condutor da verdade e eloquência; 5) Júpiter – Senhor dos Deuses = Símbolo de Inteligência e Poder Divino; 6) Vênus = Deusa da Beleza; mãe de amor que conduz à fecundidade; e 7) Saturno = Deus do tempo; nasce todo dia e se destrói; devora os filhos – os dias;

e, diziam os antigos que: "A Natureza se renova constantemente, pois também é Filha do Tempo".

A Base da Pedra Cúbica é composta por círculos concêntricos, nos espaços intermediários há nove (9) estrelas pequenas, e no centro a Estrela de cinco (5) pontas com a Letra G na parte central; como dito, mas valendo repetir, a Estrela de cinco (5) pontas ainda representa o Homem, ou a proclamação especial da Criação; as nove (9) estrelas significam os fatores usados pelo Homem para dominar o Mundo, são: matéria, água, ar, fogo, germem, física, química, força e inteligência.

Referente à Moral, quanto a sua representatividade, tem-se que:

- *A Pedra Cúbica ainda apresenta outros tantos significados;*
- *A Pirâmide representa a verdade, sendo formada pela primeira (1ª) superfície, constituindo a primeira (1ª) unidade de volume, e*
- *O Cubo simboliza essa Moral, pois representa a Loja, verdadeira unidade maçônica.*

VM (ou Venerabilíssimo Mestre)

As faces da Pedra Cúbica com o cimo piramidal são nove (9), o número da perfeição, pois suas 'combinações' não se reproduzem por nenhuma outra cifra, e ser Emblema da 'geração, reprodução e imortalidade', e desse modo, decifrar essa Pedra demanda muita paciência e estudo.

Infelizmente, raras são as Lojas que possuem um exemplar dessa Pedra, e mais raros ainda, os Maçons que conhecem seu verdadeiro significado; erroneamente, existem algumas Oficinas que a consideram como um 'elemento cabalístico' dentro do Templo.

Finalmente, cabe ressaltar que todo Companheiro Maçom deve muito bem conhecer o significado simbólico revelado pela Pedra Cúbica, porque esse conhecimento é o que proporciona ao Integrante do Segundo (2º) Grau seu necessário e imprescindível 'Polimento'!

ESTRELA
A HISTÓRIA

VM (ou Venerabilíssimo Mestre)

I) Preâmbulo

A Estrela é revelada na colação do Grau de Companheiro, sendo essa 'Estrela Misteriosa' um dos símbolos ou emblemas mais interessantes, cujo emprego é muito frequente na Ordem; e, além de compor diversos Graus, especialmente o Segundo (2º) a considera uma característica distintiva; também em Maçonaria; além disso, 'Estrela' é o nome que normalmente se dá às Luzes.

A Estrela de Cinco (5) Pontas, que irradia 'raios flamígeros' e detém no centro a Letra G, representa esse Segundo (2º) Grau, e o Espírito Animador do Universo, ou seja, o Princípio de toda sabedoria e o poder gerador da Natureza.

Com a Letra G no centro, essa Estrela ou o Pentalfa de Pitágoras, ainda representa para a Ordem os Cinco (5) Pontos da Perfeição, ou seja: *'força, beleza, sabedoria, virtude e caridade'*.

A Estrela Flamígera, por vezes dita Rutilante, foi também:

- *Título de uma Ordem que em 1319 se espalhou por muitos países: Boemia, França, etc.; e*

- *Nome de um Rito criado em 1776 por Tschoudy, com Graus Cavalheirescos, e baseado no Sistema Templário Jesuítico.*

Nesse Rito seus emblemas se relacionavam com a construção do Templo de Salomão, conforme os planos traçados por Hiram, que conforme a Bíblia era excelente 'transformador de metais'; e também é celebrada a memória de Adonhiram, que foi o Arquiteto do edifício.

Nos Templos da Maçonaria de Adoção, constituída por dez (10) Graus, brilha sempre uma Grande Estrela de Cinco (5) Raios; no seu Grau cinco (5) dos Eleitos, no centro de uma Estrela de oito (8) pontas consta esculpida a Palavra Sagrada; já no seu Grau seis (6) aparece uma Estrela Prateada como joia distintiva, estando pendente em uma fita verde; e, nos Templos do Grau de Rosa-Cruz ou Mestre Perfeito, em três grandes candelabros que o adornam, destacam-se três Estrelas de douradas, e no centro constam transparentes as três Palavras: *Fé, Esperança e Caridade*.

II) Antiguidade

Caso se peça a alguém muito jovem, na fase inicial e primeira de aprendizado, para que desenhe a figura de uma Estrela, é quase certo que reproduzirá uma Estrela de cinco (5) pontas; e provável que demonstre ser seu significado como apenas algo que brilha no Céu.

E, por ter a Maçonaria uma 'estrutura simbólica e ritualística', reconhece heranças de muitas tradições e culturas, que contatou por longo tempo, sobretudo no referente aos Símbolos Cosmogônicos – quanto a Criação e Origem do Universo, relativos à construção.

A tradição egípcia, a mais antiga, modernamente, mereceu destaque dos autores maçônicos, pois o antigo Egito é considerado um dos Centros Sagrados da Humanidade; donde surgiu muito saber, influenciando os filósofos gregos na concepção do Mundo.

1º (ou Venerável 1º) Vigilante

Segundo os escritores, a herança egípcia chega à Ordem, fundamentalmente, pela Alquimia e pelo Pitagorismo, pois os pitagóricos viam a Estrela Flamígera representar sabedoria e conhecimento.

O autor Theobaldo Varolli Fº afirma que a Estrela Flamígera, como símbolo maçônico, é de origem pitagórica, e que seus sentidos mágico, alquímico e cabalístico, além da denominação de Estrela Flamejante e de cinco (5) pontas, foi imaginada ou copiada por Enrique Cornelio Agrippa de Neteshein, nascido em Colônia em 1486, e falecido em 1533, um jurista, médico, teólogo e professor, e estudioso, praticante e também dedicado a magia, alquimia e filosofia da Cabala.

E ainda, porque também outros autores admitem ser a Estrela Flamígera de origem pitagórica, caberiam breves citações de Pitágoras e sua Escola de Pensamento; assim, Pitágoras, grande pensador e matemático, que viveu na Grécia, cinco séculos a.C., se destacou como filósofo, geômetra e moralista; e seu nome consta com excepcional destaque na História da Matemática.

Pitágoras ainda jovem ficou alguns anos no Egito, onde frequentou os Templos ouvindo os sacerdotes; e pela convivência com esses sacerdotes, foi orientado a se iniciar no estudo das Ciências Ocultas, quando aprendeu as Regras do Cálculo; sobre a Magia egípcia chegou a conhecer seus recursos e artifícios.

Por isso, quando regressa a Grécia, já cercado por muita fama, carregava a reputação de ter se tornado um sábio, e dotado de estranho poder, capaz de revelar aos Homens todas as faces da vida e os segredos inatingíveis das coisas.

Então, ensinava seus fiéis discípulos e seguidores, que os números eram os governantes do Mundo; e que por isso, os fenômenos recorrentes na *'terra, ar, fogo ou água'* podiam ser expressos, avaliados e previstos, por intermédio dos números.

Finalmente, para Pitágoras o número 'não' era considerado uma qualidade abstrata, mas uma 'virtude intrínseca ética do Supremo, de Deus, e origem da Harmonia Universal.

III) Século XVII

O símbolo da Estrela de cinco (5) pontas, lhe sendo atribuído diversos significados, é encontrado desde as milenares culturas egípcia, hebraica, greco-romana, romano-cristão e chinesa, como também nos estudos da Cabala, Numerologia e Tarô, e, principalmente, na Escola Pitagórica.

2º (ou Venerável 2º) Vigilante

E, passado o tempo, o escocês Sir Robert Moray (1609-73), foi Iniciado na Maçonaria em 1641, e um dos doze (12) fundadores da que se tornaria a tradicionalíssima Real Sociedade Inglesa.

Explicou como entendia a Estrela de cinco (5) pontas e seu simbolismo, o que ocorreu em 1658, por carta enviada ao Maçom Alexander Bruce, onde dizia:

- *"Astrônomos podem classificar uma 'Estrela', como de mínima magnitude, dando-lhe um nome; de acordo com um de seus máximos, as magnitudes delas não são para ser estimadas por sua aparência, mas situação e distância. Aquelas 'Estrelas' que estão mais altas, parecem estar em seu mínimo, apesar de, provavelmente, serem as maiores; e as diversas distâncias são as razões principais das aparências diferentes de magnitude." (Kincardine Papers, f 58r).*

e, depois de 1641, Moray sempre terminava sua assinatura grafando uma 'Estrela de cinco (5) pontas', e interpretava essa sua Estrela-Símbolo ao afirmar que:

- *"O mais importante seria o que realmente era, e não o que parecia ser.";* e, na tentativa disso explicitar dizia: *"Prefiro ter algum valor real, mesmo que desconhecido, do que parecer ser o que não sou, quaisquer que sejam as vantagens disso.";* e Moray também associava essa sua 'marca' com o Segredo Maçônico.

Em 1667, por solicitação do Rei Carlos II, empreendeu viagem de espionagem à Escócia, e a esse respeito David Stevenson comenta no livro *As Origens da Franco-Maçonaria*, a saber:

- *"Apesar de, em seus últimos anos, Moray tenta evitar envolvimentos com política, em 1667 concordou em visitar a Escócia e relatar a Carlos II e a Lauderdale, seu Secretário para a Escócia, as condições que lá encontrara."*

e, sabedor que o Secretário Lauderdale era Maçom, Moray resolveu utilizar o 'linguajar maçônico' em seus relatos, e o lembrou que além da parte aberta da carta, outras do seu Relatório seriam escritas com tinta invisível, e que essa seção secreta viria seguida de sua 'marca maçônica'.

Orador

Em Relatório datado de 01/07/1667, Moray escreveu:
- *"Aonde vir minha 'marca maçônica', lembre-se o que significa. Atuarei como Maçom a seguir." (The Lauderdale Papers* – Editora O. Airey); e em 15/07/1667 novamente relembrou Lauderdale por carta:
- *"... na próxima vez que conversares com as Estrelas, atingirás os respingos de nossas descobertas."*

A Estrela de cinco (5) pontas era, evidentemente, um símbolo importante para Moray, assim, o associava com segredo, invisibilidade e algo prevalente com verdadeiro valor.

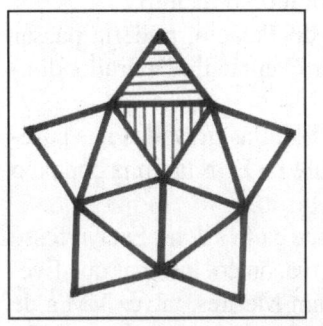

Desses dois exemplos de suas correspondências com Companheiros Maçons, pode-se crer que haja bons motivos para supor que esses Integrantes da Ordem, muito bem interpretavam o real simbolismo do Pentagrama; pois, efetivamente, esse símbolo era mais que uma simples 'marca' pessoal de identificação de Sir Robert Moray, até porque, também representa um dos símbolos mais importantes utilizados pela Instituição.

Atualmente, tanto na Inglaterra como em outros países, de maneira análoga com o ocorrido naquela época, diversas Lojas Maçônicas Modernas ainda ostentam no centro de seus Templos, iluminada por trás, uma Estrela de cinco (5) pontas com a Letra G no interior, utilizada em certas Cerimônias.

De modo especial e particular, esse símbolo é iluminado durante o Cerimonial de Elevação ao Segundo (2º) Grau de Companheiro, quando também é informado ao novo Companheiro que o símbolo da Estrela combinado com a Letra G formam um conjunto conhecido como:
- *"A Glória, representando Deus – O Grande Geômetra do Universo."*

e, dependendo do Rito adotado pela Oficina, em determinado Ritual, sobre a Estrela na Cerimônia do Segundo (2º) Grau, há a descrição:
- *"Ao lado do Sol e da Lua, o Todo-Poderoso deleitou-se em semear o côncavo etéreo com uma multidão de Estrelas, que o Homem, que Ele criou, pudesse contemplar e admirar a majestade e a glória de seu Criador."*

Secretário

E David Stevenson comenta o uso da Estrela de cinco (5) pontas por Moray:
- *"A aplicabilidade da Estrela-Pentáculo, como 'marca maçônica', está revelada na correspondência de Moray. Os Maçons não eram o que pareciam, de forma que os estranhos não viam nada que os distinguissem, ou que os identificassem como Maçons. Mas, os Iniciados podiam detectar*

emanações 'invisíveis' que os identificavam. Como com as Estrelas, havia mais nos Maçons do que parecia à primeira vista." (As Origens da Franco-Maçonaria, Madras Editora).

Mas, não sendo a história completa, caberia informar que Sir Robert Moray descendia de Freskin MacOleg de Moray, outro ramo da família que originou os Condes de Stormount; e, em 1604, Sir David Moray I tornou-se Visconde Stormount e Lorde Scoon, que recebeu do Rei James VI o Palácio de Scoon; e a família Moray ainda é proprietária desse Palácio, que quando visitado pode-se perceber as circunstâncias da Cerimônia de Coroação do Rei Carlos II, e verificar a ampla utilização da 'Estrelas de cinco (5) pontas' em todo o recinto.

Assim, o teto da Biblioteca, e de outras salas do Palácio, poderia passar como das Lojas Maçônicas; e no centro dos tetos há um Pentáculo Dourado, donde pende seu Principal Candelabro.

Na pequena Capela em Moot Hill há dúzias de Estrelas gravadas nas paredes, levando a crer que para Sir Robert Moray o símbolo da Estrela tinha conexão familiar, e com a Maçonaria.

Para Moray a importância desse símbolo fez que sua carta a John Evelyn fosse uma mensagem mais poderosa, pois, além do 'linguajar maçônico' insinuar que Evelyn o via como uma 'Estrela', insinuava que ambos eram Mestres, talvez VM´s de filosofia subjacente a Real Sociedade.

Entretanto, em 1660 Evelyn, como Moray, que terminava sua assinatura com uma Estrela de cinco (5) pontas, também começou a usar uma Estrela para 'marcar' a própria assinatura; e ainda, que àquele tempo, permitia-se para mais de um Maçom usar 'marca' semelhante, porém, desde que não fossem membros da mesma Loja ao mesmo tempo.

Guarda (ou Cobridor)

Ao se tornarem Maçons da Marca, os Integrantes também podem adotar uma Estrela de cinco (5) pontas como sua 'marca maçônica'; assim, caberia a indagação: *Teria John Evelyn feito o mesmo ?*, parece que Evelyn estava ciente da formação da Real Sociedade desde seus primórdios, estágio que Moray envolveu tantos Maçons quanto possível, e a 06/01/1661, cinco semanas depois da Reunião inicial, citou pela primeira vez a Real Sociedade em seu diário, a saber:

- *"Fui escolhido e nomeado por Sua Majestade, e pelo sufrágio dos membros do Conselho, um Companheiro da Sociedade Filosófica, que agora se reúne no Gresham College, onde se realiza uma Assembleia de diversos cavalheiros letrados, reunidos desde que Sua Majestade retornou a Londres; mas, que começou anos antes em Oxford e aqui em Londres, durante a rebelião."*

Mas, não há registro em que demonstre interesse nas Reuniões promovidas por Wilkins ou Ward, mesmo soubendo das mesmas, pois, se as Reuniões fossem encontros de Lojas, e Evelyn fosse Maçom, não haveria mistério; e se não fosse

Maçom, parecia bem informado sobre encontros de renomados parlamentaristas, e considerando suas conexões monarquistas, isso é improvável.

E nem mesmo poderia saber das Reuniões por Moray, já que o conheceu só em 09/03/1661, então, deixa claro que Evelyn foi recomendado para a Real Sociedade pelo Rei Carlos II, e talvez William Preston esteja correto quando afirma que o Rei Carlos II era Maçom.

VM (ou Venerabilíssimo Mestre)

Se tanto o Rei quanto Evelyn fossem Maçons, e cientificados dos planos de Moray em formar uma Sociedade Científica usando seus contatos maçônicos, certamente explicaria por que o Rei propôs Evelyn tão logo a Sociedade se formou.

Então, foi quando Moray começou a trocar Palavras Maçônicas com Evelyn, sobre o significado oculto da 'Estrela' e da 'Filosofia Secreta da Ciência', que pareciam ambos conhecer, pois constavam dos bastidores da Nova Sociedade.

Finalmente, Evely começou então a utilizar a 'Estrela' em adição à sua própria assinatura, mas, havia outras evidências a sugerir que devia ter sido também Mestre em outra espécie de Filosofia além daquela da qual tratava a Real Sociedade.

ESTRELA SÍMBOLO DO GRAU (PARTE I)

VM (ou Venerabilíssimo Mestre)

I) História

Das crenças egípcias há um documento de elevada Moral, intitulado 'Máximas de Ptaotep', de cerca de 2.500 a.C., onde o autor aconselha seu próprio filho a *'proceder bem na vida, e respeitar os deveres, os pais e velhos, a bondade e a tolerância'*.

Enquanto do 'Livro da Sabedoria de Amenemope' consta que Deus *'derruba e constrói todos os dias, é o construtor dos destinos e proporciona a paz de espírito'*. Além disso, ensina *'ser dever de todo Homem ganhar seu alimento com o próprio trabalho'*.

Como informa o estudioso maçônico Theobaldo Varoli Fº, a 'Estrela' é um símbolo comum tanto à Loja do Primeiro (1º) Grau de Aprendiz como do Segundo (2º) de Companheiro; e, no caso de Aprendiz, é denominada 'Estrela Polar ou Brilhante' com cinco (5) pontas, como a 'Pentalfa Pitagórica'; mas, seu estudo deve ser mais minucioso no Segundo (2º) Grau, pois a 'Estrela' é o principal Símbolo do Grau, e ter tido o número cinco (5) como atributo específico desse Grau.

E continua, dizendo que a Estrela Flamígera 'não' é um símbolo maçônico tradicional, pois veio à Maçonaria pelo Barão de Tschoudy, criador do Rito Adonhiramita e autor do *Recueil Précieux de la Maçonerie Adonhiramite – Compilação Preciosa da Maçonaria Adoniramita*, em Paris, França, em 1717; ainda Tschoudy fundou o Rito da Estrela Flamígera em 1766, vindo a falecer em Paris em 28/05/1769.

1º (ou Venerável 1º) Vigilante

E indagar: *Onde surgiu a Estrela Flamígera, até confundida com a Pentalfa Pitagórica?* Não teve origem nos antigos Pedreiros-Livres, pois os Maçons da Idade Média 'não' a conheciam.

Muito antes de Tschoudy, o Cavaleiro Miguel Andrés Ramsay – Baronete de Escócia, Doutor pela Universidade de Oxford, nascido a 1686 em Auy, Escócia, e falecido em 1743, acreditava que os Maçons tivessem se originado de Ordens Nobres como as dos Cruzados e Templários; e, ao se transformar em mais um entusiasta, do que propriamente em Maçom, deixou um discurso isolado onde transparece sua opinião de que os Maçons 'não' descendiam apenas da classe simples dos Pedreiros e/ou Marmoristas.

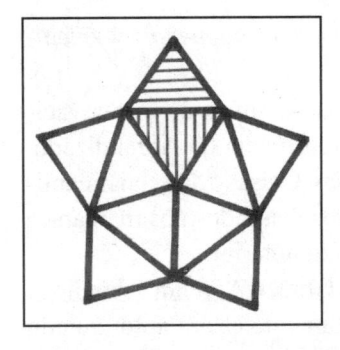

Tschoudy foi buscar fontes maçônicas numa antiga Ordem da Estrela Flamígera, um ramo dos Templários, a qual se espalhou pela Boêmia, França e outros Países, até o início do Século XIV, concordante com o que consta na *Enciclopédia Maçônica*, de Frau L. Abrines; e conforme esse autor, seguindo a doutrina atualmente contestada, que os Maçons derivaram dos Cruzados, Tschoudy criou a Estrela Flamígera; muito menos fundada na Pentalfa Pitagórica, do que em outro símbolo discutível, o Distintivo dos Comandantes das Cruzadas, desde o tempo de Godofredo de Bulhões, o Primeiro (1º) Rei de Jerusalém, de 1058 a 1100.

O Distintivo era composto por uma Estrela de cinco (5) pontas com a Letra G ao centro, e afirmava fundamentando, que era apenas a inicial da palavra 'General' inserida em uma Pentalfa; então, de reconhecer que a Estrela de seis (6) pontas é muito mais histórica, ao menos na forma que lembra o 'Signo' de Salomão, e também de certo modo, o tradicional Emblema dos Antigos Canteiros e Pedreiros-Livres, ou seja, a Letra G entre o Compasso e o Esquadro entrelaçados.

Entretanto, pelo exposto, não deve ser desprezada a sugestiva e misteriosa interpretação da Estrela Flamígera no Grau de Companheiro em diferentes Ritos, pois o símbolo mereceu passar para a tradição maçônica, por seus notáveis 'efeitos iniciáticos', embora inspirados pelos Ocultistas.

II) Intróito

A 'filosofia dos contrastes da vida e do tempo' pertence ao Grau de Companheiro Maçom, e assim, como afirma o estudioso e autor Theobaldo Varoli Fº:

- *"A simbologia maçônica foi criada com inspirações no passado e no presente, com propósito de demonstrar a 'evolução do pensamento', no caminho para a 'síntese humanística', e compreensão da 'grande síntese'."*

Consta do Ritual do Rito de York que no seu Painel Alegórico do Segundo (2º) Grau deve haver uma Letra G inserida numa Estrela de seis (6) pontas, formada por dois (2) triângulos em oposição superpostos, semelhante ao 'Signo' de Salomão.

2º (ou Venerável 2º) Vigilante

E a Maçonaria, ao instruir que a Pedra Bruta seja transformada em Cúbica, ensina ao Iniciado que deve lutar com eficácia e sem trégua, pelo domínio de si mesmo, e instar seu Ego a permanecer sob absoluto controle; tanto que o filósofo Leibniz, do século XVIII, já dizia:

- *"Só Deus é perfeitamente livre. As criaturas o serão, mais ou menos, na medida em que se coloquem acima das Paixões".*

Nesse Segundo (2º) Grau o Integrante não trabalhará mais de forma vacilante e insegura, por causa do longo período de intercorrência do Aprendizado; mas ao contrário, utilizará a Filosofia e a Ciência das Coisas Materiais, caminhando agora por meio de passos mais firmes e seguros, baseados nos marcantes ensinamentos da Moral das virtudes adquiridos no Grau anterior.

Assimilados os conhecimentos do Primeiro (1º) Grau, o Aprendiz estudioso e trabalhador, caso escolha trilhar esse caminho, certamente estará apto, guiado por seus Mestres, a se Elevar na Escada de Jacó, símbolo da evolução e progresso na hierarquia do simbolismo maçônico, atingindo então seu Segundo (2°) Degrau, do Grau de Companheiro Maçom.

E, nesse Grau de Companheiro, são novamente utilizados os símbolos conhecidos enquanto Aprendiz, e a esses conhecimentos é acrescida nova simbologia, para que, por meio da mesma, possa o Integrante caminhar com muito mais precisão do Ocidente ao Oriente, em direção à Luz.

No trajeto será possível, além de se aprimorar, servir de exemplo ao Aprendiz, ao mostrar: *'assiduidade em Loja, aprimoramento Moral/Intelectual, prática incessante da tolerância, etc.'.*

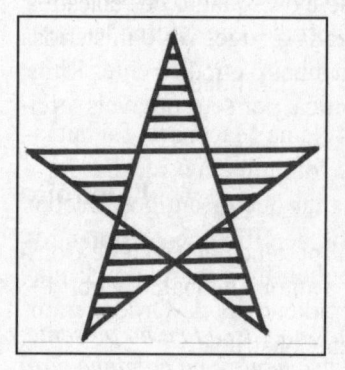

Como parte da vasta simbologia aplicada ao Grau, tem-se como dos principais símbolos a Estrela, dita: *'Flamígera, de cinco (5) pontas, flamejante, pentagrama aos esotéricos, etc.'.*

Trata-se de uma Estrela, geralmente, com cinco (5) pontas, como já dito, desconhecida pelos Pedreiros-Livres medievais, e adotada pela Maçonaria na França no século XVIII, depois da fundação da Primeira Obediência Maçônica Mundial, ou seja, a Grande Loja de Londres de 1717.

Assim, tendo a Estrela como o principal símbolo do Companheiro, esse Integrante será convidado a se tornar um 'fogo ardente, isto é, uma fonte de Luz e calor'.

Apesar do simbolismo da Estrela mostrar muitas implicações, nem todas são reveladas, pois a descoberta depende do crescimento do Companheiro, pelo esforço e desenvolvimento espiritual.

O Grau de Companheiro Maçom é do *'trabalho, estudo e aperfeiçoamento intelectual e moral'*, e que simbolicamente encontra apoio também na Alavanca, apoio que pode ser traduzido por 'trabalho verdadeiro e esforço íntimo', cujo objetivo é atingir o conhecimento, que por sua vez, será base das 'forças psíquicas e mentais' para atingir a espiritualidade.

Orador

Postos esses Conceitos, ver-se-á como a Estrela surgiu, e que simboliza efetivamente:

- *'Imensa e impressionante multidão de pontos luminosos de diversas grandezas, salpica durante a noite o espaço sideral, fazendo que a atmosfera terrestre permaneça suavemente iluminada, e a exibição desse soberbo aspecto do Céu é representada em miniatura, é claro, na abóbada dos Templos Maçônicos, e os pontos luminosos denominam-se Estrelas, nome originário do latim Stela, sendo portanto, como a Astronomia nomina qualquer Astro que cintila no firmamento, fato que levou os povos da antiguidade a se orientarem pelas Estrelas.'*

Nos muitos Graus maçônicos diversas Estrelas são símbolos comuns e generalizados, e tal aplicação tem origem na Escola dos Pitagóricos, que as tomavam como figuras geométricas representativas dos 'emblemas de perfeição', ou outra modalidade de 'progresso Moral'.

Em Numerologia, o número cinco (5) do Companheiro Maçom é composto pela 'soma' dos:

- *Número Dois (2)* = representando dualidade, contraste e conflito, confrontando os dois (2) extremos de cada valor: bem/mal, certo/errado, céu/inferno, etc.; e

- *Número Três (3)* = representa também 'equilíbrio e estabilidade'.

E resumindo, como já dito, a integração da Estrela na Maçonaria foi iniciativa do Barão de Tshoudy, ligado ao Ocultismo, que foi também o idealizador e paladino do Rito Adonhiramita; cabendo ainda ressaltar que os antigos Maçons Operativos, suas respectivas Organizações Medievais de Ofício, e os primeiros Maçons Aceitos dos séculos XVII e XVIII, 'não' conheciam a Estrela ou Pentagrama como símbolo maçônico, pois os símbolos tradicionais da Ordem eram, como continuam sendo, os Objetos e Instrumentos da Construção.

III) Na Maçonaria

Em Maçonaria, decorando o teto de seus Templos, está representada a 'abóbada celeste' que é adornada com diversas *'Estrelas, Astros, Planetas e Constelações'*.

Nessa simbologia do Segundo (2°) Grau, o Integrante conhece seus principais símbolos, e também como dito, se destaca como dos mais importantes a Estrela Flamígera de cinco (5) pontas, que no início era representada composta por 'lances retilíneos' e apresentada com 'pontas ou raios ondulantes', principalmente na Inglaterra e nos Estados Unidos.

Essa Estrela, dentre outras denominações, é também conhecida como:

'Brilhante, de cinco (5) pontas, flamante, flamejante, flamígera, dos Herméticos, hominal (de humana), ígnea (em chamas), da Iniciação, luminosa, dos magos, do Oriente, pentáculo, pentagonal, pentagrama, pentalfa, polar, quinária, rutilante, tríplico triângulo cruzado, etc.;

e que, geralmente, traz inserida no centro, as Letra 'G', mais comum, ou a Letra Hebraica 'IOD', muito mais rara; mas, a Letra G não é aqui abordada com maior conceituação e detalhes, pois é incontestavelmente um 'enigma maçônico', cujos mistérios, interpretações e significados de muitas correntes, a fazem merecedora de mais acurado estudo, que aqui se concretiza em outras Instruções.

Secretário

Essa Estrela Pentagonal, também dita Pentáculo ou Pentalfa, é formada por Penta (cinco) e Alfa, primeira letra do alfabeto grego, e a inicial dos vocábulos gregos utilizados para designar: *'Ver, Ouvir, Meditar, Bem-Agir e Calar'*, ou seja: *'Atreo, Aisto, Adalesque, Agatopoeiro e Abaqujuzi'*; bem como as cinco (5) virtudes que devem orientar o Integrante desse Grau, também simbolizadas pelo Pentalfa, pois o Perfeito Companheiro deve ser: *'Amável, Benéfico, Incorruptível, Casto e Severo'*, ou seja: *'Aganetos, Agelasos, Agati-Ioergos, Adiafithortos e Agnos'*.

Efetivamente, a Estrela de cinco (5) pontas, Pentagrama, como símbolo tem origem:

Na antiga Mesopotâmia, onde três (3) Estrelas em triângulo representavam a Trindade Divina: Shamash, Sin e Ichtar, respectivamente, Sol, Lua e Vênus;

Aos antigos Hebreus, toda Estrela pressupunha a existência de um 'anjo guardião';

À sabedoria chinesa, cada Homem correspondia a uma Estrela no Céu;

A Estrela dos Herméticos, comum a todas as civilizações tradicionais; e também conhecida como a Estrela dos Magos.

Dos vários posicionamentos da Estrela, dois chamam a atenção, podendo significar com:

Uma ponta única voltada para cima:

Inscreve-se a figura de um Homem, denominada Estrela Hominal, como símbolo das 'altas qualidades espirituais humanas'; sendo, a ponta para cima – cabeça, duas para baixo – pernas, e duas para os lados – braços, exprimindo a 'Natureza Humana, Mestre, Claridade e Bem. A Matriz do Homem Cósmico, o esquema simbólico do mesmo na medida do Universo, com braços e pernas esticados no microcosmo humano. E, como os membros executam o que a cabeça comanda, a Estrela Pentagonal é também o *símbolo da vontade Soberana; a qual nada poderia resistir, caracterizando-se por ter Poder inquebrantável, desinteressado e judicioso. Além dos cinco (5) sentidos que estabelecem a comunicação da vida material: 'tato, audição, visão, olfato e paladar', concluindo representa que: <u>A Matéria é superada pela sobreposição do Espírito</u>, pois a cabeça do Homem está voltada ao Celeste.*

ESTRELA DE PÉ COM A FIGURA DE UM HOMEM EM SEUS 5 RAMOS	ESTRELA VIRADA COM A FIGURA INVERTIDA DE HOMEM, OU CABEÇA DE BODE

Guarda (ou Cobridor)
Uma ponta única voltada para baixo – invertida:

Inscreve-se em suas cinco (5) pontas a figura de um Homem de cabeça para baixo, ou a cabeça de um bode, representando, em ambos casos, os: 'atributos da animalidade e da materialidade, o anjo caído, a escuridão e o mal'; e além de ser o símbolo base da Magia Negra, representa que: <u>A Matéria supera ou prevalece sobre o Espírito</u>, pois a cabeça do Homem está voltada para a terra; exotericamente, a Estrela se situa no Arcano V do Tarô, simboliza a Onipotência Divina e o Domínio do Espírito sobre os Elementos da Natureza, representa o Homem Completo, o Verbo Universal, e seu melhor 'elétron' é verificado quando a Estrela se compõem por metais preciosos: Prata = Luz; Mercúrio = Azougue; Cobre = Vênus; Ouro = Marte; Estanho = Júpiter; e Chumbo = Saturno; e a Estrela simboliza os cinco (5) elementos naturais dos seres vivos, que representa o Homem: 'matéria, espírito, alma, força e vida'.

Os termos Flamígera ou Flamejante advêm de Fogo, designado pelos antigos como um dos *'quatro (4) elementos da Natureza'*; e, podendo ainda ser entendido o Fogo como *'principio ativo, transmutador e transformador'*; e essa

Estrela conceitualmente, e em termos de estado de consciência, procura refletir o *'equilíbrio ativo e a capacidade de compreensão'*, que deve possuir o Homem para transformar-se num centro irradiante de vida, tal qual uma Estrela no firmamento.

Como dito, a denominação de Estrela Flamejante e de cinco (5) pontas foi imaginada ou copiada por Enrique Cornelio Agrippa de Neteshein; jurista, médico, teólogo, professor e estudioso, praticante e dedicado à *'Magia, Alquimia e Cabala'*; e salientando a importância que em 1721, pela primeira vez, concordaram os Altos Corpos da França, Suíça e Alemanha, em utilizar a Letra G internamente ao Compasso e Esquadro entrelaçados, estabelecendo o 'Emblema Universal da Maçonaria'; atualmente é o 'Escudo Maçônico'.

VM (ou Venerabilìssimo Mestre)

A Estrela também simboliza a Divindade, sendo a maior prova disso, que em seu centro está gravada a Letra G, que também pode significar a inicial da palavra Deus em diversas línguas; mas, esse símbolo 'não' é unanimidade, pois a Estrela não é usada por todos os Ritos da Ordem; apesar disso, é entendida como Verdadeira Insígnia Maçônica, originada na Escola Pitagórica; sendo exemplos nos Ritos: *Adonhiramita, tendo sua instalação no Oriente, no dossel ao centro e acima do Trono do VM; York, mais praticado no Mundo, adota a Estrela de seis (6) pontas, denominada Blazing Star ou Maguen David para o Judaísmo, formada por dois triângulos equiláteros cruzados e opostos pelo ápice, onde o triângulo de ápice superior é o símbolo da espiritualidade, e o de ápice inferior o da materialidade; assim, a Estrela pode ser Pentagonal, com cinco (5) pontas, muito mais comum; ou Hexagonal, com seis (6) pontas, bem mais rara.*

ESTRELA SÍMBOLO DO GRAU (PARTE II)

VM (ou Venerabilíssimo Mestre)

IV) Características

A Estrela Flamígera ou Pentagrama não deve ser confundida com o *'Selo de Salomão, Hexagrama [seis (6) pontas] ou Delta Luminoso'*, que, geralmente, também pode estar postado atrás e acima do Trono do VM; certos Rituais dispõem a Estrela no interior do Delta; e outros ainda na frente do Dossel de cobertura do VM.

E como já dito, para a Ordem a Estrela é associada à Escola Pitagórica, mas, sendo conveniente e importante relembrar que Pitágoras também se dedicava à Magia, portanto, não seria de causar estranheza que tenha adotado a Estrela Pentagonal como Símbolo da sua Comunidade.

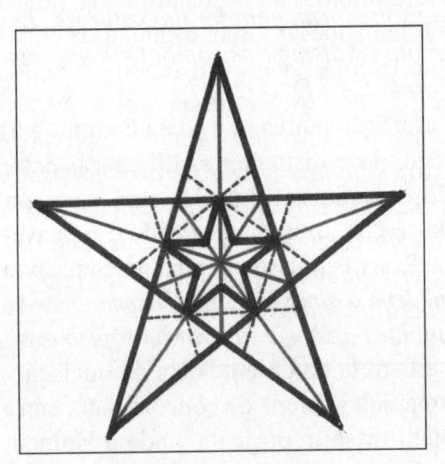

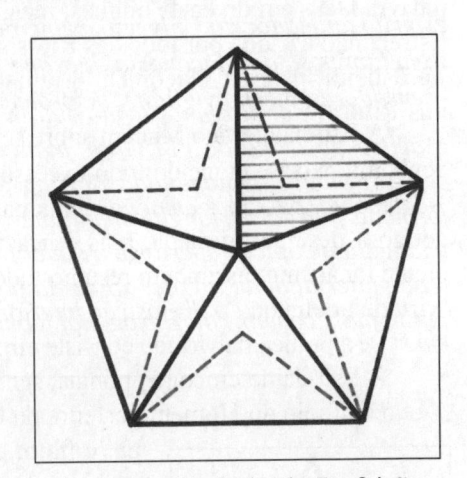

Para os pitagóricos essa figura geométrica era o Símbolo da Perfeição, e outra Modalidade de Progresso Moral; e, se concretisando a tese de que a 'união de cinco (5) pequenos triângulos' formam a Estrela de cinco (5) pontas; e ainda, ser real que traçadas linhas retas do centro até os vértices, surgem outros cinco (5) triângulos, ou outro Pentagrama, um polígono de cinco (5) lados.

1º (ou Venerável 1º) Vigilante

Esses seguidores, para completar o Simbolismo do Pentalfa, inscreviam nas pontas da Estrela, em cada triângulo, as cinco (5) letras que formavam a palavra grega TREIA, que atualmente foi substituída pela palavra latina SALLUS, ambas significando SAÚDE.

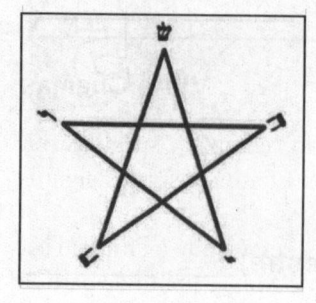

A Estrela de cinco (5) pontas ou Quinária, também é representada pelo polígono de cinco (5) lados, o mesmo Pentagrama, porém, sem contar com nenhuma inserção em seu centro, mas, ainda assim, irradiando ou expelindo 'chamas'.

A Estrela está situada entre o Esquadro utilizado para medir a Terra, e o Compasso usado para medir o Céu, simbolizando também o Homem regenerado, ou seja, o Companheiro em toda integridade, e traduz a Luz interna desse Integrante, que representa o Maçom dotado da Luz Divina que lhe foi transmitida; então, a Estrela de cinco (5) pontas seria *'A Força que impulsiona o Companheiro Maçom para realização de suas metas'*.

Esse número cinco (5), ao qual a Estrela faz alusão, alegórica e simbolicamente, se funde na alma do Companheiro Maçom, permitindo que guie sua própria vida, tanto absorvendo a Luz quanto despertando *'saber, compreensão e realização'*.

Aos Maçons em geral, a Estrela também simboliza o: *'Gênio que eleva a alma a Supremas tarefas, emblema da Divindade, iluminação e boa vontade, espírito animador do Universo, princípio da sabedoria, gerador da Natureza, Estrela luminosa da Maçonaria, Luz que ilumina os discípulos, símbolo dos livres-pensadores, eterna vigilância e proteção do G∴A∴D∴U∴'*.

A Estrela alerta o Maçom sobre seu automelhoramento, e o não domínio por nenhuma paixão, evitando todo excesso; logo, deve distinguir as diferenças entre *'sentimento, paixão e emoção'*, pois paixão é inadmissível ao Maçom, e por ser perigosa deve ser afastada, pois é irracional e conduz ao inadequado e inconveniente fanatismo; assim, em resumo tudo pode ser expresso em uma única palavra 'virtude', definida: *'a disposição interior que leva a alma humana a harmonizar-se em si'*, e a prática da virtude consiste em: *'anular paixões e superar o próprio ego'*.

A Estrela de cinco (5) pontas, sendo a Estrela do Oriente ou a da Iniciação, é o símbolo do Homem perfeito, da Humanidade plena de concordância entre pai e filho; e além disso, representa ainda o Homem em seus cinco (5) aspectos principais, ou seja: *'físico, emocional, mental, intuitivo e espiritual'*; Homem esse realizado e uno com o G∴A∴D∴U∴, de braços abertos, não demonstra viril brutalidade, pois dominou suas paixões e emoções.

A Estrela é o emblema do 'gênio flamejante' que leva às grandes realizações e coisas por sua influência, sendo ainda emblema de *'paz, bom acolhimento e amizade fraternal'*.

2º (ou Venerável 2º) Vigilante _____

V) As Chamas

A Estrela é representada irradiando ou expelindo 'chamas', surgidas por trás, mas, que não devem ser 'confundidas' com Raios Luminosos, pois significam aspectos Divinos do símbolo.

As 'chamas' têm origem no Egito, cujo povo considerava que o símbolo estrelado significava a 'união da filha de Ísis com o filho do Sol', e ponto de partida de tudo, ou seja, a Semente Universal de todos os seres.

A representação do Fogo Sagrado por trás da Estrela é a demonstração de seu reflexo e também simboliza o Sol, distribuidor de inúmeros benefícios ao Homem e ao Mundo, e, além disso, como o Sol também representa Deus, certamente, não há diferença entre ambas as interpretações.

VI) Ritualística

Havendo certas variações nos textos dos Rituais, conforme o Rito adotado pela Oficina, só como simples exemplo, de mencionar o constante no Rito Adonhiramita, que em determinado tópico do Ritual de Elevação ao Grau de Companheiro, o Candidato é alertado: *"Considerais essa Estrela misteriosa, nunca a percais de vista, pois é o 'símbolo do gênio que leva a criar grandes coisas'. Daquele Fogo Sagrado, porção de Luz Divina, com que o G∴A∴D∴U∴ forjou as almas, e cujos raios permitem distinguir o bem e o mal, conhecer a verdade e praticar a justiça."*; e ainda, recorrendo ao mesmo Ritual, consta que um dos objetivos: *"... deve receber e transmitir as ordens do Venerabilíssimo, para adaptar o espírito à disciplina, pois quem manda deve aprender a obedecer."*; e ainda: *"... tanto mais sábio maior o 'dever de aprender – aprender para saber – e saber para ensinar'."*

E, como dito, na Maçonaria, dentre outros, significa o *'emblema do gênio que eleva a alma a grandes coisas'*, e sendo iluminada, pois um dos maiores Iniciados – Pitágoras, recomendou que: *"Não se falasse de coisas Divinas 'sem' uma tocha acesa"*; e a explicação do estudioso Ragon equivale à de um Ritual do Rito Moderno que diz: *"Vê-se brilhar a haste de uma Estrela, cujas cinco (5) pontas representam os cinco (5) sentidos; seu nome é Estrela Rutilante."*

Orador _____

No princípio era apenas a 'substância', silenciosa e em repouso, demonstrando que no início o G∴A∴D∴U∴ era *'tudo numa única matéria, apenas neutra para melhor entendimento'*; e criou a vibração, e a consequente Luz, quando pela Ciência, Deus se manifestou por um 'grande estrondo' criando os 'sete (7) autogerados', incumbindo-os da evolução do Universo em sete (7) etapas; assim, estava criado o Movimento – Oscilação, até porque Deus *'saiu de Si para retornar a Si, em oito (8) Movimentos repetidos infinitamente'*.

Esse Movimento, composto por sete (7) atividades e um (1) Movimento de repouso, é conhecido como o Dia-e-Noite de Brahma, ou Dia da Criação, e se o número sete (7) indica o Movimento, o número oito (8) é o Dia do Repouso ou Noite de Deus; tanto que consta da Bíblia: *"Deus fez o Mundo em sete (7) dias, e repousou no último dia"*; então, é de indagar se: *Não seria esse último dia, o espaço entre o sétimo (7º) e oitavo (8º)?*

Simbolicamente, o Companheiro tem cinco (5) anos de idade; e analogamente, são cinco (5) as Colunas de Arquitetura representativas da Ordem: *'Coríntia, Dórica, Jônica, Compósita e Toscana'*, significando a Evolução, porém, sem destruir as Leis ou Regras de harmonia e beleza,

E, desenvolver as Artes e Ciências com os cinco (5) sentidos, concordante com as Leis Divinas, indiscutivelmente contribuirá ao desenvolvimento do *'sexto-sentido'*; desse modo, poder-se-ia também considerar que a Estrela seria o resumo da 'luta da evolução humana', caracterizada por ser 'dual', pois contém a Lei da Dualidade, ou Intenção.

VII) Evolução

A Evolução se dá a partir da quebra de 'neutrons', transformando-se em 'prótons e elétrons'; resultando na Evolução dos Minerais, que evoluem para Vegetais e se tornam Animais.

Tendo seus cinco (5) sentidos aprimorados, e somando-se a Razão, o Homem passa a outra e nova caminhada rumo ao Absoluto, ou seja, a verdade absoluta que é sua origem; e, um pouco mais consciente, eleva sua alma em direção do espírito, ou de 'instintivo a intuitivo', e de 'egoísta a altruísta', e passará a: *'Amar a Deus sobre todas as coisas, e ao próximo como a si mesmo'*.

Ainda com os cinco (5) sentidos, investiga o 'físico-centífico', a condição em que só é válido o possível de ser tocado, e somente conseguido avaliar pelos sentidos, ou por equipamentos específicos: *'telescópio, microscópio, espectrômetro, produtos químicos, etc.'*.

Secretário

Mas, o Deus, Uno, mesmo estando Uno-Verso, é presente em conjunto na Santíssima Trindade, como a: *'Lei da Evolução, ciclo e karma'*, interagindo inconscientemente no Homem; que ganha Razão em contrapartida às perdas do: *'paraíso, inocência e tutela Divina'*, passando a utilizar o 'consentimento', como se compusesse a Santíssima Trindade, e assim desenvolve o Quarto (IV) Arquano, tendo os cinco (5) sentidos desenvolvidos; apesar que, enquanto na condição Animal, já possuía o Quinto (V) Arcano em estado embrionário; portanto, o Homem também já tem interiormente o embrião do 'sexto-sentido' que se manifesta, ou seja, sua capacidade da 'intuição'.

VIII) Conceituação Complementar

Como dito, a representação de *Estrelas, Astros, Planetas e Constelações* compõe os ornamentos do teto dos Templos, transmitindo a 'ideia de glória' estilizada no resplandecer; assim, a Estrela ostentada na Loja de Companheiro, conserva o mesmo caráter de tradição, e é convencionada como o símbolo vivo do inalterável entrelaçamento dos ensinamentos.

Então, das maiores lições decorrentes da Estrela, seria de apontar solidariedade e respeito mútuo, e em outras lições lembram as bases imperturbáveis a serem aceitas por toda Associação de Homens, principalmente, quando dispostas a brilhar em atividades voltadas ao progresso.

A Estrela, mesmo sendo o mais importante símbolo do Grau de Companheiro, não possui poder de Luz semelhante ao Sol, mas uma Luz suave e desprovida de irradiações resplandecentes, e por isso facilmente suportada; então, é possível associar a Luz da Estrela ao microcosmo humano e seu desenvolvimento espiritual, e por outro lado, entendida sua capacidade de possuir Luz própria, por consequência, permitindo que seja transmitida ou irradiada.

No Grau de Aprendiz, primeiro estágio evolutivo do Maçom, com a Estrela sendo exposta como um símbolo, sua iluminação artificial permanece 'apagada' em Loja, significando o fraco poder de Luz que têm os Aprendizes; já no Grau de Companheiro, o Integrante participa de um novo estágio evolutivo, e então a Estrela fica 'iluminada' na Oficina, denotando que o Maçom passa a possuir Luz própria, e que também agora é detentor de muita capacidade de irradiação.

Mesmo originando-se do Sol, a Luz irradiada pela Estrela também é remetida à Lua, ou seja, simboliza a inteligência ou compreensão a interferir igualmente sobre razão e imaginação; e em Loja do Segundo (2º) Grau o Compasso e o Esquadro também se mostram entrelaçados, porém, representando o 'equilíbrio' entre matéria e espírito', e a sobreposição desses dois elementos sugere a formação de uma Estrela.

O ponto central da Estrela representa as 'faculdades intelectuais' dominantes dos quatro (4) elementos componentes da matéria, ou o Quaternário dos elementos: *Fogo, Água, Terra e Ar*.

Guarda (ou Cobridor)

Ao Maçom, como dito, a Estrela é o *'emblema do gênio que eleva a alma à realização das Supremas tarefas'*, e ainda simboliza: *'A Estrada luminosa da Ordem, a Luz que ilumina os discípulos, o símbolo dos livres-pensadores, eterna vigilância e proteção objetiva do G∴A∴D∴U∴'*.

A Estrela, sendo emblema da Divindade, é o símbolo da iluminação e boa conduta, ou seja, é o espírito que anima o Universo, o princípio da sabedoria e poder gerador da Natureza.

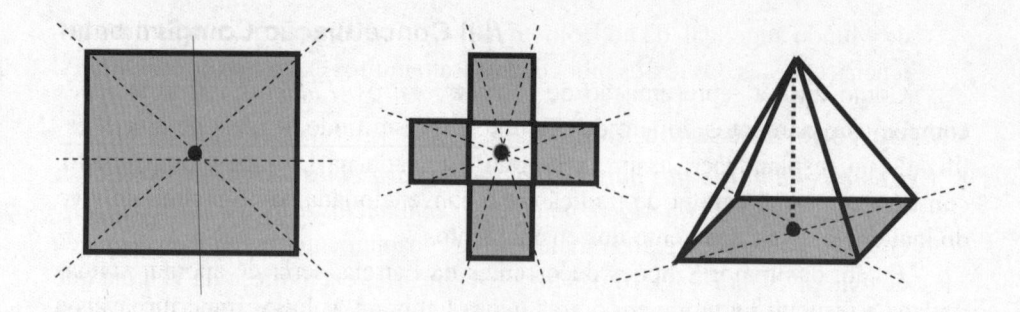

Se o Quadrado e a Cruz ao simbolizarem, respectivamente, a Criação e a Manifestação Universal, e se em cada uma das figuras for implantado um 'ponto central', esse significaria a razão de ser, e a representação do: *'Oculto e Interno – e – Esotérico e Essência Única'*, origem e destino de todo Manifestado; no caso da construção piramidal de base quadrada, aquele 'ponto central', tido como quinto (5º) ponto, é o centro da base que se eleva verticalmente ao vértice da pirâmide, buscando a 'união ao plano celeste'.

O Homem detém os cinco (5) sentidos físicos, mas ao mesmo tempo deve atingir o conhecimento dos demais 'sentidos internos', que precisa desenvolver sem perder a base filosófica.

IX) Magia

Sendo a Maçonaria uma Obra de Luz, nos Ritos que a adotam, a Estrela assume a posição normal, com uma das pontas voltadas para cima, sendo também denominada Estrela Hominal, onde se inscreve a figura de um Homem. Assim, é vista como símbolo das qualidades espirituais humanas; e, em Magia, seguindo este posicionamento, significa TEURGIA. Já em posição invertida, com a ponta voltada para baixo, se inscreve a figura do Homem com a cabeça voltada para baixo, ou ainda, a de uma 'cabeça de bode', representando, em ambos os casos, os atributos da materialidade e animalidade; e, em Magia, nessa posição significa GOÉCIA.

A Estrela de cinco (5) pontas, ou como dito o tríplico triângulo cruzado, é originalmente um símbolo da Magia, tanto que sempre consta de vários Cerimoniais Ritualísticos; assim, em Magia, conforme a orientação da Estrela, pode acompanhar as operações tanto de Magia Branca, quanto da Magia Negra; então, quanto ao posicionamento da Estrela antes mostrado, pode estar com o:

- ***Extremo isolado (ponta) para cima, e dois para baixo – significa TEURGIA**, conclama influências celestiais, e pelo poder mágico apoia o invocador.*
  TEURGIA = também denominada Magia Branca, e em essência, a Arte de fazer milagres, constitui-se do segmento da Magia das 'influências benéficas', e de como invocá-las; se refere também às obras que envolvem o amor e o bem, e investiga, em especial, os fatos elevados da Magia, que dependem

do Mundo angelical, dá ao Homem meios de se comunicar com as ditas potências celestes. Os textos bíblicos mostram muitos exemplos de TEURGIA.

VM (ou Venerabilíssimo Mestre)

- *Extremo isolado (ponta) para baixo, e dois para cima – significa GOÉCIA, que, pela intenção do Mago, pode atrair influências astrais maléficas.*
GOÉCIA = Arte de realizar malefícios e encantamentos, e também chamada de: Magia Negra – Nigromancia – e Feitiçaria, é a antítese da Teurgia que se dedica às obras de Luz, enquanto é dedicada às das Trevas. É a parte experimental da Magia referente aos poderes que o Homem desenvolve em si, por determinados processos, todas as figuras, e que representa a tríplice unidade, isto é, o símbolo do Eterno.

e existem Ritos determinando que na Estrela esteja o caractere hebraico 'IOD', e outros a 'Letra G'.

Também em publicações de renomados estudiosos, consta que o significado da Letra G no centro do pentagrama seria referente também à Gnose, representando o conhecimento; porém, outros significados também foram atribuídos, como: *'gênio, geometria, geração, gravitação, etc.'*; e também: *'Glória a Deus, grandeza ao Venerável ou Venerabilíssimo da Loja, ou à Loja'*.

Assim, de constatar que, principalmente, a Estrela representa como dito: *'A Luz interior de todos os dotados da Luz Divina que lhe foi transmitida, e a Força que impulsiona o Companheiro na direção de suas metas, e ao domínio que pode exercer sobre as entidades do astral'*; enquanto isso a Teurgia ensina-o a se relacionar com os 'planos superiores da espiritualidade', abrindo caminho para os 'grandes segredos do esoterismo'.

No caso de Magia, a missão principal da Estrela Pentagonal é a de testemunhar a Obra que está sendo realizada, a saber:

"Se for uma 'obra de Luz', a ponta única da Estrela estará voltada para cima; e se for uma 'ação das trevas', a ponta única da Estrela estará invertida."

ESTRELA SÍMBOLO DO GRAU (PARTE III)

VM (ou Venerabilíssimo Mestre)

X) Outros Aspectos

O ocultista Eliphas Levi assim explica o significado da Estrela:

"O Pentagrama é o signo da onipotência e da autocracia intelectual. O signo do verbo feito carne e, pela direção dos raios, esse símbolo absoluto em Magia representa: 'bem ou mal, ordem ou desordem, iniciação ou profanação, vitória ou morte e luz ou sombra'."

A Estrela instalada no alto (elevada), com 'duas pontas para cima' representa Satã ou o Bode da Missa Negra, e com apenas 'um raio para cima' é o Salvador; e o Pentagrama (Estrela) significa a figura do corpo humano, com seus quatro membros, e uma 'única ponta' representando a cabeça; então, como dito, se invertida, com a figura humana de cabeça para baixo representa naturalmente o demônio, ou melhor, a *subversão intelectual, desordem e loucura*.

1º (ou Venerável 1º) Vigilante

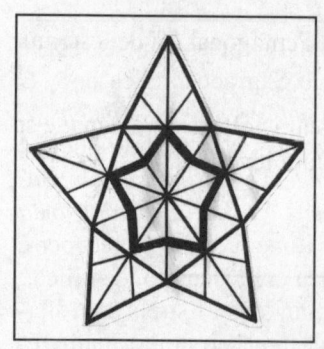

Assim, para os ocultistas, os *'Mistérios da Magia e da Alquimia Oculta, Símbolos da Gnose e Chaves Cabalísticas da Profecia'* estão resumidos no Pentagrama, que o famoso alquimista Paracelso, cujo nome verdadeiro era Aurelius Filipus Teophrastus Bombastus von Hohenhein, do século XVI, proclamava ser:

"A Estrela de cinco (5) pontas ou Pentagrama, o maior e mais poderoso dos Signos."

Então, é possível concluir que a Estrela Flamejante é, portanto, dos mais puros símbolos da Maçonaria, mesmo sendo originária da Magia desde tempos remotos.

Nos diversos Ritos Maçônicos não existe consenso quanto ao local onde deva ser instalado esse símbolo – Estrela Flamejante, entretanto, quanto à posição física, isto é, com respeito a como deva estar posicionada a representação da Estrela, constam diversas posições recomendadas pelos vários Ritos, sendo exemplos:

1) *Alocada no Oriente:*

Em certos casos, centralizada na frente do Trono do VM, sobre o dossel;
Que seja instalada num Pedestal específico, montado sobre o piso à frente e direita do VM;

2) *Alocada no Ocidente:*
 Em certos casos é entendida como de 'brilho mediano', ou seja, que simbolicamente detém 'luminosidade com intensidade intermediaria' entre a Luz Ativa do Sol e a Luz Próxima ou Reflexa da Lua, assim, indicam ser pendurada ao centro do teto do Templo – ao Meio-Dia;
Recomenda-se estar ao lado do 2º Vigilante;
Determina-se instalar na direção do 1º Vigilante, na parede do fundo do Templo, no alto; etc...

XI) Visão Filosófica

Se o Maçom se acostumar a ver a Estrela, gera em seu imaginário uma inédita associação de ideias sobre Templo e seu Lar, pois entende que ambos devam ser iluminados pela 'harmonia' emanada pela Estrela; então, Loja e Família devem integrar-se em *'alento, afetuosidade e carinho'*.

A Estrela ainda inspira 'ensinamentos e teses' de alto valor filosófico, ou seja: *'O Absoluto revelado em tudo, ativando sentimentos de união e equidade'*; assim, a Intelectualidade se conjuga a Ciência do Criador e à filosofia das virtudes, promovendo domínio da razão sobre as forças físicas e a vigilância contra os desvios da evolução Moral, e ainda, indiciando os elementos de equilíbrio entre: *'instintos e deliberações, alma e cérebro, corpo e espírito, e causa e efeito'*.

2º (ou Venerável 2º) Vigilante

A verdade espiritual expressa na Estrela, e em seu reflexo no Fogo Sagrado, indica que *'O reflexo de Deus está sempre entre os Homens, à Sua imagem e semelhança'*; e entendido que: *'A imagem de Deus no Homem é a expressão ou continuação Dele, pois Deus é a Luz que transporta a imagem'*; e sendo o Homem capaz de receber e refletir a Luz, mais ainda com Deus se identifica.

A Maçonaria 'circundou' a Estrela com 'flamas ígneas', daí sua designação como Flamígera; e a Ordem assim procedeu para representar o magnetismo terrestre, presidido por uma força imponderável mas real, e então foi configurada essa força naquelas 'flamas'; e desse modo, ressalta-se o Conceito de que: *'Essa Força é emanada do Grande Todo'*.

O elevado simbolismo da Estrela induz a prevenção contra as: *'paixões rasteiras, sentimentos cegos e atitudes caprichosas'*; então, é de afirmar que: *'A Estrela representa a própria Ciência da Vida'*.

O símbolo da Quintessência é a representação de tudo que o Homem tem de mais puro e elevado, e tal como a Rosa-Cruz: *"A Rosa seria a Estrela ou o microcosmo humano, que unido à Cruz comporiam um novo 'emblema de pura espiritualidade'."*

XII) Nos Rituais

Do Ritual de Companheiro de determinado Rito, que só será referido para esclarecimento, consta a respeito do Toque, que só deve ser praticado depois de recebido o equivalente de Aprendiz, assim, antecedido pela pergunta: *Pode continuar ?*, se a resposta for: *Já vi a Estrela Flamígera ou Rutilante*, então procede a continuidade do movimento e respectivo gesto.

Orador
Desse Ritual e Rito, consta na Abertura da Loja no Interreogatório:
Material todos o são, porém sem o desenvolvimento dos 'três planos' que conferem Sabedoria, Força e Beleza, o Homem seria joguete das paixões e vícios.
Então, como poderá desenvolver-se neles? Vencendo suas 'paixões, submetendo sua vontade e fazendo novos progressos na Maçonaria.
Que alcançará? A Gnose, doutrina que concilia as crenças e explica o sentido profundo, pelo conhecimento esotérico perfeito das Coisas Divinas, que só pode ser comunicado por Iniciação.
Como está esse Conceito representado no Templo? É um dos múltiplos significados da 'Letra G' que fulgura na Estrela Rutilante;

assim, fica fácil perceber a importância e mensagem do símbolo da Estrela, mas enquanto isso, como já dito, noutra parte do Ritual no Cerimonial de Elevação, há a referência:

Considere essa 'Estrela Misteriosa', nunca a perca de vista, pois é o 'símbolo do gênio' que leva a criar 'grandes coisas'... .

e, referente ao Cosmos, caso seja indagado:

Como a Estrela surgiu e o que simboliza?,

efetivamente, será obtida a resposta de que:

Um número imenso, impressionante e incalculável de 'pontos luminosos' de muitas grandezas salpica o Espaço Sideral, iluminando suavemente a Terra, e esse soberbo aspecto do Céu é representado em miniatura na Abóbada dos Templos Maçônicos;

e esses 'pontos luminosos' denominam-se Estrelas, palavra da origem latina derivada de STELA; assim passou a ser a denominação dada pela Astronomia aos Astros que cintilam no firmamento, fato que contribuiu sobremaneira a que os povos antigos se orientassem pelas mesmas Estrelas; e ainda, esse mesmo Ritual afirma que um dos 'objetivos' desse Grau seria que o Candidato:

Deve receber e transmitir as ordens do VM (ou Venerabilíssimo), para adaptar o próprio espírito à disciplina, pois quem 'manda deve aprender a obedecer'; e também: 'O Homem tanto mais sábio, maior é seu 'dever de aprender, aprender para saber, e saber para ensinar'.

Secretário_____

XIII) Autores e Estudiosos

Quanto ao significado da Estrela por estudiosos da Maçonaria, para análise e conclusões individuais, dentre os pesquisados seguem alguns considerados relevantes; assim, conforme:

1. **J.M. Ragon:** *Aos Maçons a Estrela Flamejante é o 'emblema do gênio que eleva a alma a grandes coisas'. Ela é iluminada, pois um ilustre iniciado (Pitágoras) recomendou que: "Não se falasse das coisas Divinas sem um archote (tacho breado que se acendia para iluminar)."*
2. **Lavagnini:** *A Estrela de cinco (5) pontas simboliza a imagem de um Homem, com pernas e braços abertos, correspondendo às 'quatro (4) pontas laterais', sendo a cabeça correspondente a ponta superior, representando o 'equilíbrio ativo e sua capacidade de expressão'. Assim, simboliza que o Homem está no 'centro da vida' e, com a sua atividade, irradia de si mesmo a sua própria Luz Interior, exatamente como se acha a Estrela no espaço.*
3. **T. Varolli Fº:** *Atribuiu às cinco (5) pontas da Estrela os cinco (5) sentidos que estabelecem a comunicação da alma com o Mundo Material: 'tato, audição, visão, olfato e paladar', dos quais, aos Maçons, três (3) servem à 'comunicação fraternal', pois é pelo: 'tato' são conhecidos os Toques; audição percebidas as 'palavras e baterias'; e 'visão' notados os Sinais.*

OBS: *O autor, dentre os vários significados pesquisados, particularmente, escolheu esse como o mais profundo e reflexivo.*

4. **Prof. D. Veloso:** *A Estrela traduz a reprodução da dos Magos da: Caldeia, Pérsia, Hierofantes do Egito, Druidas Gauleses e Astrônomos Mexicanos.*
5. **J. Castellani e R. Rodrigues:** *A Estrela Flamejante representa o Homem Ideal, que deve ser a grande aspiração do Companheiro. A Estrela é Luz, e Luz é o símbolo da verdade e saber.*

XIV) Comparação

Felizmente, na atualidade o extraordinário avanço da Medicina tem muito impressionado a todos, assim, se um indivíduo passa por parada cardíaca, e depois tem as condições cardiológicas retomadas, como numa verdadeira 'ressurreição' – literal ato ou efeito de ressurgir, o que ocorre pela intervenção em que participaram, com eficácia, médicos e modernos equipamentos.

Guarda (ou Cobridor)

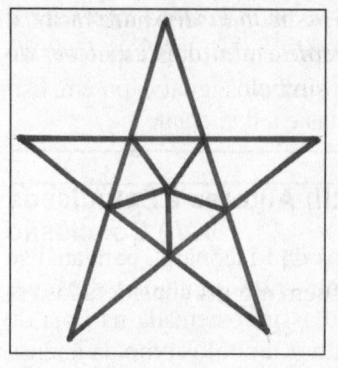

Na maioria das vezes, as pessoas que passam por experiências de proximidade com a morte, a seguir, realizam profundas introspecções em busca de novo sentido para suas vidas, e de se aprimorarem com intensidade, enquanto seres vivos dotados de inteligência.

Por sua vez, a vida espiritual e Moral do Homem, independente de ter ou não estado próximo da morte, pode ser retomada e mais purificada, caso utilize como instrumental dessa 'ressurreição' de seu espírito e Moral, a Iniciação que passou, e sua integração na Instituição.

Depois de Iniciado, e ter cumprido com empenho suas 'viagens simbólicas', componentes do Cerimonial, o agora Maçom deixa o 'estado latente de ignorância' em que se encontrava, passando a exercitar o aprendizado que pode purificar seu próprio espírito.

E, por consequência, prover sua real evolução como Homem, praticando a tolerância e o bem-comum até atingir a Verdadeira Luz, no sentido mais amplo da vida, e assim, buscar seu progresso evolutivo mesmo nas trevas que determinam os caminhos do Grau de Aprendiz.

Retornando à 'ressurreição' da vida pela medicina, que poderá ser utilizada sempre que houver a pretensão da busca do aprimoramento dos conhecimentos naquela 'obra de Luz', ou seja, figurativamente, sendo a Maçonaria Operativa definida como marco inicial; assim, apenas o 'início do polimento' do Integrante, pela morte simbólica como Profano e o renascimento como iluminado, o torna apto a receber a pluralidade de ensinamentos que emanam da Ordem, e que permitam ser cada vez melhor aos seus *'semelhantes, família e a si próprio'*.

XV) Polêmica

Somente como pura e simples citação, apenas para que seja mencionada certa 'polêmica', e mesmo em função das muitas pesquisas entabuladas, concluiu-se por <u>divergir de alguns autores e trabalhos analisados, que mostram sérias divergências em relação às 'diversas interpretações e respectivos posicionamentos físicos' das Estrelas nos Templos</u>; por isso, e por esses estudiosos entenderem e divulgarem que a Estrela de cinco (5) pontas (Pentagrama) e a Estrela Flamejante são *'dois símbolos distintos'*, e ainda determinarem que esses símbolos sejam dispostos fisicamente nos Templos da seguinte maneira:

Estrela de cinco pontas (Pentagrama) = Posta internamente ao Pórtico, sobre a Porta do Templo, denominada Porta do Ocidente, e

Estrela Flamejante = Posta ao Meio-Dia, onde, do modo inglês, posiciona-se o Altar do 2º Vigilante;

e, se essa hipótese fosse estabelecida, estaria confirmada a existência dos *'dois símbolos absolutamente distintos'*, e por isso, instalados em *'dois locais diferentes do*

Templo', entretanto, embora reze a doutrina que a cada símbolo sejam atribuídas 'múltiplas interpretações e diversas funções', mesmo assim, não seria nada racional dotar um mesmo símbolo, <u>único como no caso</u>, a representar 'dois aspectos' tão diversos que merecessem ser representados por 'dois símbolos iguais', porém, fisicamente distintos, como as Estrelas de cinco (5) pontas e a flamejante.

VM (ou Venerabilíssimo Mestre) _____

XVI) Conclusão

No consenso geral, tornou-se um dos ornamentos do Templo que transmite a 'ideia de glória', estilizada no seu resplandecer, e assim ostentada na Loja de Companheiro a conservar a tradição, convencionando o símbolo como da imensa e inalterável gama de ensinamentos, e por isso, como uma lição maior pontifica a 'solidariedade e o respeito mútuo'; além disso, há outras lições a lembrar as bases a serem adotadas pelas agremiações humanas, dispostas a cultuar a 'Empreitada de Progresso'; e dentre essas bases merece citação especial a 'solidariedade'.

Como demonstrado, a Estrela Flamígera é dos mais importantes e significativos 'símbolos maçônicos', transmitindo e demonstrando ser:

- *Uma rica fonte de simbolismo na trajetória do Iniciado; e*
- *Uma fonte inesgotável de ensinamentos a ser aproveitada sem interrupções;*

pois só assim a evolução tão almejada propiciará que o Maçom ingresse na Câmara-de-Meio, com vistas à conquista do Mestrado.

A generosidade desses sentimentos incitará o Maçom ao devotamento sem reservas, que com discernimento de sua inteligência, em verdade esclarecida, a tornará aberta a todas as compreensões; dessa maneira, pode-se concordar com a máxima popular de que:

- *"Quem não vive para servir, é certo que não serve para viver."*

E, caminhando em direção à perfeição, o Companheiro Maçom supera seu estágio de desenvolvimento e obscuridade, quando então é atingido seu 'estado de espiritualidade e de iluminação', tendo as trevas interiores dissipadas, e assim, o astro humano – traduzido pela Estrela, passa a brilhar em seu resplendor mais latente.

Por isso, a Estrela é um 'símbolo celeste', e apesar de estar situada no plano objetivo, é o 'símbolo do plano subjetivo', pois é o Fogo interno, ardor que o Companheiro deve dispor interiormente, para queimar todas as oposições e aspectos negativos de seu ser.

Finalmente, para a Maçonaria o *'Sol, a Lua e a Estrela'* têm significações bem diferentes das atribuídas no Mundo Profano, até porque, as Luzes cultuadas na Instituição proporcionam outra visão mais abrangente, e de muito maior valor intrínseco para a vida, pois iluminam a estrada da existência, mental e espiritualmente!

A 'LETRA G' – SIMBOLOGIA (PARTE I)

VM (ou Venerabilíssimo Mestre) _____

I) Preâmbulo

Esse Grau objetiva fazer conhecer a Letra G, ou seja, nomes iniciados com essa letra, aos quais a Ordem atribui sentido simbólico, mas, cientes de que para os Maçons o único gerador de tudo é Deus.

No Grau de Companheiro a Letra G é o 'emblema misterioso' que dirige seus passos, e entendido que a significação mais importante e alta dessa letra é 'Geração', querendo significar o Grão-Mestre Universal.

A Letra G é muito importante entre os símbolos da Ordem, e dentre outras, significa também *'Geometria, Geração, Gnose, etc.'*, porque tudo na Terra e no espaço obedece as regras da primeira Ciência que é Deus, o Gerador de todo o criado.

A palavra Deus, ou Geração, inicia pela Letra G em todos os Graus, sendo também a inicial da palavra inglesa Deus, *God*; entretanto, em suas vastas interpretações tem significados múltiplos, além de ser o ponto básico de partida ao desenvolvimento dos 'princípios filosóficos' da Maçonaria, como *'Emblema de Gnose, Gênio, Geometria, Geração, e tantos outros'*.

II) Introdução

Depois da Iniciação, e cumpridas com denodo, empenho e rigor as 'viagens e passagens' componentes do respectivo Cerimonial, em que participa pela primeira vez, o agora Integrante da Instituição abandona seu estado inicial de ignorância gerado no Mundo Profano, e principia o aprendizado que culmina com sua 'purificação e desenvolvimento espiritual'.

Consequentemente, impõe a si próprio, como atitudes corolárias, o dever de demonstrar:

- *A magnificência de sua evolução como Homem; praticar a tolerância; dispor o bem-comum; atingir a Luz na própria vida; e buscar incessantemente seu progresso;*

bem como, esmerar-se em conseguir os melhores resultados em todos esses aspectos, mesmo estando nas trevas que caracterizam os caminhos iniciais do Grau de Aprendiz.

1º (ou Venerável 1º) Vigilante

Ao ser constatado pelos Mestres, que está exemplarmente sedimentado nesse Aprendiz todo o aprendizado; e caso esse Integrante optar pela prática dos 'conceitos maçônicos' agora conhecidos no dia a dia; inconteste, mostra que reuniu as condições para, com segurança, ser guiado pelos mesmos Mestres ao segundo (2º) degrau da Escada de Jacó – emblema da ascenção na escala hierárquica da Maçonaria Simbólica, ou seja, progredir ao Segundo (2º) Grau de Companheiro.

III) Início

Apesar de ser a Estrela Flamígera o símbolo maior, mais significativo e característico do Companheiro Maçom, e de tanta importância que mereceu pesquisa mais profunda, sendo apresentada separadamente por meio de outras Instruções que compõem esse texto.

Incontestavelmente, a Letra G é um 'enigma maçônico', com muitos Mistérios pairando sobre si, além de infinitas interpretações e significados atribuídos pelas diversas correntes; é a Letra G o símbolo mais comumente contido no centro da Estrela Flamígera, interpretada nos Rituais do Grau de Companheiro como o 'Símbolo do Gênio', e ainda, segundo o estudioso J.M. Ragon:

- *"Eleva a alma do Homem à criação de 'grandes coisas'."*

assim, a essa parte, seria de todo conveniente apresentar dissertação exclusiva a respeito desse símbolo – a Letra G, que jamais deve ser entendido como menos importante.

E ainda, além de também ser encontrada no centro da Estrela Flamejante, na opinião de alguns estudiosos dos temas maçônicos, talvez seja uma das fontes de enorme contribuição de toda iluminação irradiada por essa Estrela.

2º (ou Venerável 2º) Vigilante

Então, a ressaltar ser no Grau de Companheiro que o Integrante começa a aprofundar seu conhecimento sobre a Letra G, isto é, estudando seus conteúdos vigorosos impostos quanto ao simbolismo, que são emanados nas 'palavras' usadas pela Ordem que começam com essa inicial.

IV) Representatividade

No interior da Estrela – Pentagrama, pode ser colocada a figura de um ser humano com seus braços e pernas abertos representando o Homem Material, mas que passa a ser consumido pelas 'chamas' irradiadas da Estrela; assim, não sendo mais visível, simbolicamente esse Homem deixa a materialidade e adota posição exclusiva no 'plano espiritual', pois seu corpo que é material, foi consumido pelas 'labaredas ou chamas', que também são consideradas purificadoras.

Sendo também a sétima (7ª) letra do alfabeto maçônico, a Letra G denomina-se em hebraico 'Gimel', sendo nesse idioma grafada como comprido pescoço de camelo, ou antes, uma serpente erguida, estando ainda associada ao *'terceiro (3º) nome Sagrado do Divino, Ghadol ou Magno'*.

Essa 'letra' também é entendida como sendo a representação do Fogo Sagrado, e da porção de Luz Divina com que o G∴A∴D∴U∴ forjou as almas humanas, e cuja radiação permite *'distinguir o bem do mal, conhecer a verdade e praticar a justiça'*.

Em determinados Ritos Maçônicos, a Letra G simboliza, principalmente, dois Conceitos Sublimes, e por isso, de extrema significância, a saber:

<u>Monograma</u> *de um dos nomes do Supremo: God, Got, etc.; Fonte Fecumda de toda Luz e Ciência; e*

<u>Inicial de Geometria</u>, *a Ciência da aplicação dos números, a dimensão dos corpos, principalmente, ao Triângulo, a que são redutíveis quase todas as Figuras Geométricas, e representa a Tríplice Unidade – símbolo do Eterno;*

enquanto em outros Ritos, em substituição à Letra G, no centro da Estrela Flamígera determinam que seja inscrito o caractere hebraico IOD.

Orador

Estudiosos de temas maçônicos ainda informam que a Letra G teria origem nas palavras:

Grega Gamma, fenícia Ghimel, síria Goms ou na árabe Gun;

e considerar que, na maioria dos idiomas, o nome de Deus inicia com a Letra G, como nas línguas:

Inglesa God, síria Gad, persa Gada, judaica Gannes, alemã Gott, sueca Gud, etc.

além disso, em hebraico e grego, a Letra G representa o Número Três (3), e como resultado de escavações na Idade Média, a Arqueologia, ao decifrar os hieróglifos dos Templos e Monumentos, revelou que a Letra G teria significados e nomes das Ciências praticadas à época, como:

Gades – Gaius – GaWa – ou Galius,

mas, em realidade, o equivalente numérico à Letra G é o *Número Quatro (4)*, o Tetragrammaton, bem como a representatividade da *Sagrada Tetraktys* de Pitágoras; e, além disso, ainda entre os gregos, é representada pela letra Gamma, o símbolo de Gaia ou da Terra; e, adicionalmente, conforme o estudioso R. Prassad, simboliza também os vasos sanguíneos que partem do coração.

E, dentre outras, há afirmações de que entre diversos povos e países do Hemisfério Norte, a Letra G é tida como símbolo do Grande Geômetra – manifestação do Criador, e a inicial de outra expressão semelhante – G∴A∴D∴U∴, um dos motivos de essa Letra ter sido tomada pela Instituição como Símbolo Sagrado da Divindade.

Consta ainda que, quando da Grande Convenção da Maçonaria na Inglaterra em 1721, pela primeira vez, houve concordância entre os Altos Corpos da França, Suíça e Alemanha, em alocar uma Letra G no centro da figura formada pela justaposição e entrelaçamento das 'duas (2) hastes' de um Compasso voltadas para baixo, e de um Esquadro com seus braços para cima.

Secretário_____

Assim, é certo que esses Instrumentos Entrelaçados constituem o emblema mais significativo, importante, identificador e conhecido da Ordem; então, estabeleceu-se que o conjunto seria o *'Emblema Universal da Maçonaria'*, que atualmente é denominado *'Escudo Maçônico'*.

Certamente, os Pedreiros-Livres da Idade Média desconheciam como símbolos maçônicos, tanto a Estrela Flamígera quanto a Letra G, entretanto, historicamente, a criação e introdução desses símbolos na Ordem constam desse texto como Instrução específica sobre a Estrela.

Ainda segundo o estudioso J.M. Ragon, a Letra G é a inicial da Quinta (5ª) Ciência, Geometria; e que, dessa Ciência como das Matemáticas, provém o excepcional brilho da verdade luminosa, que deve se expandir sobre todas as operações do espírito.

V) Caractere 'IOD'

Como dito, a maioria dos Ritos adotaram a inserção da Letra G no centro da Estrela Flamígera, porém, alguns outros Ritos determinam que ali se inscreva o caractere hebraico IOD; desse modo, a Letra G, em circunstâncias especias, foi substituída por esse caracter IOD, a inicial do Nome Sagrado de Deus, Jehovah; e nessas mesmas circunstâncias, ao Iniciado nesses Ritos a Letra G significa o *'Gerador ou a Geração Universal'*.

E, dentre outras opiniões, há autores maçônicos afirmando ter sido a criação e adoção da Letra G advinda de uma alteração de um Símbolo Cabalístico dos hebreus que compõem o IOD, além de formar a 'palavra misteriosa' composta pelas 'quatro (4) letras' aparentes no Tetragrama.

O caractere IOD é muito constante nos Livros Sagrados hebraicos, e também bastante utilizado como abreviatura do Nome de Deus, Nome que, em realidade, jamais foi, ou deve, ser escrito, mas que sempre aparece marcado ou grafado por símbolos, alegorias ou emblemas.

Guarda (ou Cobridor) _____

VI) Filosofismo

Em diversas publicações de renomados estudiosos, consta ainda que o significado da Letra G no centro da Estrela seria de *'Gnose'*, como a representação do Conhecimento; e, ainda assim, dentre outros tantos significados, também lhe foram atribuídos os de:

Gênio, Geometria, Geração, Glória, Gomel, Gnose, Gramática, Gravitação, Gravidade, etc.;
e, ainda de: *'Glória a Deus e Grandeza ao VM ou Venerabilíssimo da Oficina'*.

Geralmente os Aprendizes consentem em ser recebidos Companheiros, pois, na realidade, estão muito ansiosos, até porque é seu 'primeiro (1º) aumento de salário' na hierarquia maçônica do simbolismo; e, em complemento, mantém o desejo de bem conhecer os mistérios da Natureza e da Ciência, além dos significados da Letra G e do caractere hebraico IOD.

Além disso, como dito, ao constatar que a Estrela com a Letra G ao centro representa ainda:

A Luz interior de todos os dotados da Luz Divina que foi transmitida, e
A Força que impulsiona o Companheiro Maçom na direção de suas Metas;

o Elevado ao Grau dará sentido às suas realizações, valendo-se das 'cinco (5) virtudes' do Companheiro, em ser: *'amável, severo, benéfico, incorruptível e casto'*, pois ao galgar o segundo (2º) degrau na evolutiva Escada de Jacó, pode vislumbrar as Luzes da Estrela Flamejante.

VM (ou Venerabilíssimo Mestre)

Na nova condição, guiar-se-á por essa Luz para empreender sua caminhada, já longe das trevas do Mundo Profano, e estando mais refinado, dará maior sentido a sua Edificação Interior.

Então, assimilando o saber advindo da representação da Estrela, e compreendendo melhor a Humanidade, pelo próprio esforço em estudar, aliado à busca de auxílio dos Mestres, pode-se concluir que os Companheiros trabalhando com equilíbrio e afinco no *plano espiritual e material*, preparam-se para, em futuro próximo, galgar o terceiro (3º) degrau da Escada – o Mestrado.

A 'LETRA G' – SIMBOLOGIA (PARTE II)

VM (ou Venerabilíssimo Mestre) _____

VII) Rituais

Na tentativa de se encontrar ligações entre os hipotéticos significados da Letra G, a sétima (7ª) letra do alfabeto atualmente em uso, cabe mencionar que constam também registros a respeito em vários Rituais Maçônicos, porque os Maçons geram muitos questionamentos sobre isso, causados basicamente por estudos ou constantes da história.

E, dentre muitas interpretações, em resumo, ainda apresentam muitos significados sobre a Letra, assim, tal significação segue, por ordem alfabética, e não por sua importância intrínseca relativa individualizada, a saber:

- **GÊNIO** = *A Inteligência humana brilhando com o mais vivo fulgor.*
  Corresponde a Djinn dos árabes e a Gines dos persas, que no Ocultismo tange aos chamados Elementais ou Semi-Inteligentes Espíritos da Natureza.
  O Gênio preconizado pelos Maçons não é o que comove o Mundo para conquistá-lo, mas que se refere às conquistas da inteligência, e cresce os domínios da beneficência.
  Noutras interpretações equivale ao Espírito Criador / Inventor, ou Chama Realizadora.
  Ainda consiste na exaltação fecunda das faculdades intelectuais imaginativas, desde que o Espírito, calculadamente, adquira a posse de si mesmo, sem sair dos limites do talento que possa conter.
  Para chegar a ser Gênio, é necessário abandonar as Influências Superiores, despertar o entusiasmo e haver vibração nos acordes de harmonia mais elevada.

1º (ou Venerável 1º) Vigilante _____.

- **GEOMETRIA [Quinta (5ª) Ciência]** = *A base da Medida de todas as coisas.*
  Fundamento da Ciência Positiva, simbolizando a Ciência dos Cálculos ou Medida das Extensões, aplicada à extensão e divisão de terras, onde surge a noção da Parcela Individual na Grande Partilha da Humanidade e dos Direitos da terra cultivada, lembrando as Regras do Grande Geômetra para realizar a Arquitetura do Universo.

Na Maçonaria, a Geometria é a Medida que deve se dar aos 'pensamentos, palavras e obras, de forma que se ajustem a razão e a justiça.
Ainda, pela sabedoria provocou os diálogos sobre 'ordem, equilíbrio e harmonia'.
Em Loja de Companheiro trata-se da parte da Geometria aplicável à construção universal, que ensina a polir o Homem e torná-lo digno de ocupar seu lugar no Edifício Social.
Mas, atualmente, sabe-se que o fundador da Ciência Geométrica, entendida como Ciência, foi Hipócrates de Quios; não confundir com Hipócrates, o Pai da Medicina.

- **GERAÇÃO** = *A vida perpetuando a continuidade dos seres, estando diretamente relacionada ao Principio do Gênesis Bíblico, ou a Arquem dos Gregos.*
A Geração tratada no Grau não só se refere aos fenômenos maravilhosos da Geração dos seres, mas também das ideias Morais e das boas obras.
Ainda teria relação com a Força Criadora que está interiormente em todo ser e coisas.
Existe intrínseca relação entre a Geração e o Companheiro, quando é instado a realizar a obra da 'vida vital', e se aprofundar nos mistérios da existência, mesmo quando isso, efetivamente, o afasta da origem da Geração, cujas Leis inspiraram as mais belas doutrinas da antiguidade.

- **GLÓRIA** = *A Deus e sua grandeza realizada, o Homem, a mais perfeita obra da Criação;*

- **GOMEL** = *Palavra hebráica que traduz os deveres do Homem para com Deus e seus semelhantes;*

2º (ou Venerável 2º) Vigilante

- **GNOSE** = *O mais amplo conhecimento Moral, ou o impulso que leva a aprender sempre mais, entendido como sendo o principal fator de progresso.*
A Gnose maçônica é o conhecimento perfeito dos deveres e a arte indispensável para triunfar sobre os obstáculos que frequentemente se opõem a execução do mesmo.
E ainda, significando em grego Conhecimento, ou o conjunto de noções comuns ao Iniciado, que ao se aprofundar encontra no mesmo, a compreensão a causa das coisas.

- **GRAMÁTICA** = *Fornece as regras do dom Divino que é a palavra;*
- **GRAVIDADE ou GRAVITAÇÃO** = *Força primordial regente do movimento e equilíbrio da matéria, lembrando Newton e sua Lei: 'A Matéria atrai a Matéria, na Razão Direta das Massas, e na Razão Inversa do Quadrado das Distâncias'.*

A Maçonaria se interessa pela Gravidade, quando interpretada pela Atração Universal que aproxima os Corpos na Ordem Física, mas que corresponde na Ordem Social a uma Força Análoga Misteriosa a interagir na Reunião, ou até na Fusão das Almas.
Corresponde à Força que Une os Corações, que baseia e assegura a Solidez do Edifício Maçônico, cuja matéria-prima são os seres vivos, que unidos, indissoluvelmente, pela profunda afeição que sentem uns pelos outros.
Sendo entendido que o Amor Fraternal é na Maçonaria um Princípio Vital de Ordem – Harmonia – e de Estabilidade, assim como a Gravidade o é dos Corpos Celestes.

Assim, sintetizando, é possível concluir que a Letra G é na realidade:

- *Senão o maior, um dos Grandes Segredos da Ordem, tão secreto e misterioso que nem mesmo os mais cultos e sábios Maçons conseguiram decifrá-lo totalmente.*

Orador

Apenas citando como exemplo, do Ritual do segundo (2º) grau de Companheiro Maçom do Rito Adonhiramita, consta que as seguintes indagações são feitas:

- *"Que entendeis por Gnose?"*

recebendo a resposta:

- *"É a doutrina que concilia todas as crenças, e explica o sentido profundo das mesmas, por meio de um conhecimento esotérico perfeito das Coisas Divinas, o qual só pode ser comunicado por meio da tradição iniciática."*

sendo Gnose um dos múltiplos significados da Letra G que fulgura na Estrela Rutilante;

- *"Para que vos fizestes receber Companheiro?"*

e a resposta:

- *"Para polir a Pedra Cúbica, pelo reconhecimento da Letra G"*; e,

- *"Guiados pela Letra G, quando tem início sua Obra individual?*

ter como resposta:

- *"Sempre que o Sol cobre o Meridiano."*

Dessa maneira, pela análise dos Rituais, pode-se depreender que o Companheiro Maçom é também uma pequena centelha obscurecida pela matéria, no seu trabalho do cotidiano, em busca do Desenvolvimento Moral e Espiritual; porém, deve ter plena consciência de que poderá contar com a Luz emanada pela Letra G no centro da Estrela, e que assim, sempre guiará seus caminhos.

VIII) Opnião de Estudiosos

Exemplificando, seguem algumas opiniões de estudiosos sobre a Letra G; assim, segundo:

1) José Martins Jurado (Rito Adonhiramita):
"Define que a Letra G significa, principalmente, as palavras Geometria ou Geração, referindo-se ao fato de que uma Estrela de cinco (5) pontas, por meio da ligação de seus vértices com o centro, gera o aparecimento de uma nova Estrela;

Secretário _____

2) José Castellani (REAA):

Define que a Letra G tem somente um significado, Geometria, e segundo suas palavras: "O resto fica por conta dos eternos 'inventores";

3) Rizzardo da Camino (REAA):
Define que a Letra G constitui um Símbolo da Sublime Interpretação do Gênio do Homem, subjugado pela força da vontade, e atualmente, simboliza o nome do G∴A∴D∴U∴; diz ainda que lhe são dadas muitas outras significações 'arranjadas'.

IX) Disposição e Generalidades

Estando a Letra G disposta no centro da Estrela, e dependendo do Rito adotado pela Oficina, essa Estrela pode estar fixada no 'dossel' acima do Trono do VM ou Venerabilíssimo, e durante a Sessão em Loja de Companheiro, deve estar 'acesa' sua iluminação artificial; e, quanto a generalidades, pode-se afirmar sobre a Letra G que ainda detém:

- *O seu equivalente numérico é 'quatro (4) – o Tetragrammaton';*
- *Representa a Sagrada Tetraktys de Pitágoras;*
- *Entre os gregos é a letra Gamma – Símbolo de Gaia ou da Terra;*
- *Para Rama Prassad, é o símbolo de alguns vasos que partem do coração; e*
- *No terreno Eclesástico é a 'sétima (7ª) das letras dominicais'.*

E, sobre a Letra G, deve ainda o Companheiro saber que, sobre suas diversas interpretações, caberia citar que sendo a 'terceira (3ª) letra do alfabeto primitivo', com forma que lembra a 'Mão semicerrada' como se fosse 'colher' algo, pode lembrar o 'gesto' de Maçons que levam e encostam a própria 'mão à garganta'; mas não deve ser entendido nesse 'gesto', o simbolismo ensinado aos Integrantes quanto a certo Sinal, porém, também sempre relembrar outro significado de que:

Guarda (ou Cobridor)

- *"É na 'garganta' que a mente consegue corporificar-se na palavra, ou no verbo; assim, é possível verificar a 'materialização da mente imaterial', ou em outras palavras: 'A união de espírito e da carne, o mistério da geração e a transformação do Divino em humano, ou seja, o que os Evangelhos ensinam como: E o verbo se fez carne!"*

    Mas, importante e merece destaque que o Companheiro não pode desconhecer, como dito, das muitas interpretações da Letra G, a da palavra inglesa **GOD**, significando Deus, com origem e composição da palavra também ligada à cultura maçônica pelas expressões: **G**omer = Beleza; **O**z = Força; e **D**abar = Sabedoria; cujas iniciais formam a Palavra **GOD**, o sustentáculo das Lojas.

    Isso se deve a que **GOD** pode ainda ser entendido como constituir a 'Trindade na Unidade', que também pode variar com as disposições das muitas culturas universais nas várias épocas, mas, até utilizando sinônimos, procuram manifestar os Preceitos Morais de *'Sabedoria, Força e Beleza'*.

    Essa Trindade, dentre outras interpretações, também deu origem aos 'três (3) pontos' que o Integrante deve apor à assinatura, cuidando para não errar na perfeita disposição triangular, para que o conjunto produza os resultados benéficos de sua real significância.

VM (ou Venerabilíssimo Mestre)

X) Conclusão

    Finalmente, e apartando todas as controvérsias referentes às 'definições' da Letra G descritas, é possível crer que deva ser aceita, sem maiores contestações, somente a verdadeira essência de tudo que foi pesquisado, desde que, para todos, fique muito bem entendido o real sentido da Letra G, como uma das frases de um exemplar trabalho, intitulado 'Resumo Filosófico do Grau de Companheiro Maçom' do Am∴ Ir∴ José Martins Jurado, a saber:

"A imagem de Deus no Homem é uma expressão ou continuação do mesmo Deus, porque Deus é a Luz que transporta a imagem; e enquanto o Homem for capaz de receber e refletir essa Luz, será parte consubstancial da mesma, e com Deus se identificará."

AS 'CINCO VIAGENS' SIMBÓLICAS DA ELEVAÇÃO (PARTE I)

VM (ou Venerabilíssimo Mestre) _____

I) Introdução

Esse texto busca destacar aspectos intrínsecos das Cinco (5) Viagens Simbólicas realizadas no transcurso do Cerimonial de Elevação ao Segundo (2º) Grau de Companheiro Maçom.

Alertando que a dissertação se reveste de característica coloquial, ou seja, se mostra como uma espécie de exposição sem maior compromisso, principalmente, da tentativa de esgotar o tema, pois se trata de criação livre e de compilação, a partir de textos maçônicos e leigos.

As Cinco (5) Viagens recordam ao Companheiro como proceder, desde o concreto ou da realidade objetiva, à abstração dos princípios e causas, passando pela obscura dúvida e erro, e retornar pela iluminação do conhecimento adquirido, e cada Viagem uma nova etapa de progresso.

1º (ou Venerável 1º) Vigilante _____

II) Primeira [1ª]Viagem

Na Primeira (1ª) Viagem, ainda significando a Primeira (1ª) das várias etapas vencidas no progresso como Aprendiz, o Candidato a Companheiro carrega dois (2) instrumentos, Malho e Cinzel, com que realizou o trabalho no Grau anterior, e passa a prosseguir nessa nova habilidade.

O Malho e Cinzel, que o Aprendiz se ocupou no 'Desbaste de sua Pedra Bruta', representam ao Maçom dois tipos de características principais: _'vontade e determinação inteligente'_, onde deve o Integrante se aplicar produzindo resultado aproveitável, objetivo maior de tantos esforços.

O Malho ainda usa a força da gravidade, junto com a massa metálica de que é composto, para produzir a 'desagregação ou fratura' de outra massa de pedra ou matéria bruta, menos homogênea e resistente que sua própria massa, que sobre a mesma aplica; trata-se de uma 'força ou poder' que seria 'destrutivo', a menos que aplicado com extremo cuidado, inteligência e esmero.

Comparado ao Malho, o Cinzel também possui massa, limitada e por vezes metálica, mas sua têmpera e agudez o tornam distinto, pois enquanto é cravado na matéria bruta onde se aplica, corta-a ao invés de quebrá-la, e não a transforma a pedaços como faria pela aplicação só do Malho.

De outra parte, a resistência e homogeneidade da massa de que é composto o Cinzel, o fazem especialmente adaptável a suportar no extremo superior, todos os golpes desferidos pelo Malho, transferindo esse efeito à matéria, passando a formatá-la, e não a destruindo.

2º (ou Venerável 2º) Vigilante

Indiscutivelmente, o Cinzel 'sem' o Malho, seria ineficiente e incapaz de produzir por si, toda a exemplar operação a que está destinado, sempre em colaboração com o Malho.

O Integrante nessa Primeira (1ª) Viagem deve aprender, como se fosse a etapa conclusiva de todos os seus esforços como Aprendiz, que:

- *O recomendável e necessário uso combinado dos dois (2) instrumentos, ou seja, o uso harmônico da vontade impulsiva e da determinação inteligente,*

que proporcionam a eliminação de asperezas e partes supérfluas, pois com tais características, reúne condições de transmutar a matéria-prima de seu caráter, ou a Pedra Bruta da personalidade profana, numa Pedra Lavrada, Polida ou Cúbica, ou numa Obra-de-Arte.

Então, como parte de sua Cerimônia de Exaltação, nessa Viagem quando o Integrante se deparar com a Primeira (1ª) Coluna de Ordem Coríntia de Arquitetura, de acordo com a representatividade recomendada, estará se defrontando com sua própria Beleza; assim, deverá perceber toda significância da nova etapa de aperfeiçoamento espiritual e intelectual que segue, e dessa outra concepção apresentada, depreenderá que ao usar os mesmos instrumentos não mais o fará para desbastar, mas para Polir a Pedra, desenvolvendo e melhorando todas suas faculdades.

O 'estilo coríntio de arquitetura' surgiu no século IV a.C., e caracteriza suas Colunas por conterem um capitel típico e inusitado, com forma diferenciada, e cuja extremidade é decorada por folhas de acanto; e, a origem desse 'estilo' é explicada por uma lenda, que diz:

> *Certa vez, uma bela jovem coríntia teria sido enterrada em campo aberto, e sua ama colocara sobre seu túmulo um cesto coberto por telhas, contendo objetos que a jovem mais gostava e queria. Na primavera seguinte, brotaram no interior do cesto pés de acanto, que ao encontrarem os obstáculos das telhas, as folhas dobraram formando volutas incompletas. Assim inspirado, o arquiteto grego Calímaco teria criado essa 'nova ordem de arquitetura'.*

Orador

Porém, na verdade, o 'estilo coríntio' parece ter sido importado do Egito, onde já existiam diversos Templos, cujos capitéis de suas Colunas estariam decorados com motivos florais; e, embora o período áureo da arte grega tenha terminado há cerca de 400 a.C., a 'ordem coríntia de arquitetura' se afirmou 200 anos depois, quando a Grécia já havia perdido muito da importância.

Se excluída a forma do capitel de suas Colunas, os demais elementos da 'ordem coríntia' são semelhantes aos da 'ordem jônica', por exemplo, ambas determinam que o fuste das Colunas seja 'estriado', e que as mesmas se assentem em bases, com sua arquitrave dividida em três (3) partes.

A Coluna Coríntia é pouco mais esguia, com altura igual até onze (11) vezes seu diâmetro; e, essa 'ordem', pela própria natureza, exigia dos escultores muita habilidade para ornamentar os capitéis das Colunas, com duas ou três carreiras de folhas e volutas, enroladas acima das folhas.

III) Segunda [2ª] Viagem

Os instrumentos portados nessa Segunda (2ª) Viagem pelo Obreiro iniciado nos 'princípios da arte', são de natureza inteiramente diferente dos dois (2) utilizados em seu primeiro trabalho.

Enquanto os primeiros instrumentos utilizados foram duas (2) ferramentas pesadas, que se destinaram a certo 'trabalho material', nessa Segunda (2ª) Viagem estará equipado com dois (2) utensílios de uso mais ágil e ligeiro, mas de mais precisão, que seriam a Régua e o Compasso, porque se destinam a um importante 'objetivo intelectual'.

Com essas peças, o novo Companheiro poderá bem se adestrar, passando a construir em concordância com os 'primeiros elementos' da Geometria, um dos reais objetivos de seus estudos, e que o auxiliará a interpretar os desígnios dos 'planos' do Grande Arquiteto.

A Régua e o Compasso não são, simplesmente, dois (2) instrumentos de medida, porque com sua utilização poder-se-á construir quase todas as figuras geométricas, começando pelos dois (2) Elementares – Linha ou Reta, e Círculo.

Secretário_____

Cabe salientar que, para o Maçom, todas as figuras geométricas têm muita importância, principalmente, a referente à edificação no 'domínio Moral c intelectual'.

A Linha (Reta) traçada com a Régua, ao Integrante representa o emblema da 'direção retilínea' de todos seus esforços e atividades, direção rígida que deve inspirá-lo em seus propósitos, objetivos e aspirações.

Assim, o Maçom deve estar próximo da exatidão e inflexibilidade da Linha Reta para progredir, pois constantemente indica o justo, sábio e melhor, e jamais deve se desviar de seus ideais e da fidelidade aos 'princípios' propostos, sendo representado pela sequência de 'pontos justapostos que formam a linha'.

Já o Círculo representa e define o 'alcance do raio' das atuais possibilidades do Integrante, o campo de ação em que pode e deve concentrar sua atuação, e se dirigir, sabiamente, na direção inflexível indicada pela Linha Reta que atravessa o centro do Círculo.

Enfim, deve aprender a uniformizar, constantemente, a própria conduta em direção ao 'mais nobre e elevado', e ao mesmo tempo, adaptando-se às condições e necessidades surgidas, e fazendo o melhor uso possível das oportunidades e possibilidades dispensadas no 'raio' das próprias ações.

Em outros termos, a 'união' do Círculo e a Reta, traçados pelo Compasso e Régua, respectivamente, representa a harmonia e o equilíbrio que se deve aprender a realizar, entre as possibilidades infinitas de seu próprio ser; e além, a realidade das condições finitas e limitadas em que está, e com competência deverá conciliar o 'domínio do concreto com o abstrato', para a mais perfeita manifestação de seus ideais espirituais, que sempre devem sobrepujar a materialidade.

Qualquer condição ou circunstância em que se encontrar, sempre será representada por um 'único ponto', de onde, pela Régua da própria conduta, traçará uma Linha Reta ao Outro Ponto, ciente que dependerá inteiramente do livre-arbítrio, e que por analogia, essa Linha será influenciada por seus esforços, desejos e aspirações passadas.

E, quanto ao Compasso, com suas duas (2) pernas aplicadas sobre dois (2) pontos que representam a potência e a resistência, permitindo reconhecer e traçar a justa e perfeita relação que existe, constantemente, entre o Eu Interior e o Mundo que o rodeia.

Porém, medindo com discernimento o real 'alcance dos pontos', que, com ajuda da Régua tanto citada, foram escolhidos para traçar sobre si, sua própria 'linha de conduta' harmônica com o Plano do Grande Arquiteto, a Lei Suprema da Vida.

Guarda (ou Cobridor)

Assim, aprende-se a vencer com força e paciência, todos os obstáculos encontrados, servindo-se desses como pontos de partida, oportunidades, meios e degraus para seu desenvolvimento e progresso; e, esse é, pois, um dos principais significados da Segunda (2) Coluna visitada, de 'ordem dórica de arquitetura' que simboliza a Força.

Os Templos edificados segundo esse 'estilo dórico', de modo geral, se apresentavam não muito altos, até baixos, mas com aspecto maciço, pesado, tanto que detinham grossas Colunas que os sustentavam, sendo caracterizadas por: *'Não disporem de bases; fuste com forma acanelada; capitel simples terminado em moldura convexa, denominada Equino'*.

E ainda, essas Colunas na 'ordem dórica' suportavam um Entablamento formado por: *'Arquitrave = espaço entre o friso e o capitel; Friso = espaço entre cornija e arquitrave; Cornija = ornamento saliente na parte superior; Tríglifos = elemento decorativo do friso com três (3) sulcos; Métopas = intervalo quadrado entre os tríglifos e o friso'*.

VM (ou Venerabilíssimo Mestre)

E em complemento, informar que na mesma 'ordem': *'Entablamento = formado pelo friso e cornija combinados; Fuste = parte principal, repousa direto sobre o embasamento, e tem sulcos de cima a baixo – caneluras, modo mais fácil de adornar um tronco de madeira; Capitel = alto da Coluna, simples; Equino com o ábaco recebe o nome de capitel; Arquitrave = assentada sobre os capitéis, larga, maciça, sem rebuscados; por sobre apoiada as pontas das vigas do teto, esculpidas com três sulcos – Tríglifo, e peças decoradas ou simples preenchendo os vão – Métopas; Friso = formado pelos Tríglifos e Métopas; Topo = peça redonda – Equino, impede a penetração de água da chuva; Ábaco = sobre o Equino, peça plana distribuindo por igual o peso da Arquitrave; Cornija = beiral do teto, decorado com cerâmica nas extremidades – Acrotério'.*

Finalmente, dizer que a 'dórica' foi a primeira e mais simples das 'ordens arquitetônicas', constituindo-se de uma versão em Pedra das peças de madeira; e, o 'estilo dórico' vem em primeiro lugar por uma razão muito simples, ou seja, os 'dóricos' foram dos primeiros povos que dominaram a Grécia, e, além disso, relatar que os mais importantes Templos da antiga Grécia foram edificados segundo essa 'ordem dórica de arquitetura'.

AS 'CINCO VIAGENS' SIMBÓLICAS DA ELEVAÇÃO (PARTE II)

VM (ou Venerabilíssimo Mestre) _____

IV) Terceira [3ª] Viagem

Conservando a Régua, na Terceira (3ª) Viagem o Candidato depõem o Compasso e o substitui pela Alavanca, que apoia em seu ombro; e esse quinto (5º) instrumento, a Alavanca, comparado aos demais exerce função eminentemente ativa, pois sua utilização a partir de um ponto de apoio possibilita mover ou erguer objetos pesados, desde que se aplique sobre os mesmos uma força apropriada.

A Alavanca representa, portanto, o meio ou possibilidade que oferece em regular e dominar a inércia da matéria e a gravidade dos instintos, erguendo-os ou movimentando para ocupar o lugar de Elevada Moral na construção do Edifício Individual; sendo que seria executado pelo desenvolvimento da inteligência e compreensão, traduzidos pelo 'braço ou potência' da Alavanca.

A verdadeira eficácia na aplicação da Alavanca, para tornar mais efetivo seu desempenho, faz-se necessária sua aplicação com as duas (2) mãos, que, por isso, representam duas (2) faculdades, ativa e passiva, da vontade e do pensamento; que, de modo análogo ao uso do Malho e Cinzel, devem ser cooperativas e concentrar sua força muscular no extremo livre da Alavanca.

1º (ou Venerável 1º) Vigilante _____

Essa Terceira (3ª) Viagem representa o momento em que o Companheiro dirige, ajuda e vigia os Aprendizes que ao mesmo tempo, simultaneamente, acata e colabora com os Mestres.

O Companheiro utiliza a Alavanca toda vez que sua inteligência assim determinar e planejar, quando então executa uma ação particular que manifeste, objetivamente, o íntimo desejo de seu coração, que pode ser traduzido como a 'potência animadora' aplicada sobre a Alavanca.

Simbolicamente, o instrumento também é tido como 'Alavanca da Fé', significando que até o Mundo pode ser 'levantado e transformado', pela força ativa de uma nova idéia propulsora.

Tanto como personagem da História, como integrante destacado da Humanidade, todos os Homens que assim foram caracterizados por suas atividades ao longo do tempo, certamente, fizeram uso efetivo e simbólico da Alavanca, podendo, por isso, até ser considerada misteriosa pelos variados aspectos em que é utilizada; esse instrumento pode ser posto em movimento, e ainda usado para sobrepujar a inércia das massas, cuja resistência se transformará em 'poder propulsor'.

Deve sempre ser considerada a condicionante de que: *'Pensamento sem vontade, e vontade sem pensamento'* seriam igualmente condições que tornariam incapaz a atualização da 'Força Infinita da Fé', que para ser realmente efetiva, deve ser iluminada por um ideal e dirigida por razão mais elevada, nobre e desinteressada, que, individualmente, seja possível alcançar.

A Alavanca pode se tornar igualmente inútil, caso não se lhes apliquem a vontade, com absoluta firmeza e perseverança de propósito, e o pensamento, que deve ser concentrado com iluminado discernimento; nunca permitindo que se desviem em considerações errôneas e falsas crenças, que extirpariam a visão límpida que compõe a clarividência do iniciado.

Por isso, o Companheiro jamais deve se separar da Régua, um dos instrumentos da Segunda (2ª) Viagem, principalmente, quando aplica seus esforços na utilização da Alavanca, que auxiliará na realização do que, de outra maneira, seria quase impossível, porque passa a multiplicar suas forças em proporção direta da necessidade, ou seja, dos objetos nos quais se aplica.

2º (ou Venerável 2º) Vigilante

Assim, a Régua é o instrumento que permite traçar a direção, sem a qual nunca será possível executar uma obra definida e edificadora; e que em caso de insucesso, transforma a própria vida num verdadeiro caos; e ainda, que a Coluna Jônica é o símbolo dessa Viagem, representando a sabedoria adquirida pelo Companheiro em sua longa jornada de formação.

Essa Coluna Jônica, ao contrário da 'dórica', se caracteriza por: Medidas = de dimensões maiores, elegante não só porque é mais alta em relação ao diâmetro, corresponde a até nove (9) vezes o diâmetro, enquanto a dórica não passa de cinco e meia (5,5) vezes, também por ter maior número de caneluras; Base = não é assentada diretamente sobre patamares, mas numa base que assume diversas formas, e a vantagem é que todo o conjunto ganha maior leveza; Entablamento = coroação do edifício equivale a menos de 1/4 da altura da Coluna, e torna a construção mais leve; Caneluras = frisos verticais da Coluna, de 24 a 44, na dórica são de 16 a 20, e não terminam em arestas vivas, mas são biseladas, ou seja, entre uma e outra há um pequeno risco, ajudando a Coluna a parecer mais esguia; Arquitrave = distingue bem as duas ordens, na dórica sua forma corresponde às antigas traves de madeira, e na jônica adquire formas mais rebuscadas, em três (3) faixas horizontais, sendo que a maior, a última, é ornada por uma fileira de pérolas; Frisos = decorados com altos-relevos; Fuste = igualmente acanelado, sobre a base sólida, afina um pouquinho em direção ao capitel; Capitel = culmina em duas Colunas graciosas, parecido com o tipo de penteado feminino então em moda na época, ornado com desenhos em espiral chamados volutas, e entre capitel e Coluna, há uma gola trabalhada, e outros enfeites ovalados: o Gorjal.

Orador

A 'ordem jônica' tem antecedentes na arquitetura de muitos povos, como por exemplo, dos assírios, hititas e diversos da Ásia Menor, quando no século V a.C., constata-se ter se espalhado por muitas Cidades-Estado, bem como, por todas as Colônias Gregas na Sicília, porém, em Atenas acabou sendo modificada resultando em uma variação daquele estilo característico, formando então um novo estilo, o 'ático-jônico'.

A construção jônica dos edifícios determinava que se apoiassem em fileiras duplas de Colunas, que se apresentavam um pouco mais estilizadas.

O que o 'estilo dórico' tem de sóbrio, o 'jônico' tem de gracioso, existindo também certa semelhança entre a linha de sua Coluna com o traje feminino de então, o quintão.

V) Quarta [4ª] Viagem

Nessa Quarta (4ª) Viagem, o Iniciado continua portando a Régua, e a acompanha com o Esquadro, sexto (6º) e último instrumento, que deve aprender a usar em suas peregrinações, que têm o objetivo de passar-lhe experiência, necessária para que reúna condições de alcançar patamar mais elevado, na árdua tarefa de adquirir conhecimento e ascender a novos degraus na Escada de Jacó.

Então, de modo análogo à união coordenada entre a Régua e o Compasso, indica a capacidade em dar cada passo, e ainda pelo objetivo da 'perfeita retidão', nos limites das reais possibilidades; assim, igualmente, sua ação com o Esquadro representa a necessária retificação de propósitos e determinações, segundo o critério e ideal que os inspira, e as efetivas ações que realizam.

Particularmente, o Esquadro unido à Régua ensina ao Maçom que: *'O fim "nunca" justifica os meios'*; e que somente é possível obter resultado satisfatório, quando todos os que realmente se empenham estejam em harmonia, cientes de estarem unidos e juntos em suas propostas.

Essa Quarta (4ª) Viagem é simbolizada pela Coluna Compósita, e que vem reunir vários aspectos das três (3) Viagens anteriores recém-concluídas.

O Esquadro é o instrumento indispensável para garantir a forma regular, o ângulo reto (90º), e representa a conduta irrepreensível e a retidão, que devem ser conduzidas pelos Maçons.

Secretário

O Esquadro é a união do Nível com o Prumo, que são instrumentos por meio dos quais se pode edificar tanto o muro (físico), quanto levantar um edifício interior (espiritual), esse último de acordo com as leis que regem o convívio de uma sociedade organizada, de modo que as partes possam ocupar, exata e rigorosamente, o lugar que a cada qual corresponda; então, fica claro que o Esquadro pode também ser substituído por aqueles dois (2) instrumentos combinados.

A união da Régua com o Esquadro, simbolicamente, representa também a 'perfeita medida dos materiais' que são usados na elevação do edifício; que além de estar ajustado em seus ângulos, e ainda ser bem proporcional nas três (3) dimensões, buscando serem alcançados a partir desse conjunto, a 'homogeneidade, estabilidade e harmonia' do edifício que se está construindo; assim, o não atendimento às condições mostra que a obra estava sendo executada por obreiros inexperientes; e assim, não recomendável que lhes fosse confiado trabalho tão importante.

A Pedra Cúbica, a individualidade desenvolvida em todos os aspectos, não é, precisamente, o mais necessário para o edifício social, pois a Pedra do gênero se constitui em exceção, assim, até seria condenada ao isolamento, com possibilidade de não ser aproveitada na união com as demais.

E, em contrapartida, o melhor ao 'propósito construtor' da Ordem seria, sem dúvida, contar com a Pedra em perfeito Esquadro, ou com esmerado esquadrejamento em suas seis (6) faces.

Pode ser de qualquer espécie o desenvolvimento comparativo das laterais daquela Pedra esquadrejada, contanto que haja nítida proporção e paralelismo, entre suas diferentes faces, verticais e horizontais; e, visando sua verdadeira utilidade quanto ao aproveitamento, possa ser então assentada no devido lugar, tarefa que deve ser realizada com o auxílio do Nível e do Prumo.

Então, os Maçons não devem buscar uma uniformidade absoluta em suas próprias ideias e convicções, conformando sua visão pelas limitações estreitas de tudo que seja preestabelecido, porque senão se convertem em qualquer outro material de uso comum nas construções, que por não serem muito úteis e até especiais, ainda assim, podem ser aproveitados nas edificações correntes; porém, não se destinariam à obra de um edifício grandioso e imponente, que, com os próprios esforços unidos, se procura edificar à Glória do Grande Arquiteto.

Guarda (ou Cobridor)

VI) Quinta [5ª] Viagem

A Quinta (5ª) Viagem é representada pela Coluna Toscana, a mais simples de todas as apresentadas, mas sendo proporcional e harmônica, simbolicamente, revela a harmonia e a beleza do edifício mental que se busca edificar; diferencia-se das antecedentes, pois é cumprida, ritualisticamente, sem o auxílio de 'nenhum' instrumento.

Essa Viagem, e a maneira misteriosa como se faz cumprir, é cercada por enorme intensidade dos diversos sentidos, e ao mesmo tempo, encerra uma profunda doutrina, intimamente relacionada ao número cinco (5), que a torna particularmente peculiar no Grau de Companheiro.

Por ser cumprida sem utilizar 'nenhum' instrumento, procura demonstrar a significância de que o Candidato, ao se mostrar adestrado no uso dos seis (6) instrumentos fundamentais da construção: *'Malho, Cinzel, Régua, Compasso, Alavanca e Esquadro'*, que, simbolicamente, correspondem às seis (6) principais faculdades do Homem, tem a partir de agora a obrigatoriedade de buscar sua sétima (7ª) faculdade central, ou seja, a que corresponde à Letra G, sétima (7ª) letra do alfabeto latino, cujo perfeito conhecimento o conduzirá ao auspiciado nível superior.

Em outros termos, representa um novo e grande campo para seus estudos e atividades, que se apresenta à disposição do Maçom experimentado na utilização dos diferentes instrumentos, e possibilite expressar uma fase superior de suas habilidades; assim como, ao Iniciado, de vez que já dominou sua natureza inferior, e se adestrou no uso de suas diferentes faculdades, passa a adquirir novos poderes, que representam a multiplicação de seus talentos.

Indica, portanto, um novo gênero de trabalho, em que deve estar muito bem adestrado e familiarizado, onde todos os instrumentos empregados até aqui, em verdade, podem ser até considerados supérfluos, pois a partir de agora passará a se tratar de atividade puramente espiritual.

O abandono da Régua representa completa liberdade, só conseguida desde que o Homem domine seus sentidos e paixões inferiores, e quando se abre a percepção daquela Luz interior, simbolizada na Estrela Flamejante, que faz inútil toda regra externa.

VM (ou Venerabilíssimo Mestre)

Assim, chega um momento, na evolução individual, no qual todas as regras, ensinamentos e ajudas exteriores, que até então foram de suma utilidade, já não servem mais, e quase constituem um obstáculo para seu progresso ulterior.

Finalmente, então chega a oportunidade de prosseguir no caminho guiado pela Estrela Rutilante, sempre conhecendo a verdade e praticando a justiça!

O AVENTAL DO COMPANHEIRO

VM (ou Venerabilíssimo Mestre)

Desde logo, cabe esclarecer aos Companheiros Maçons, como a todos os Integrantes de quaisquer Graus Hierárquicos, do Simbolismo ou do Filosofismo, que o Avental Maçônico é um dos mais importantes símbolos da Maçonaria; e, além disso, informar que esse Avental acompanhará e revestirá o Maçom desde o Primeiro Grau Simbólico até o último Filosófico, até porque, esse Obreiro da Ordem jamais deixará de ser considerado como Pedreiro-Livre.

De modo análogo, relatar que os interesses científicos referentes à Maçonaria estão fixados na Terra, porque são desconhecidas quaisquer notícias de que os Maçons da Antiguidade tenham criado condições de se aventurar na busca no espaço terrestre e celeste ou sideral.

1º (ou Venerável 1º) Vigilante

Considerando que a parte central das Catedrais recebe a sugestiva denominação de 'nave', que corresponde em Maçonaria a Câmara-do-Meio, cientes que são conhecidas as passagens bíblicas referentes a História de Noé construindo a arca, e que o Rei de Tiro usou barcos no transporte de materiais para o Templo de Salomão, e ainda, que infelizmente a maioria dos Ritos Maçônicos silencia, quase em absoluto, sobre o mar e o ar; assim a Ordem não adota como seus símbolos, joias, utensílios, instrumentos, etc, nada que possa identificar qualquer tipo de atividade naval, embora para a construção de navios e/ou embarcações utilizam-se praticamente os mesmos instrumentos, assim, pode-se concluir que a Maçonaria é, por excelência, *'construtora de edifícios'*!

Desse modo, simbolicamente, o Avental é utilizado conforme seus significados mais variados, então, em termos de Maçonaria, aquele que porta o Avental deverá sempre o apresentar 'imaculado', demonstrando, dentre outros aspectos, comportamento digno e sem manchas.

Entretanto, esse posicionamento poderia se tratar de um paradoxo, porque quase todo trabalhador deve utilizar o Avental para sua proteção, ou minimamente, seria destinado a poupar suas roupas, tanto assim que conforme a atividade o Avental é confeccionado com materiais diferentes, e, exemplificando, tem-se os Aventais compostos por: *'chumbo = o radiologista se protege de raios dos aparelhos radioativos; couro = os ferreiros para evitar queimaduras ao forjar ferro em brasa; plástico ou borracha = preservar da umidade (molhados) em frigorífico, lavanderia, etc.; e que a maioria das profissões, se necessário, usa várias formas dessa proteção'*.

2º (ou Venerável 2º) Vigilante

Desse modo, ficaria difícil usar qualquer proteção física sem que, por vezes, se mostrasse maculado; mas, na Instituição esse paradoxo é apenas aparente, pois usar o Avental Maçônico é um dos seus mais importantes símbolos, e essa simbologia preza por representar muitas interpretações.

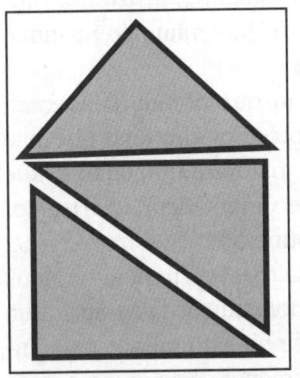

Diz o estudioso R. Da Camino, que o Aprendiz usa o Avental com objetivo de 'proteger a espécie' da nudez espiritual e simbólica que detém, e assim, se conscientizar que é um obreiro por excelência.

Como sabido, o Avental de Aprendiz é composto por dois (2) triângulos unidos formando um quadrado na parte inferior, e outro triângulo como parte superior; então essa composição se baseou inteiramente na principal figura geométrica, o triângulo, porque forma todas as demais, e por isso, é considerada a mais perfeita.

Geometricamente, de início foi traçada uma primeira (1ª) linha que 'não' é figura geométrica, mas, com a justaposição à anterior de uma segunda (2º) linha formou-se um ângulo, agora sim seria composto um plano geométrico, que em muito se assemelha à perfeição.

E quando outra linha, a terceira (3ª), número simbólico, ainda ficar justaposta às auas anteriores unindo as extremidades daquele ângulo que determinou o plano geométrico, passa a compor um triângulo, agora sim uma figura geométrica perfeita, e a unidade de superfície dessa figura determinou o embasamento de todas as demais medidas.

Como dito, o Avental com forma de quadrado é composto por mais uma 'abeta triangular' unida na parte superior, parte essa do Avental que o Aprendiz deve sempre utilizar erguida, ou seja, levantada, cuja ponta extrema atinge o 'plexo solar' protegendo-o.

Tal posição, também como dito, ainda simboliza uma espécie de 'nudez' do Aprendiz, no sentido da lassividade e idade, e ainda, apesar desse Avental também cobrir a sexualidade, a 'abeta erguida' simboliza a inocência pela pouca idade maçônica.

Orador

O triângulo também representa o espírito e suas forças, que são passíveis de educação e progresso, sendo entendidos os termos: *'Educar = no verdadeiro sentido como educere, eduzir e revelar, e Progresso = como evolução'*; e, sendo pela justaposição ou soma de dois (2) triângulos que é formado um quadrado, enquanto essa nova figura geométrica resultante passa a representar a matéria e suas forças, suscetíveis de modelagem e transformação, assim, comparativamente, pode até ser entendido o corpo humano como uma massa argilosa.

O 'cordão' que fixa o Avental na cintura do Integrante, além de se constituir na figura geométrica do círculo, certos autores maçônicos até entendem que possa simbolizar a circuncisão.

O círculo é formado por uma única linha cuja trajetória e percurso não têm fim, sendo desse modo interpretado como a missão do Companheiro, que deve percorrer o Mundo atendendo ao interesse dos Homens quanto a instruir, dirigir e eliminar o fanatismo; de notar ainda que essa missão do Integrante do Segundo (2º) Grau jamais deve estar contida nos limites da Loja.

A circunferência, superfície formada pelo cordão que prende o Avental, simboliza que o Companheiro tem por limites seus próprios direitos, que não devem ser ultrapassados; isso porque simboliza a origem, meio e fim, de tudo que existente na Natureza, pois o Integrante postado nesse Grau intermediário, por enquanto somente conhece a origem, e meio, mas ignora o fim.

O Companheiro, ao passar para a Coluna oposta a do Aprendiz, demonstra que já cumpriu sua tarefa inicial, e por isso atingiu certa idade maçônica, podendo então praticamente cair nos braços de Vênus, porque já pode *'produzir, criar e procriar'*.

Assim, ao corrigir todos os seus defeitos, não deve mais apresentar qualquer outra 'aresta a desbastar', e, além disso, bem compreendeu os ensinamentos transmitidos pelo Criador, ou seja, alcançou o conhecimento.

E, as bases da geração, criação e morte, e maçonicamente, como determinam alguns estudiosos e autores, poderia ser interpretado que:

'Seu triângulo luminoso da inteligência depositou no quadrado material da vida.'

Secretário

Os quatro (4) lados do quadrado do Avental de Companheiro também simbolizam:

- *Os quatro (4) elementos da Natureza = terra, água, ar e fogo, a materialidade da Natureza que o integrante do Grau deve saber utilizar com muita temperança; e*
- *Os quatro (4) pontos cardeais = indicadores da rota a percorrer na peregrinação de estudos, que resultará no aprimoramento dos conhecimentos, mas que precisará de muito trabalho e sacrifício.*

Apenas como curiosidade, valeria mencionar que em alguns Ritos, e principalmente também nos praticados no exterior, o Avental do Grau tem o verso, ou avesso, forrado na cor preta; e, quando erguida e dobrada a ponta esquerda do quadrado, forma um triângulo preto, que simboliza:

- *O 'mistério e conhecimento esotérico do mais além', que em realidade, por existir preocupa a todos causando temor;*
- *A Ciência da Astronomia e o firmamento, numa noite sem Lua quando os astros iluminam a abóbada celeste; e ainda,*
- *A posição do espírito, inteligência e consciência, que são elementos de ligação com o G∴A∴D∴U∴ e o triângulo da Divindade.*

A esse respeito, e só esclarecendo melhor, segundo a opinião de certos estudiosos, informam que, na atualidade, estudos científicos entre centenas de pessoas que por sofrerem paradas cardíacas, na prática, 'morreram clinicamente', mas depois, também clínica e cirurgicamente 'ressuscitaram'.

O resultado dos esclarecimentos desses casos caminha na direção da existência de algo palpável depois da morte, pois esses indivíduos sentiram um tipo de prazer no instante do 'desligamento', alegando penetrarem numa fase desconhecida, mas de muita felicidade; por isso, a Ciência tenta comprovar, fisiológica e insistentemente, se existe 'algo' a mais depois da morte.

Guarda (ou Cobridor)

Retomando, quanto à cor do Avental de Companheiro, continua branca, indicando não só a pureza, como também a 'polarização das demais cores'; então, seria a simbologia da branca e preta, em geral tidas como cores, quando efetivamente 'não são', porque a: *'Branca = representação da Luz, e Preta = negação da Luz'*; dentro do dualismo preconizado em todos os Graus.

Na atualidade, o Avental do Aprendiz tem que ser obrigatoriamente 'branco ou alvo', sem nenhum símbolo gravado, apesar de que os Aventais de todos os demais Graus, tanto do simbolismo como do filosofismo da hierarquia maçônica, contêm muitos outros símbolos.

De início, o Avental de Aprendiz, e consequentemente, o de Companheiro, deviam ser confeccionados em 'pele de cordeiro', simbolizando ser imaculado; porém, por conveniência, na modernidade não é mais observado, sendo então confeccionados em outros materiais, por exemplo: corino, courvin, etc.; tecidos sintéticos que procuram imitar o mais possível aquela 'pele'.

Com a específica criação de: *Ritualística, Cerimonial e Ritual de Mestre Instalado*, couberam aos VM´s utilizar Aventais Especiais, assim como aos Ex-VM´s ou Past-Masters, simples denominações que variam conforme o Rito adotado pela Oficina.

Agora, na condição de Companheiro Maçom, o esquadro representa a *'equidade, razão e humildade'*, que são divisas do Segundo (2º) Grau, quando em contato com os demais Integrantes e mesmo com seus semelhantes; mas, além disso, o esquadro simboliza *'perseverança, honra e labor'*, representando o trabalho.

Pelo simbolismo hierárquico da Maçonaria, numa Reunião de Aprendizes sempre deverão estar presentes Integrantes colados nos Graus de Companheiro e

Mestre, e obrigatoriamente, cada qual deve portar seu respectivo Avental, também caracterizando a identificação imediata de suas respectivas condições maçônicas.

Se as Obediências Maçônicas sempre pregam e exigem a *'uniformização dos símbolos'*, então, a cada Grau é especificado o respectivo Avental, devendo assim, individualmente, serem confeccionados de forma idêntica.

VM (ou Venerabilíssimo Mestre)

Os Aventais não comportam variações, porque quando solicitada alguma postura conjunta, como exemplo em Cadeia-de-União, a distribuição dos Integrantes em 'círculo ou retângulo' deverá ter equilíbrio e ordem, com os Aprendizes ficando do lado da respectiva Coluna, os Companheiros da oposta, e equitativamente distribuídos os Cargos Administrativos.

As três (3) etapas da vida contêm dois (2) de seus mistérios, ou seja: *'De onde se veio, e, para onde se vai'*; por conta disso, a interpretação do Avental no Grau de Companheiro deve abranger o tríplice aspecto: *'físico, simbólico e espiritual'*.

A ordem hierárquica deve ser sempre mantida, cabendo a todos zelar por sua obediência, pois associada ao equilíbrio são observâncias necessárias, pois é indispensável e deve ser praticada com constância, visando comportamento que origine o próprio modo de vida do Maçom.

Finalmente, por obrigatoriedade, todos os Integrantes da Maçonaria devem ter cuidado na correta utilização e posicionamento dos Aventais, e de modo específico, quanto a 'abeta' nos Aventais nos dois (2) Graus iniciais da hierarquia, devendo permanecer firmemente 'erguida' nos do Primeiro (1º) Grau, e devidamente 'abaixadas' nos do Segundo (2º) Grau de Companheiro.

INTERPRETAÇÃO SIMBÓLICA DA 'PALAVRA DE PASSE'

VM (ou Venerabilíssimo Mestre) _____

I) Origem da 'Palavra'

A 'Palavra de Passe' adotada para o Grau de Companheiro Maçom, quase como ocorre com a grande maioria dos Graus do simbolismo e filosofismo da hierarquia maçônica, tem origem nas Escrituras Sagradas, conforme segue:

> *Na época em que o Exército dos Efraimitas atravessou o Rio Jordão para combater Jefté, famoso General Gileadita, a desavença teve origem no fato de não serem os Efraimitas convidados a participar da 'honra da guerra amonita'; o quer dizer, que não foram convidados para sua efetiva participação (divisão) nos 'ricos despojos' dos vencidos.*
>
> *Os Efraimitas, caracterizados como turbulentos, se empenharam na destruição dos Gileaditas, enquanto Jetfé tentou, por todos os meios, contornar a crise buscando a Paz; contudo, como a Paz se mostrou praticamente impossível, resolveu aceitar o desafio, passando então a lutar, vencer e derrotar os Efraimitas, pondo-os em fuga.*
>
> *O General Jetfé, para assegurar definitivamente sua vitória, enviou destacamentos para guardar as passagens do Rio Jordão, ou seja, aos locais por onde os insurretos tentariam retornar ao seu país; a mais disso, deu ordens drásticas e expressas para que todo fugitivo que tentasse retornar fosse sumariamente executado.*
>
> *Entretanto, sendo os Efraimitas verdadeiramente astutos, buscaram usar de todos os subterfúgios para enganar aqueles soldados de fronteira.*
>
> *Mas, por um 'defeito vocal', os Efraimitas não conseguiam pronunciar adequadamente a palavra SCHI(xi)BOLET, dizendo SI(si)BOLET; assim, tal deficiência foi aproveitada por Jetfé, pois ordenou que todos que tentassem ultrapassar o Rio Jordão, deveriam pronunciar a 'palavra', e quem a pronunciasse SI(si)BOLET seria imediatamente morto.*
>
> *As Escrituras Sagradas informam a morte, tanto no campo de batalha quanto na tentativa de regresso a seu país, do total de 42.000 (quarenta e dois mil) Efraimitas.*

1º (ou Venerável 1º) Vigilante _____

E, conforme acima, essa palavra *SCHIBOLET* resultou como uma 'senha segura', e por isso o Rei Salomão houve por bem utilizá-la, posteriormente, como sendo a Palavra de Passe para os Companheiros; e complementando, dizer que a palavra significa a 'perseverança do bem'.

II) Analogias

Essa palavra *SCHIBOLET* foi adotada pela Maçonaria, por sua notória origem histórica e exemplar significado, mas realmente, para a Instituição o efetivo valor da Palavra de Passe é seu verdadeiro significado simbólico; tanto que a Palavra de Passe do Grau de Companheiro ainda, intrinsecamente, tem por significado: *'A trajetória encetada pelo Aprendiz em busca do Mestrado'*.

Em hebraico o termo *SCHIBOLET* tanto significa *'espiga-de-trigo'*, como também *'corrente ou queda d'água'*, e por isso, a Palavra de Passe da Ordem para seu Segundo (2º) Grau de Companheiro representa o Reino Vegetal; além disso, também cientificando que o 'mistério da fecundidade' encontra na *'espiga-de-trigo'* seu máximo simbolismo.

Assim como o 'trigo', que germina seu grão e desenvolve sua planta, simbolizando o sentido oposto da força de gravidade de seus instintos e paixões, analogamente, desse modo o Aprendiz deve vencer seus obstáculos e o tempo, para se transformar em um verdadeiro Companheiro.

Condição em que procura se estabelecer, fixar e sedimentar nesse novo plano elevado, e amadurecer por meio de pertinência e acréscimo de conhecimentos, para depois passar a frutificar; pois, é certo que o 'grão-de-trigo maduro' tem, dentre outras diversas funções, principalmente a de 'servir como alimento, e ser a semente que se multiplica'.

2º (ou Venerável 2º) Vigilante

E, novamente por analogia, o Aprendiz seria como um 'grão-de-trigo com vida latente' que, intrinsecamente, conserva o mistério da reprodução, porém, mesmo sendo mantido em local e ambiente apropriados, ainda assim pode não germinar, mas é certo que subsistirá.

Já o Companheiro pode ser representado pelo 'grão-germinado', pois caso esse Integrante demonstre pressa e desejo afoito de germinar, no caminho da multiplicação, efetivamente, correrá risco de ser lançado em local inapropriado, e consequentemente, secar ou ser devorado pelas aves.

Exemplificando, poder-se-ia citar a bela 'parábola da semente', constante da Bíblia em Mateus 13: 3-8, que adaptada segue:

- *Eis que o semeador saiu a semear. Quando semeava, parte da semente, provavelmente 1/4, caiu no caminho, vieram as aves e comeram-na. Outra parte, provavelmente outro 1/4, caiu em pedregais, onde não havia terra bastante, e logo nasceu, pois não tinha terra funda; mas, vindo o Sol, queimou-se e secou, porque não tinha raiz. Outra parte, provavelmente outro 1/4, caiu entre espinhos, e os espinhos cresceram e sufocaram-na. E outra parte, provavelmente o último 1/4, caiu em boa terra e deu fruto: um a cem, outro a setenta, e outro a trinta.*

Pelo exposto, ainda vale inferir que a sabedoria dessa 'parábola da semente' demonstra que:

- *Só uma quarta parte (provavelmente o último 1/4) da semente germina e frutifica;*

e assim, retomando a analogia, depreender que atirar os ensinamentos maçônicos em lugar fácil, cômodo e/ou com precipitação, equivaleria a semear ao longo do caminho, onde a semente é facilmente colhida por oportunistas; pois a 'palavra' torna-se vã e não produz nenhum resultado.

Orador

III) Disposições

Dispor todos os conhecimentos da Maçonaria em local inapropriado, gerando resultados aparentes e superficiais, equivale aos Integrantes se apresentarem de modo afoito, para integrarem o Quadro de Obreiros da Oficina, alguns com muito entusiasmo, porém levianos como profanos.

Aparentemente, podem parecer integrados aos ideais da Ordem, mas não conseguem estar sintonizados em espiritualidade com os demais, quando tem início um processo de esmorecimento do entusiasmo inicial, que passa a ser sufocado pelas próprias e egoístas paixões e interesses.

Apesar de a Luz Solar ser praticamente sinônimo de exemplar iluminação, nem sempre demonstra benefícios pela radiação, podendo provocar queimaduras prejudiciais; por comparação, pode-se inferir que alguns Maçons podem se queimar, jamais retornando às hostes da Maçonaria.

Profanos despreparados podem aceitar o Convite, mas logo se veem sufocados pelos outros Integrantes, e consequentemente, desanimam e se retiram, pois o ambiente não lhes é mais propício.

Mas, quando a semente é lançada em terra adubada úmida, sendo devida e muito bem assistida, recorrendo ainda à analogia, o Aprendiz:

- *Aproveita e cresce, luta e segue em uma trajetória vertical, cria raízes profundas para ventos não perturbarem, e se desenvolve e sobe em direção à luz e ao calor;*

e no devido tempo, agora como Companheiro, segue seu caminho rumo ao ideal, buscando novos horizontes; simultaneamente, segue outra vertente do percurso que se mostra horizontal, almejando *'fraternidade, bom exemplo e o aproveitamento das lições recebidas'*.

IV) Considerações

Todo o exposto até aqui demonstra a certeza de que não deverá haver fracasso, pois a esperança é o sustentáculo do desejo; assim, o Integrante que aspira seu ingresso no Grau de Companheiro deve, principalmente, compreender que a sua Elevação implica na responsabilidade de melhor usufruir dos novos conhecimentos, que desde logo percebe serem notáveis.

Secretário

E, por meio da Palavra de Passe desse Segundo (2º) Grau, a esperança deve ser concebida, cultivada, alimentada e suprida das próprias necessidades, pois se trata de uma virtude que deve ser semeada, adubada e liberta dos predadores, para que amadureça e se torne realidade.

Mas, por vezes essa concepção é muito longa, e por isso se deve ter paciência e persistência, pois para chegar aos tempos e ventos da liberdade, tudo sempre deverá ser concebido a termo, de modo paulatino, até mesmo porque, incontestavelmente:

- *'A Natureza não promove transformações aos sobressaltos, as realiza sem pressa, passo-a-passo';*

e, vista por esse prisma, a Palavra de Passe se mostra como uma 'chave mestra', a tal ponto de se apresentar como o alimento da esperança, e Assim, é possível constatar outra realidade, qual seja:

- *No Cerimonial de Elevação ao Grau de Companheiro, o Aprendiz já é comunicado da respectiva Palavra de Passe desse Grau;*

e então, entende que mais nada o impedirá de concretizar seu desejo, ou seja, em galgar outro degrau em sua árdua escalada na hierarquia da Maçonaria Simbólica.

Ainda com respeito à Cerimônia de Elevação, em seu transcurso ritualístico, causa espécie o fato do Candidato 'já ter sido comunicado', e, portanto, se tornado conhecedor da respectiva Palavra de Passe do Grau, quando então poder-se-ia argumentar como isso pode ocorrer, se o ainda Aprendiz não conhece os Mistérios do Segundo (2º) Grau de Companheiro.

Entretanto, deve ficar claro que a Palavra de Passe agora conhecida do Companheiro Maçom, logicamente, não é a mesma do Primeiro (1º) Grau, que até então o Integrante julgava suficiente, porém, essa afirmativa, segura, convincente e sem titubeios, demonstra que o Aprendiz consolidou seus amplos conhecimentos transmitidos naquele Grau inicial.

Guarda (ou Cobridor)

E, nesse seu novo Grau Maçônico, Segundo (2º) de Companheiro, a *'senha, sinais de reconhecimento, palavras, bateria, marcha, etc.'* foram necessariamente alterados, então o Aprendiz já não mais necessita do que é antigo, mas ainda assim, que jamais deve ser esquecido ou renunciado; apesar disso, recebe todos os novos comunicados que se fazem necessários, numa demonstração eficaz de ter ocorrido sua evolução e, consequente, progresso.

Contudo, deve considerar que esses atributos são comunicações reservadas, mas sem se constituírem em segredos, porque todos os Maçons os conhecem; porém, deve se conscientizar que embora possa parecer desnecessária, pois na prática quase não são mais usados tais sigilos, esotericamente, em linha direta conduz a compreensão de que no Mundo Espiritual os *'sigilos, selos, mistérios e segredos'* são perduráveis, portanto, devem ser ciosamente guardados; e ser perfeitamente entendido que sempre há ligação dos dois (2) planos, material e espiritual, pois se na aparência para um o sigilo for visto como supérfluo, para o outro plano pode se mostrar vital.

Se como Aprendiz trabalha sozinho, até como simples operário para realizar tarefas fáceis, como Companheiro já atua em conjunto com 'dois, três ou um grupo', então, chegar a esse Segundo (2º) Grau é importante, pois jamais estará só, tendo sempre a companhia de alguém.

VM (ou Venerabilíssimo Mestre)

Finalmente, cabe ressaltar que o Companheiro Maçom se encontra em posição invejável, e que também, por meio de instruções adequadas, a maioria desses Integrantes deve se colocar como estando em um momento de transição, para logo conseguir passar a Mestre!

A 'MARCHA' DO SEGUNDO GRAU

VM (ou Venerabilíssimo Mestre) _____

I) Introdução

Em Maçonaria, cabe ressaltar que:

"A estrita obediência exigida de sua hierarquia, e o equilíbrio a demonstrar nas ações, são importantes para a sustentação das Leis e Regulamentos; assim, a Maçonaria considera necessário que sejam observadas com estrita fidelidade."

Esses dois itens muito significativos se tornam exercícios indispensáveis e de prática constante, cujo resultado leva à obtenção de comportamento coletivo, que no tempo, será uma vida perfeita.

Como constata o autor e estudioso Rizzardo da Camino, que sendo a Maçonaria no Brasil detentora de parcos recursos econômicos, se comparada a outros países, são raríssimos os Templos construídos com finalidade precípua aos trabalhos maçônicos; assim, torna-se muito difícil que as Lojas alcancem o rigor arquitetônico decantado do Templo de Salomão.

1º (ou Venerável 1º) Vigilante _____

Então, surgem alterações e adaptações nos Templos conforme as necessidades, que geralmente são adequações realizadas nas instalações de prédios já existentes, que quase sempre encontram o maior obstáculo na limitação de área; em geral, os Templos adaptados são compostos por Salas de Trabalho sem o isolamento recomendado, não as tornando suficientemente 'fechadas', a que os assuntos tratados permaneçam apenas em seu interior, sem a menor percepção externa.

Mas, há poucos Templos cujos prédios mostrem nas fachadas características arquitetônicas que revelem se tratar de Instalação Maçônica, mesmo quando tais fachadas estejam decoradas com elementos minimizados, sendo esses elementos apresentados até como simples e comuns sinais ao Mundo Profano; por exemplo, contendo *'Colunas, emblemas, esquadro, compasso, triângulos, pelicanos, etc.'*, pois, com efeito, em termos de arquitetura realmente não existe um 'estilo' que possa ser considerado como exclusivamente maçônico.

E, sendo muitas adaptações na Oficina, pode se instalar certa confusão, e em consequência, até causando algum desânimo aos Integrantes, pois tais adaptações, arranjos e, sobretudo, improvisações, tornam o Templo inadequado, podendo assim inferir descontentamento.

Quanto à configuração arquitetônica dos Templos, a maioria dos Ritos determina que antecedendo sua entrada haja uma antecâmara, Átrio, onde os Maçons se preparam ritualística, mental e espiritualmente para o ingresso; atitudes adequadas para o preparo da formação da Egrégora, tão salutar ao bom desenvolvimento dos trabalhos; e o Átrio também deve ser precedido de outra antecâmara, assim não devendo ser confundidas; mas essa última é mais comum e chamada 'Sala dos Passos Perdidos', denominação referente à necessidade de ali jamais ser executada nenhuma atitude ou gesto ritualístico, e onde os Membros se reúnem antes de ingressar na Loja.

Então, se estiverem dispostas todas as instalações, ou seja, com as duas antecâmaras, Átrio e Sala dos Passos Perdidos, e o Templo propriamente dito, então as duas (2) Colunas deveriam estar alocadas no Átrio ladeando a 'Porta de Entrada', em perfeita analogia ao Templo de Salomão.

2º (ou Venerável 2º) Vigilante

II) Complementação

E, abrindo a Porta do Átrio que o separa da Sala dos Passos Perdidos, e estando aberta a do Templo, o Integrante deve encetar sua 'Marcha', concluindo-a Entre-Colunas; entretanto, na atualidade, na grande maioria dos Templos as Colunas estão instaladas internamente, e por vezes, com pouco espaço entre as Colunas e a Porta de Entrada; nesse caso, quando a Porta é aberta, e quando o Integrante a transpõe, deve parar, assumir a correspondente postura, iniciar a 'Marcha' e concluí-la no alinhamento imaginário entre ambas as Colunas, ou Entre-Colunas.

Então, pode-se atestar que enquanto a verdade da Maçonaria no Brasil continuar nessas condições, as instalações dos Templos continuará deficiente; e o mais lamentável é que as novas construções não se tornam imunes a essas deficiências apontadas, e parece não haver a menor demonstração de interesse em ser tomada uma decisão sobre o assunto pelos poderes constituídos.

E, evidecia-se que no interior das Lojas, muitas adaptações são deficientes e inadequadas, e omitidas as decorações recomendadas, em contraposição ao que preceitua a maioria dos Rituais.

Infelizmente, em Sessão de Companheiro, mesmo a Loja com os 'paramentos e decoração' orientados, ainda assim, na maioria das ocasiões, a Oficina se mostra como preparada para a Sessão de Aprendiz; e, nesse aspecto, ressaltando as reais implicações e orientações do Rito adotado pela Oficina, pode-se, só como exemplo, citar pequena parte da diferenciação entre as Lojas:

- *De Aprendiz = mostra uma única abertura (janela); e na*
- *De Companheiro = mostra três aberturas, onde adentram, respectivamente, as Luzes do Oriente, Ocidente e Meio-Dia; cientes de que a: Luz do Oriente é o Universo, que suporta todas as Leis; a Luz do Ocidente ampara as Leis da*

matéria, especificamente, da Terra; e a Luz do Meio-Dia pertence ao Mundo Interior do Homem, no tríplice aspecto da inteligência, vontade e espírito.

Além disso, essas três Luzes ainda representam os três Universos: Divino, Físico e Mental, assim, o Companheiro ao ingressar na Loja, logo de início deve dar os três (3) passos da 'Marcha de Aprendiz', complementada pela respectiva 'postura gestual' do Primeiro (1º) Grau.

Orador

E, cabe uma análise sobre 'postura', pois são inúmeras as exigidas, que em todos os Graus dos diversos Ritos, o Integrante tem o dever de bem executar, mas entre tantas, nessa Instrução de Segundo (2º) Grau, apenas seria conveniente destacar duas, a saber: 'De Pé e à Ordem e Marcha'.

III) 'De Pé e à Ordem'

É a 'postura' em que o Integrante está de Pé, com pés em esquadria, e braços e mãos como determina cada Grau; tal 'postura' é estática, e o Maçom fica parado, estático, podendo falar, mas jamais gesticular; porém, mesmo estando 'À Ordem', com frequência o Integrante gesticula ao falar e desloca a mão esquerda complementando o verbo, o que não é recomendável, pois assim agindo, estaria desfazendo parte importante da 'postura'; então, desfaz-se a 'postura' deixa de ser a 'Postura do Grau' e, consequentemente, é neutralizada a função específica, ou seu salutar efeito.

Se, por uso, costume, prática ou praxe, e com certa benevolência o VM dispensar da necessária 'Postura do Grau', o Integrante que usa do verbo, para que fique 'À Vontade', trata-se de atitude não adequada, podendo ser até condenável; mas, apesar disso, ainda se mostra menos grave do que uma 'postura defeituosa', que é imperdoável, pois demonstra o não aprendizado, pouca dedicação e até descaso; então, às denominadas 'Posturas dos Graus', recomenda-se sua execução com muito esmero, pois essa demonstração servirá até como exemplo e paradigma aos mais novos.

IV) 'Marcha'

É a 'postura' quando o Integrante enceta sua caminhada no Templo; mas, apesar de expressa nos Rituais de vários Ritos, concordante com muitos analistas desse tema, há muita polêmica acerca da real necessidade da manutenção dos 'braços e mãos' em Postura do Grau, quando o Integrante enceta sua Marcha; e de alegar que, como dito, ao ser desfeita a 'esquadria inferior' formada pelos pés, toda Postura do Grau estaria desfeita; e, ainda, esses autores detêm opinião radicalizada que:

Ou é executada a 'Postura Completa e Perfeita', ou seria muito melhor nada ser feito;

então, no segundo caso, a Marcha seria executada como se o Integrante caminhasse naturalmente.

Secretário

Mas atualmente, nas Potências Maçônicas, Grandes Orientes e Grandes Lojas, há orientação para que a Marcha seja executada, concomitantemente, com o 'Sinal de Ordem' de cada Grau.

V) Excepcionalidades

E ainda quanto às Posturas: 'De Pé e à Ordem e Marcha', cabe esclarecer sobre situações excepcionais, e de acordo com o Ritual adotado pela Loja, todos os Integrantes: *Oficiais, Dignidades, Mestres, etc.*, que, por dever de ofício ou não, portem aparelhos ou instrumentos, por exemplo: *'espadas, bastões, troncos, sacos, etc.'*, quando comandados a se postarem *'De Pé e à Ordem'*, ou que *'Circulem pela Oficina ou fora'*; devem proceder com naturalidade, sem executar a Marcha, mas, conforme o Ritual, quanto ao Sinal do Grau há controvérsia 'se deve ou não ser postado'; certo é que, no caso anterior, devem estar concordantes com 'posturas' adequadas aos materiais portados.

Norteando o ingresso do Integrante em Loja de Aprendiz, com naturalidade e a Postura do Grau, deve executar a Marcha, composta pelos três (3) passos em esquadria, executados como praticamente indecisos e quase arrastados em linha reta; depois parar e completar a Ritualística promovendo as 'saudações', ao VM, 1º e 2º Vigilantes, e 'À Ordem' aguardar o comando do VM.

Já ao Grau de Companheiro, o Integrante completa sua Marcha executando de início a Marcha Integral de Aprendiz, e antes das 'saudações', complementa essa Marcha inicial com mais 'dois (2) passos', o primeiro à frente e deslocado à direita, e o segundo à frente mas retornando ao caminho reto; depois completa a Ritualística do Grau, pela 'tríplice saudação', como antes exposto.

Dependendo se o ingresso do Companheiro foi autorizado, antes ou depois da Oficina ter aberto os trabalhos, depois de realizar as 'saudações', o Integrante terá que assumir a 'postura' conforme segue, condicionada a estarem os trabalhos:

Não Abertos (Fechados) = Desfazer sua Postura do Grau, e encetar a caminhada, naturalmente, em obediência ao que o VM determinar;

Abertos = 'Não' desfazer a Postura do Grau, pois realizará a caminhada com o Sinal do Grau, obedecendo ao comando do VM;

mas, infelizmente, na atualidade o procedimento não é observado com rigor pelas Lojas, porque a Marcha vem sendo executada com a Postura do Grau, mas de forma truncada, resultando em algo que não é nem Postura nem Marcha, gerando confusão, e pior, tornando-se inexplicável.

Guarda (ou Cobridor)

VI) Simbolismo da 'Marcha'

Os 'dois (2) passos adicionais' à primeira Marcha, como visto, são diferentes dos iniciais da Marcha do Primeiro (1º) Grau, pois a trajetória do Companheiro é outra, nova e diversa, e em nada igual ao caminho já trilhado como Aprendiz; e, ainda relativo aos 'dois (2) passos complementares', dentre tantos significados explicitados por diversos estudiosos do tema, de mencionar que também representam um Complemento da Marcha anterior de Aprendiz; que leva o Integrante a alcançar o 'número de cinco (5) passos', porque no Grau de Companheiro deve ser obedecido o 'quinário'.

Na Marcha do Segundo (2º) Grau, o desvio a direita com passo lateral, ainda significa que:

- *As ações como Companheiro devem se 'deslocar' no sentido da 'beleza, geração e criatividade';*

pois, na nova condição, fica apto a exercer sua Missão, indo ao Mundo Profano com Vênus, que representa a mulher, contribuindo ao aperfeiçoamento de seu próximo, particular aos gerais.

Sendo 'cinco (5) passos' da Marcha, recorda ainda ao Companheiro que cinco (5) são:

- *As Viagens no Cerimonial de Elevação; os Golpes de Malhete praticados; as Pancadas da Bateria; as 'posições' que constituem o Sinal de Reconhecimento; e os pontos do 'toque';*

além disso, esses mesmos 'Passos' da Marcha ainda simbolizam:

- *Os 'três (3) iniciais' significam as 'três (3) primeiras Viagens', em direção à busca da Evolução; o 'quarto (4º) para a direita' mostra a direção a seguir, e as Lições dessa 'quarta (4ª) Viagem'; o 'quinto (5º) de retorno à linha reta', em direção a sabedoria, objetivando a espiritualidade.*

VM (ou Venerabilíssimo Mestre)

Do Companheiro exige-se nova jornada, outra 'caminhada' mais longa que de Aprendiz, pois já detém a base necessária, que a princípio deve demonstrar aos seus pares do Grau, procurando mantê-los conscientes, para seguindo, passar a recordá-los de suas promessas.

Finalmente, que os ensinamentos do Segundo (2º) Grau promovem o aperfeiçoamento do Companheiro Maçom, e que devem ser aplicados extra-Templo na sociedade, como contribuição individual pela melhoria das condições e do crescimento espiritual-cultural da Humanidade.

O PAINEL DA LOJA DE COMPANHEIRO (PARTE I)

VM (ou Venerabilíssimo Mestre) _____

I) Introdução

O Segundo (2º) Grau de Companheiro da Hierarquia da Maçonaria Simbólica não deve ser simplesmente considerado um Grau 'intermediário', mas como o mais genuíno dos Graus, por ser: *'A síntese histórica e doutrinária que baseou as fases de ascensão do Integrante, ao mais alto Grau de qualquer Rito.'*

Assim, trata-se do principal ciclo da 'doutrina maçônica', razão maior do Integrante a estudar e conhecer de modo satisfatório, pois caso contrário, não será visto como Perfeito Maçom.

II) Premissas

Na Idade Média, a ausência de um Painel em forma de tapete assentado no centro do Piso Mosaico tornava incompleta a Loja Maçônica, porque, desde aquela época, é 'indispensável' sua presença na realização da qualquer Reunião; desse modo, o Painel ainda pode ser considerado como uma espécie de 'estandarte ou insígnia', onde são gravados os símbolos apropriados do respectivo Grau, para serem: *'estudados, compreendidos, estimados e respeitados'*; portanto, tornou-se parte da Ritualística estendê-lo no início da Sessão e guardá-lo enrolado ao final dos trabalhos.

1º (ou Venerável 1º) Vigilante _____

Nesse tempo, é provável que a representatividade do Painel fosse ainda mais significativa, pois antes os antigos desenhavam os Símbolos no piso, vivificando-os a cada início do encontro, e ao final apagando para a preservação; porque à época 'inexistiam' os Templos, e eram obrigados a desenhá-lo no centro dos espaços que reservavam nos canteiros de obras para suas Reuniões.

O desenho era feito com uma espécie de 'giz ou carvão', e para preservar seu sentido maior, decidiram apagá-lo ao término dos trabalhos; e o gráfico contemplava as ferramentas dos Mestres Operativos, e as Colunas e o Pórtico encontrados no Templo de Salomão; e ainda, aos poucos essa trabalhosa operação foi se modificando, e os símbolos passaram a ser *'desenhados, pintados ou bordados'*, definitivamente, num *'pano, lona ou tapete'*, e receberam a denominação de 'Painel'.

III) História

É sabido o emprego de imenso número de obreiros na construção do Templo de Salomão, e o contingente era formado na maior parte por Aprendizes e Companheiros; e, semanalmente, os Aprendizes recebiam uma ração de trigo, vinho e azeite; e aos Companheiros eram pagos seus salários em espécie, em moedas.

O indivíduo para adentrar o Templo, ao se dirigir ao Pórtico, tinha a atenção despertada por 'duas (2) grandes Colunas' denominadas J∴ e B∴; e esses verdadeiros monumentos, dentre outras tinham a nobre função de 'guardiões espirituais', principalmente, de todos que ali entrassem; além disso, as Colunas foram alocadas na entrada, para recordar:

Os filhos de Israel; a milagrosa Coluna de Fogo a guiar e iluminar a 'fuga do povo da escravidão egípcia'; e as nuvens que os ocultaram das tropas enviadas pelo faraó para capturá-los;

e, adentrando ao Templo para celebrar o 'culto divino', lembraria a redenção de seus antepassados.

2º (ou Venerável 2º) Vigilante

Transpassando as Colunas chegava a uma escada em forma de caracol, cuja ascensão era obstada pelo Segundo (2º) Vigilante, que para permitir a subida exigia os 'toques, sinais e palavras', dos Primeiro (1º) e Segundo (2º) Graus de Aprendiz e Companheiro.

As Colunas mediam aproximadamente 18 (dezoito) côvados de altura, circunferência de raio 12 (doze), e espessura 4 (quatro), sendo o côvado considerado com dimensão de cerca de 0,66 m, e ocas para utilizar seu interior como 'arquivo da fraternidade', e 'guardar registros constitucionais'.

As Colunas eram de bronze, mas foram confeccionadas longe do local onde era edificado o Templo, em terrenos argilosos às margens do Rio Jordão entre Succoth e Zeradatha, onde Salomão ordenara que fossem fundidos naquele material os utensílios destinados ao 'culto e decoração'.

As Colunas eram encimadas por capitéis com 5 (cinco) côvados de altura, ornados por um delicado rendilhado de bronze, lírios e romãs, cujo simbolismo demonstrava:

Rendilhado = a conexão de suas malhas significa 'unidade, união e harmonia';
Lírios = sua brancura simboliza 'pureza, castidade e inocência'; e
Romãs = a exuberância de suas sementes significa 'abundância, união e fertilidade';

e, esses capitéis eram também encimadas por 'duas (2) esferas', que respectivamente representavam os Mapas do Globo Terrestre e do Celeste, ambos significando a universalidade da Maçonaria.

A Palavra de Passe do Companheiro significa 'abundância', e vem mostrada no Painel de sua Loja pela representação de uma 'espida-de-trigo' junto a uma 'corrente ou queda d´água'.

Já a palavra *SCHIBOLET* tem origem na época em que o exército dos Efrainitas atravessou o Rio Jordão para combater o famoso General Gleadita Jetfé, sendo o pretexto da desavença que os efrainitas não teriam a honra de serem convidados a participar da Guerra Amonita; mas a verdadeira causa foram os despojos dos vencidos na guerra, que Jetfé e o exército se apoderaram; além disso, os efrainitas eram turbulentos e sediciosos, porém, só romperam em hostilidades porque insultaram os gleaditas, que assim juraram exterminá-los; contudo, Jetfé muito tentou a paz, mas percebendo ser impossível avançou com seu exército, combateu-os, derrotou e colocou em fuga.

Orador

Para tornar decisiva a vitória, e precavendo futuras agressões, enviou destacamentos do exército para guardar a passagem pelo Rio Jordão, por onde deveriam vir forçosamente os insurretos de regresso a seu país; e deu ordens severas para que fosse sumariamente executado todo fugitivo que tentasse passar e se confessasse efrainita; e aos que negassem ou tentassem usar de subterfúgios, ordenou que pronunciassem a palavra *SCHIBOLET*, e os efrainitas, por defeito vocal próprio de seu dialeto, não conseguiam pronunciar *SCH(xi)IBOLET*, apenas conseguiam pronunciar *SI(si)BOLET*; essa diferença de pronúncia fazia descobrir a nacionalidade, custando suas vidas.

A Bíblia afirma que morreram cerca de 42.000 Efrainitas, no campo de batalha e às margens do Rio Jordão, e como *SCHIBOLET* foi a palavra utilizada para distinguir os amigos dos inimigos, o Rei Salomão resolveu adotá-la como sendo a 'Palavra de Passe' dos Companheiros.

VI) Outras Considerações

Na Maçonaria, depois dos antigos Integrantes oferecerem as provas exigidas pelo Segundo (2º) Vigilante, conforme o Ritual de Elevação, era dito: *"PASSAI SCHIBOLET"*; então, podiam galgar a escada em caracol, constituída por *'3 (três), 5 (cinco) e 7 (sete) ou mais degraus'*, pois significam a analogia, que relacionada à Loja, demonstra que:

'Três (3) a governam', VM e dois (2) Vigilantes, pois três (3) eram os Grão-Mestres a presidir a construção do Templo: Rei Salomão de Israel, Rei Hiram de Tiro, e, conforme o Rito adotado pela Oficina, Hiram ou AdonHiram;

'Cinco (5) a constituem'; três (3) a governam com mais dois (2) Companheiros, o que é devido às nobres cinco (5) ordens de arquitetura: 'toscana, dórica, jônica, coríntia e compósita'; e

'Sete (7) ou mais a tornam perfeita'; cinco (5) a constituem com mais dois (2) Mestres, e devido a que o Rei Salomão gastou mais de sete (7) anos na construção, acabamento e consagração do Templo de Jerusalém a serviço do Senhor, e ainda, que esse número faz alusão às sete (7) Artes e Ciências Liberais: 'Gramática, Retórica, Lógica, Aritmética, Geometria, Música e Astronomia'.

Secretário

Atingindo o topo da escada, deparava-se com a Porta da Câmara-do-Meio aberta, mas o Segundo (2º) Vigilante a impedia aos Companheiros e abaixo, e para se certificar dessa condição o Vigilante pedia os 'sinal, toque e palavras' do Segundo (2º) Grau; e, depois de determinado tempo de estudo, trabalho e aprendizado, agora como Companheiro, pode ter reconhecida sua aspiração, se decidissem 'exaltá-lo' à nova condição de Mestre, passando-o para a Câmara-do-Meio do Templo.

E ocorrendo, sua atenção seria despertada por certos 'caracteres hebraicos' que atualmente são representados em Loja por um 'triângulo equilátero' que ostenta no centro a Letra G ou o caractere IOD, significando Deus, o Geômetra do Universo, a quem deve se submeter e venerar; mas apesar disso, ainda há muitas interpretações simbólicas interessantes relativas a esse emblema.

A Lenda da escada em caracol pode também ser considerada alegoria, quando o Integrante passa da adolescência como Aprendiz à virilidade como Companheiro; e ousa avançar e subir por esse caminho tortuoso de ascensão difícil, e por diligência e perseverança tem esperança em chegar à idade madura como um esclarecido Mestre.

V) Mais Recente

Há 262 anos, concordante com fontes históricas confiáveis, pela vez primeira foi possível ver impresso nos livros do Abade Gabriel L. C. Perau (1700/67), o mais antigo Painel Maçônico com características peculiares, reunindo símbolos e ferramentas de Aprendiz e Companheiro.

Por isso era identificado como um Painel Misto, atendendo às necessidades do Aprendiz e do Companheiro, e se apresentava 'conjugado', como publicado no *Livro de Revelações* ou *Exposures*:

Início = no livro com título 'Les Secretes des Francs-Maçons, ou Os Segredos dos Franco-Maçons', de 1742, na primeira (1º) edição de Amsterdã; e
Depois = em 1745, na segunda (2ª) edição do livro, agora sob o título 'L'Ordre des Francs-Maçons Trahi, ou A Ordem dos Franco-Maçons Traída'.

Guarda (ou Cobridor)

Este Painel já contava com: *'Estrela Flamígera, Letra G, Trolha, Globo, Pedra de Afiar, Luminárias (Sol e Lua) e Letras J e B'*; e considerando que, certamente, o Grau de Companheiro conta com o maior número de Painéis se comparado aos demais Graus, assim, apenas como exemplo, além do Painel Simbólico do Segundo (2º) Grau, devem ser citados outros dois:

Painel de Harris (Alegórico) = contendo: 'Fonte de água corrente, espiga-de-trigo, duas Colunas, escada em caracol e a Câmara-do-Meio', e
Painel da Loja de Companheiro = representadas as 'Sete Artes e Ciências Liberais e as Cinco Nobres Ordens de Arquitetura'.

VI) Modernidade

Alguns estudiosos e autores maçônicos afirmam ter a Maçonaria também se originado das antigas fraternidades iniciáticas do Egito, donde recebeu a tradição; e assim, posteriormente, a Ordem seguiria os 'Landmarks' enunciados pelo Maçom Albert G. Mackey, e caso os preservasse intactos, conseguiria transmitir essa tradição aos seus Iniciados, e adaptados citam:

Landmark Nº 1 = Os 'Processos de Reconhecimento' são os mais legítimos e inquestionáveis dos Landmarks. Não admitem mudanças de qualquer espécie, pois, sempre que isso se deu, funestas consequências vieram demonstrar o erro cometido.
Landmark Nº 25 = O último Landmark é o que afirma a inalterabilidade dos anteriores, nada podendo ser-lhes acrescido ou retirado, nenhuma modificação podendo ser-lhes introduzida.
Assim, como de nossos antecessores os recebemos, assim os devemos transmitir aos nossos sucessores. "Nolonum Leges Mutari".

No Painel da Loja condensam-se os símbolos que devem ser conhecidos e estudados, sendo uma inesgotável fonte de aprendizado aos Maçons, e caso sejam bem definidos e interpretados, certamente as Instruções ministradas pela Loja se tornarão mais claras e elucidativas.

O Formato do Painel deve refletir o do Templo, que tem a forma de um quadrilongo, ou seja, um retângulo construído segundo e *'Proporção Áurea, ou seja, 1:1,618'*, sem janelas ou outras aberturas que permitissem devassá-lo ao exterior.

VM (ou Venerabilíssimo Mestre)

O Templo Maçônico é composto pela justaposição de 'três (3) retângulos', um denominado Oriente que pode ter sua parede frontal levemente encurvada, sendo separado dos outros dois (2) denominados Ocidente e Átrio por uma 'balaustrada', que é interrompida ao meio por uma escada de quatro (4) degraus, representando cada um determinada Virtude, ou: *'Prudência, Temperança, Justiça e Coragem'*, sendo essas Virtudes representadas no Painel pelas 'quatro (4) borlas'.

    Finalmente, esotérica, representativa e significativamente, é possível afirmar que quanto às 'dimensões' constantes no Painel, deve se relacionar com as medidas do Templo Maçônico, sendo:

Comprimento = estabelecido do Oriente ao Ocidente;

Largura = compreende do Norte ao Sul;

Profundidade = entendida até o centro da Terra; e

Altura = desde a Superfície da Terra até o Céu, o Cosmos;

e que a vasta extensão do Templo simboliza a universalidade da Ordem, mostrando ao Maçom que sempre deve se dispor a que sua *'caridade não tenha limites'*, a não ser os ditados pela prudência!

O PAINEL DA LOJA DE COMPANHEIRO (PARTE II)

VM (ou Venerabilíssimo Mestre) _____

VII) Complementação

Os antigos Integrantes eram considerados Obreiros-da-Pedra, trabalho que permitia a ambição de uma obrigação religiosa, pela maravilhosa habilidade que possuíam, o que pode ser atestada e revelada ainda hoje nas monumentais construções do Velho Mundo; e, ainda assim, cabe relembrar que essa perfeição, entretanto, somente era conseguida depois de longo e acurado estudo.

Esses Integrantes viam na perfeição encontrada, como em toda a Natureza, o ideal que se esforçavam por atingir na execução e acabamento de seus trabalhos; e, por esse motivo, faziam da Ciência da Geometria seu principal e mais importante objetivo de estudo, para alcançar em cada detalhe da obra as devidas proporções; e, desde então, a Geometria ficou sendo o estudo mais acurado que deve fazer um Companheiro, e que será sempre de grande valia.

1º (ou Venerável 1º) Vigilante _____

Do mesmo modo que os antigos Integrantes tiraram do mais profundo da Natureza sua inspiração, sempre eram orientados a estudar no que pode ser considerado um 'grande livro', perscrutando seus mais profundos recessos, esforçando-se em desenvolver os mistérios; até que, auxiliados pela razão e Ciência, possam vencer as inúmeras dificuldades do caminho.

Possa o espírito dos Homens se enriquecer com:

Os tesouros extraídos das mais puras fontes da verdade e justiça, e
Que o coração se encha de amor pelas coisas que, em Sua infinita sabedoria, criou o G∴A∴D∴U∴;

assim, deve-se estudar e preservar com paciência, para que, perfeitamente instruídos sobre os mistérios do Segundo (2º) Grau, venha a participar dos exaustivos trabalhos da Câmara-do-Meio.

O caminho é apontado aos Companheiros, para chegar, como os antigos Integrantes, a tomar parte nos trabalhos dos Mestres, e, para tanto, devem estar perfeitamente cientes, que não será sem muitas dificuldades que irão alcançar;

porém, será de esperar que, com a maior alegria, sempre fiéis aos Mestres e ensinamentos recebidos, os honrem correspondendo à confiança depositada, desde quando bateu à Porta com a finalidade da Iniciação e associação aos trabalhos.

VIII) Painel

O Painel Simbólico do Segundo (2º) Grau de Companheiro é composto por:

Orla Dentada = *protegendo o retângulo do Painel, estando demarcados os 'quatro (4) pontos cardeais', e conforme o Rito da Loja, em cada canto pode conter uma Trolha ou um Laço;*

Cinco (5) Degraus = *na parte inferior do Painel lembram os 'cinco (5) sentidos' do Homem: olfato, audição, visão, tato e paladar. Já o estudioso Ragon diz que as Cinco (5) Viagens do Cerimonial de Elevação, filosoficamente, referem-se aos 'cinco (5) sentidos', fiéis companhias do Homem, e seus melhores conselheiros nos julgamentos a fazer; cientes que um dos 'sentidos' pode se enganar, mas jamais os 'cinco (5'), porque a sensação é uma percepção que supõe a existência da retidão.*

2º (ou Venerável 2º) Vigilante

Corda = *circunda o Painel, deveria conter 'cinco (5) nós', mas, em alguns Rituais, constam só 'três (3)'; e que cada extremidade da Corda é terminada por uma Borla;*

Sol = *elemento ativo, e a Lua como passivo, e ambos estão postados ao lado de cada Coluna, no espaço que demarca a oposição equivalente do Sol e da Lua, protótipos do Simbolismo Universal; na Loja os trabalhos são abertos ao Meio-Dia, quando o Sol está no zênite, e fechados à Meia-Noite, quando no nadir, ao se supor que a Lua está em seu esplendor;*

Sete (7) Estrelas = *representam as Sete (7) Artes Liberais e Ciências; do* Trivium = *Gramática, Retórica e Lógica, e do* Quatrivium = *Geometria, Aritmética, Música e Astronomia;*

Colunas 'J e B' = *na Entrada do Templo, as que o Companheiro conheceu quando Aprendiz, e conforme o Rito da Loja, no Segundo (2º) Grau podem estar encimadas por 'duas (2) esferas' simbolizando o Globo Terrestre e o Celeste, ambas assinalando a universalidade da Ordem. O Companheiro passa da Coluna de Aprendiz para a oposta, e a passagem representa a modificação em sua 'programação evolutiva', pois para receber seu 'salário' junto a sua Coluna, o Aprendiz deve se basear na razão, cujos clarões dissipam as trevas e fazem discernir o erro. O Companheiro, depois de purificado, é conduzido para junto de sua Coluna, devendo, sem afastar-se dos hábitos disciplinares, passar a exercitar a imaginação e desenvolver a sensibilidade, tornando-se um perfeito pensador; e, aprendido a raciocinar correto, pode, pela educação judiciosa da Intuição, elevar o pensamento às causas dos fenômenos;*

Esquadro e Compasso Entrelaçados = *alegoria em que o espírito (compasso) supera a matéria (esquadro), e o compasso aberto a 45°. No meio da figura formada pelos 'dois (2) instrumentos', pode estar a Estrela Flamígera com a Letra G inscrita. A Estrela Flamígera é o símbolo mais importante do Segundo (2º) Grau, tendo 'cinco (5) pontas (pentalfa)' representa o Homem e seus quatro (4) membros e a cabeça; deve estar artificialmente iluminada em Loja de Companheiro.*

Orador

Prancha de Traçar = *também denominada Prancheta da Loja, é uma das 'três (3) joias fixas' da Oficina, e se constitui um instrumento caracterizador e pertencente ao Grau de Mestre, embora conste dos Painéis dos Graus 1 e 2;*

Três (3) Janelas = *alocadas uma no Oriente, duas no Ocidente, e desde que a Luz emana do Oriente, torna-se mais fraca, ou com pouco brilho, ao se aproximar do Ocidente; e, no Setentrião não há Janela, pois a Luz do Sol nunca vem da direção no Hemisfério Norte, por isso, na Coluna onde estão os Aprendizes, a escuridão é quase total, pois 'apenas recebem mui fraca Luz';*

Pedra Polida ou Cúbica = *própria desse Grau representa a estabilidade e a perfectibilidade que cada Maçom deve atingir na 'edificação do Templo interior'; enquanto a Pedra Bruta, própria do Grau de Aprendiz, para o estudioso Ragon simboliza todas as imperfeições do espírito e do coração que o Integrante deve se esforçar para corrigir;*

Prumo (Perpendicular) e Nível (Horizontal) = *instrumentos que permitem a aferição e/ou traçado de perfeitas Linhas, garantindo a verticalidade e horizontalidade, de acordo como se apresentam as construções ou os atos dos Homens. Também aí são encontrados o ativo e o passivo, ou seja, as 'duas (2) polaridades universais', uma de movimento e ação, e outra de inércia e repouso, isto é, os 'dois (2) opostos', cujo jogo recíproco condiciona a vida do Universo;*

Maço = *simboliza a vontade, aplicação e inteligência, enquanto o Cinzel significa o discernimento na investigação; são instrumentos que têm aplicação maior no 'desbaste' da Pedra Bruta, e novamente citando o estudioso Ragon, afirmando ser o Maço o emblema do trabalho e força material, auxiliando em derrubar obstáculos e superar dificuldades, enquanto o Cinzel é o emblema da escultura, arquitetura e belas-artes; mas, com utilização quase nula sem o Maço.*

Secretário

Régua = *símbolo do método, da retidão e da Lei, significa ainda o aperfeiçoamento, destinando-se a 'traçar linhas retas'; enquanto a alavanca refere-se ao poder irresistível da vontade inflexível, quando aplicada com inteligência, tanto que, com um ponto de apoio, pode mover quase tudo. A alavanca entrecruzada com a Régua simboliza que: 'A vontade somente é invencível, quando plenamente posta ao serviço do Direito';*

Trolha = *consta do Painel Simbólico do Segundo (2º) Grau de certos Ritos, entretanto, tanto o estudioso Jules Boucher, quanto outros renomados autores, por exemplo, observam que no REAA não é apresentada nem consta das Cinco (5) Viagens da Elevação. Mas mesmo assim, torna-se imprescindível conhecer seu significado; assim, a Maçonaria Especulativa ensina que esse instrumento serve para ajustar e amassar a argamassa, destinada a realizar o conjunto (a unidade), quando são 'cimentadas' as Pedras do edifício. A Trolha reúne ou realiza a fusão, ou seja, unifica; é, portanto, o símbolo do: 'amor fraterno, indulgência e perdão'. Já o Rito Francês, de maneira sensata, ligou a Trolha à Quinta (5ª) Viagem do Cerimonial de Elevação ao Grau de Companheiro, porque em Maçonaria 'jamais se deve dar um trabalho como concluído'. Tanto que, em resumo, a expressão 'Passar a Trolha' significa esquecer toda injúria e injustiça;*

Espada = *simboliza a Quinta (5ª) Viagem constante da Cerimônia de Elevação a Companheiro, até porque, em alguns Ritos, somente compõe a decoração do Cerimonial, enquanto em outros é encostada ao peito do Candidato ao realizar sua Quinta (5ª) Viagem. E ainda, a Espada simboliza a 'Proteção para que o Mal não penetre no individualizado Templo Interior'.*

Guarda (ou Cobridor)

Pavimento Mosaico = *símbolo muito rico e com inúmeras interpretações, e somente para citar, pode-se dizer que representa o assoalho (piso) do Grande Templo, sendo composto por Ladrilhos iguais, assentados alternadamente em brancos e pretos, e assim, traduzir a rigorosa exatidão que tudo deve equilibrar, no domínio dos sentimentos humanos;*

Pórtico do Templo = *consta que suas Portas estão fechadas aos não colados nesse Grau, porém, abertas para a consciência dos Companheiros, significando sua completa libertação, ou, que podem contatar o Mundo Exterior para complementar seus conhecimentos por meio da: 'observação, raciocínio e meditação', pois seu modo de ver as coisas foi modificado, não as vendo mais da mesma forma de quando Profano; e a Elevação proporcionou conhecer um método de trabalho fecundo dirigido à sabedoria, mas só tendo valor se aplicado na prática.*

IX) Painéis: Simbólico e Conjugado ou Misto

Assim, caberia um estudo comparativo entre o 'Painel Conjugado e o Simbólico' do Grau de Companheiro, atualmente adotado pela Instituição, objetivando confrontar o passado e o presente, na tentativa de conseguir efeitos instrutivos relevantes; então, é possível traçar o quadro que segue.

Essencialmente essas são as comparações possíveis de formular entre o 'Painel Misto e o Simbólico', onde é possível notar muitos pontos de similaridade, bem como outros de reais diferenças; ainda assim, a contribuição proporcionada por essa comparação simplista, seria a de alcançar relevantes conclusões.

Sem esgotar o tema, algumas conclusões parecem mais importantes, a saber:

Ensina a evolução dos símbolos, sem desconciliar-se da tradição;
Do Painel Misto ao Simbólico, nota-se claramente o enriquecimento do simbolismo;
Os Aprendizes e Companheiros conquistaram seu próprio Painel;

por conseguinte, os respectivos símbolos tornaram-se mais ricos e detalhados, sem, contudo, perder a essência da tradição simbólica desses Graus; e de notar ainda o poder de criação do Homem em ampliar as representatividades do Painel; por exemplo, no Misto inexistem as 'sete (7) estrelas'.

Assim, pelo Painel Simbólico tem-se à disposição o poder da imensidão de significados, e pelos símbolos é possível estudar a representação das Ciências Liberais, com a extensão de valores.

De fato, a simbologia é rica em significados, que devem influir diretamente na necessária vivacidade dos símbolos, provocando a evolução, e ainda, com o sempre necessário cuidado, em casos especiais e excepcionais.

VM (ou Venerabilíssimo Mestre) _____

IX) Coclusão

Então, pelo exposto, pode-se concluir que: *'Também há Painéis diferentes para Ritos distintos'*; e, conforme citação encontrada, que segue adaptada (Revista *A Trolha*, nº2002, p.45), consta que: 'Há ensinamento que conduz a outro, tão ou mais relevante: *'O símbolo estático é símbolo superado na Maçonaria'*; assim, finalmente, em resumo, pode-se afirmar que: *'O Painel da Loja representa o caminho a ser trilhado para atingir, pelo trabalho e observação, o domínio de si próprio'*; e ainda, desenvolver em si um princípio mais forte que os elementos, com os quais entrou em luta nas 'provas' de sua Iniciação na Sublime Ordem.

PAINEL SIMBÓLICO	PAINEL CONJUGADO
Orla Denteada contornando o Retângulo que compõe o Painel, simbolizando a União Fraterna que deve haver entre os Homens; no ponto médio das faces, representa-se os Quatro (4) Pontos Cardeais, e, nas junções consta uma Trolha, e dependendo do Rito da Loja, ou um Laço;	
Na parte superior dos Painéis, há representação de uma Corda com Três (3) Nós em vez de Cinco (5), terminada por Borlas; somente na Maçonaria Especulativa é que apresenta significado, como por exemplo, os 'Três (3) Laços-de-Amor' ou imagem da 'União Fraterna entre Irmãos';	
Ainda na parte superior à direita, há a Prancha de Traçar ou Prancheta da Loja, que constitui uma das Três (3) Joias Fixas da Oficina;	
Sete (7) Estrelas que representam as Sete (7) Artes Liberais e Ciências Liberais;	Representam Cruzes Quádruplas e de S. André;
Duas (2) Luminárias – Sol e Lua, estão representadas de forma semelhante nos dois Painéis; ou seja, o Sol à esquerda e Lua à direita, se o rito adotado pela Loja for o REAA; em caso de ser outro, pode haver Painel que os representem posicionados de forma diferente.	
REAA = Esquadro e Compasso Entrelaçados;	Esquadro na parte inferior, e Compasso na superior; portanto, 'não' sobrepostos.
Estrela Flamígera e Letra G em conjunto único;	'Letra G' destacada no centro do Painel, distanciada da Estrela Flamígera;
Uma das Três (3) Janelas está na parte superior do Painel, e as duas outras, uma na parte média e outra na inferior; simbolicamente, a Luz Forte emanada do Oriente, mostra-se Fraca e Escassa no Ocidente acima do 5º Degrau, mas quase ausente na Coluna onde estão os Aprendizes;	Diferentemente, no lado direito superior, médio e inferior do Painel, há Três (3) Janelas, sendo uma entre o Compasso e a Estrela, outra abaixo do Pórtico e acima do Esquadro, ambas alinhadas medial e longitudinal, e uma Terceira no seu ponto médio.
Espada simbolizando a Quinta (5º) Viagem;	Ferramenta não encontrada;
Não há dispositivos encontrados;	Três (3) Tocheiros ou Candelabros, 2 na parte inferior direita e esquerda, e na superior direita;

PAINEL SIMBÓLICO	PAINEL CONJUGADO
As Letras J e B estão grafadas nas Colunas, de forma invertida, B à esquerda e J à direita;	Ao contrário, na parte inferior, delimitando o Pórtico do Templo, há Duas Colunas J e B, externa ao lado;
Em ambos os Painéis vê-se o Pórtico do Templo ao fundo e entre as Colunas; entretanto Misto, a representação se dá diferente, ou seja, numa linha central do Painel inferior à 'Letra G', central e abaixo de um Triângulo suspenso por Quatro (4) Colunas;	
A representação das Três (3) Portas constam de ambos Painéis, sendo que no Misto, curiosamente, se encontram: uma logo acima dos sete (7) degraus, outra no ponto médio da borda lateral do Painel, e uma no ponto médio da linha superior desse retângulo à frente do Trono do VM;	
Na extremidade inferior do Painel, consta a representação sobre o piso (chão) da Loja, reproduzida pelo Pavimento Mosaico, ao lado de cada uma das Colunas, da Pedra Bruta e da Polida; essas Pedras são observadas estando a Pedra Bruta superior, e a Pedra Cúbica inferior;	
Vê-se o Maço (Malho) e Cinzel (Escopro) como peças individuais, postados cruzados, e posicionados inferior e lateral à Coluna.	Diferente, o Maço e Cinzel são representados numa peça única, de quem olha o Painel, posicionados inferior, junto e medial à Coluna.
Vê-se o Nível e Prumo no centro do Painel, mas com a mesma correspondência; ou seja, respectivamente, às direita e esquerda.	O Nível e Prumo encontram-se representados, respectivamente, junto às Colunas;
Em ambos os Painéis, o piso (chão) da Loja está representado por um Pavimento Mosaico em diagonal;	
Alavanca está entrecruzada com a Régua;	Não são observados esses Instrumentos;
Vê-se a representação de uma Esfera medialmente alinhada com outros símbolos.	
Duas Esferas no topo de cada Coluna J e B, uma representando a Terra, e a outra o Céu;	
Parte inferior dos Painéis representam-se Degraus: Cinco (5) no Simbólico, e Sete (7) no Misto.	

O NÚMERO CINCO (5)

VM (ou Venerabilíssimo Mestre)

Na Ciência que estuda os Números, ou seja, a Numerologia, os Números não são considerados como tais simplesmente, pois afirma que cada um detém diferente *'tipo de energia e de qualidade'*.

E ainda, esclarece que cada Letra do Alfabeto está intrinsecamente ligada a determinado Número, do 1 (um) até o 9 (nove), iniciando pelo Número 1 (um) correspondendo à Letra A, e novamente, principia pela Letra J que representa o Número 10 (dez), e assim por diante.

1º (ou Venerável 1º) Vigilante

Então, conforme esclarecimentos dessa moderna Ciência:

"Ao Número Cinco (5) corresponde o afloramento das sensações e dos sentidos do Homem, e por consequência, do Companheiro Maçom, porque traz consigo a representatividade da 'liberdade plena e do espírito de aventura', fatores que devem nortear a continuidade da complicada e difícil senda nos caminhos da Ordem."

até porque, esse Maçom tendo já passado pelos percalços do Grau inicial, agora mais à vontade e predisposto, deve demonstrar animação e otimismo nas próximas tarefas que seguirão.

O Número Cinco (5) também pode se denominar Quinário, além de inferir à Quintessência, o requinte das coisas referido ao Grau de Companheiro, ou seja, a perfeição que deve atingir o Integrante antes de pleitear o novo caminho ao degrau seguinte do Mestrado.

O Número Cinco (5) ainda designa a Quintessência Universal, e por sua forma significa a essência vital e o espírito animador encontrado por toda a Natureza, além de traduzir a: 'vida espiritual, aperfeiçoamento genealógico e força intelectual', estando ligado aos Cinco (5) Sentidos: 'tato, paladar, olfato, visão e audição'; e ainda, esse Número engenhoso é composto pela 'união dos dois acentos (sinais) gregos' acoplados sobre as vogais que devem ou não ser ásperas, então:

O primeiro sinal é denominado 'espírito forte', que significa o espírito Superior, o espírito de Deus, que deve ser respirado pelo Homem; e
O segundo sinal é chamado 'espírito doce', e representava o espírito secundário, o espírito puramente humano.

por isso, conviria ressaltar que, ao longo do tempo, perdendo de vista o sentido iniciático das coisas, a maioria dos caracteres, outrora expressivos, atualmente são quase insignificantes.

2º (ou Venerável 2º) Vigilante

O termo 'Penta' em grego expressa o Número Cinco (5), sendo utilizado ainda como prefixo para inúmeras palavras, dentre as quais, Pentagrama, que é de muita significância em Maçonaria, podendo então ser assim definido:

Pentalpha ou Pentagrama = figura geométrica construída pelos pitagóricos, composta por 'cinco (5) triângulos' agrupados que formam a Estrela de Cinco (5) Pontas, que se constituiu no emblema da perfeição e sabedoria;

e, desse modo, esse polígono de três lados, o triângulo, continua sendo a base de todas as medidas, sendo essa a origem de sua extensa aplicação em Trigonometria.

Ainda deve ser entendido o Quinário como 'emblema do casamento', pois é composto pelos: *'Primeiro Número par = dois (2), e primeiro Número ímpar = três (3)'*; por isso, em presidindo o Himeneu, o hieróglifo de Juno era o Número Cinco (5), depois transformado no Número da Adoção nas Lojas Maçônicas Femininas.

E mais, o Número Cinco (5) também mostra uma das propriedades do Número Nove (9), a de se reproduzir: *'Quando o Número Cinco (5) é multiplicado por si mesmo, sempre surge um Número Cinco (5) à direita do resultado do produto'*; e essa propriedade induz que o Número Cinco (5) seja ainda o símbolo das vicissitudes materiais; e além, qualquer Número multiplicado por Cinco (5), quanto ao resultado demonstra: *'Se par, invariavelmente, resulta num Número terminado por Zero (0); e se ímpar, também invariavelmente, resulta terminando por Cinco (5)'.*

Já o pensador Pitágoras afirmava que tão somente se deveria declarar guerra aberta a apenas Cinco (5) episódios, que seriam:

Doenças do corpo, ignorância do espírito, paixões do coração, agitações ou revoltas das cidades e discórdia de famílias.

Orador

Pesquisadores estudiosos de Alquimia e Cabala se deram conta de que o Número Cinco (5) possui ligações próximas aos reinos animal e vegetal, e exemplificando, nos:

Reino vegetal = diversas plantas florescem sob a forma 'pentagonal', dentre essas, a 'flor de S. João', branca ou roxa, que desabrocha em Cinco (5) Pétalas;
Reino animal = a 'estrela do mar' é um digno representante por sua forma 'pentagonal'; e
Reino mineral = há uma única substância que, em certas condições, se cristaliza em forma 'pentagonal', tendo os cristais seções planas em 'pentágono', é o sulfeto de ferro conhecido por 'perita', que puro é verde e se confunde com a esmeralda.

Os antigos representavam o Mundo pelo Número Cinco (5), e o pensador Deodoro explicita como a principal razão para essa importante representatividade, o fato que o Número representaria os 'quatro (4) elementos da Natureza: terra, água, ar e fogo', aos quais se adicionaria mais um, o 'éter ou *spiritus*', resultando em Cinco (5); assim, originou-se em grego que:

'Tudo pode ser representado apenas pelo Número Cinco (5), ou, que Penté = *significa Cinco (5), e* Pan = *Tudo'.*

e, além disso, esses mesmos antigos conheciam apenas Cinco (5) Planetas: *Saturno, Júpiter, Marte, Vênus e Mercúrio*, sendo o Número Cinco (5) consagrado ao Planeta Mercúrio, como afirma Tycho-Brahe, onde estão os 'quatro (4) elementos', e o 'misto', o resumo desses quatro (4).
E, complementando o significado do Número Cinco (5), devo citar que seriam Cinco (5):

Os gêneros mistos na Natureza: pedras, metais, plantas, zoófitos e animais; As espécies de animais: Homens, quadrúpedes, répteis, peixes e pássaros; As extremidades dos animais (macho – fêmea): cabeça, dois braços e dois pés; Os dedos nos Homens: em cada uma de suas mãos, e em cada um de seus pés; Os principais órgãos internos: coração, cérebro, pulmão, fígado e rins; Os sentidos que constituem a vida especial dos animais; As partes das plantas: raiz, tronco, folha, flor e semente; As pontas da Estrela Flamejante.

e ainda, que seriam todas as circunstâncias do Quinário, reportadas aos Cinco (5):

Os paraísos dos hindus; As Divindades nupciais: Júpiter, Juno, Vênus, Suada e Diana; As Divindades (Fonte de Appius, Roma): Vesta, Vênus, Palas, Concórdia e Paz; Os sóis de Cícero; Os círculos paralelos que Tales de Mileto dividia a Esfera; Os Éforos de Esparta; Os Tribunos de Roma; Os Pentarcas de Cartago; Os espartas que ajudaram Cadmus a vencer Tebas;

por fim, na Cerimônia de Elevação ao Grau, ao Candidato são propostos ou esclarecidos Cinco (5):

Perguntas; Viagens; batidas da Bateria; Esquadrias da postura ritualística (dependendo do Rito); leves sinais do Toque; Degraus a galgar; Luzes do trajeto; instrumentos de trabalho: malho, cinzel, esquadro, régua e alavanca; Pontas do maior símbolo do Grau, a Estrela Flamejante.

Secretário

A 'chave' do Número Cinco (5) mostra a mais curiosa obra de Moisés, o Pentateuco, ou seja, o Tratado de cinco (5) princípios: *'quatro (4) elementos e o espírito universal que os rege'.*

Também constam Cinco (5):

Continentes no Planeta Terra: Europa, Ásia, África, América e Oceania;
Pontos da felicidade na Maçonaria de Adoção: adorar, trabalhar, amar, socorrer e interceder;
Ordens de Arquitetura: Toscana, Dórica, Jônica, Coríntia e Compósita;

Mônada e o Quaternário: Matéria ou Sujeito; Movimento, a causa; Fermentação, o meio; Decomposição, o efeito; e Vida – Morte – e Transformação, o resultado;

Fases da vida do Homem: infância, puberdade, juventude, maturidade e velhice.

e novamente os mesmos antigos consideravam muito o Lustro = período de Cinco (5) Anos, assim, a depreender ser o Número Cinco (5) também tomado como 'padrão de medida', e mais, pois em quase todas as épocas da história foi explicitamente notada sua importância, como por exemplo:

Em 1799, Napoleão I mostrava estar destinado a governar a França, que ocorreria Cinco (5) Anos depois, e em 1801 foi coroado Imperador. Passados mais Cinco (5) Anos, no decorrer dos quais sai vencedor em Austerlitz, Iena e Wagram. Então, o destino reservara muito mais do que poderia imaginar, pois se tornara quase Senhor de todo o Mundo, ou seja, Imperador dos franceses, Rei dos italianos, e protetor e mediador de toda Europa. Até 1809, torna cabeças coroadas todos os membros da família. Porém, Cinco (5) Anos depois, em 1814, assiste a derrocada de todo seu Império, tudo perdendo de única vez. Sua epopeia durou 15 Anos ou 3 Lustros. A 'restauração' a partir de 1815, reconhecimento quase pacífico, durou de novo 15 Anos ou 3 Lustros!

Guarda (ou Cobridor)

O Número Cinco (5), como uma espécie de 'mito', representa o Deus da Transformação, e se visto por esse prisma, o mitológico, é de supor que tivesse um tipo de vida própria, e desse modo pudesse descrever sua estada entre os Deuses; assim se poderia contar que:

Quando me propus ser um Deus, o Deus da Transformação, disseram-me que por onde passasse nada poderia permanecer como antes; então, seria o responsável pelas mudanças; por isso, fui dotado com as 'asas da liberdade'; por isso, poderia voar e ser livre, gerar mudanças, estar em vários lugares quase ao mesmo tempo, bastando apenas voar, e assim foi feito; então, saí pelo Universo voando entre Galáxias, e mudando tudo que encontrava.
Entretanto, certo dia fui chamado pelo Deus dos Deuses, que disse:

– Senhor 'Transformação', pode dizer onde está o Sol? E onde colocou a Estrela Dalva? Há dias procuro o Planeta Terra e não encontro, e Plutão, último Planeta do Sistema Solar, está cara-a-cara com a Lua, assim, o que fez no Universo?

> – Ora Senhor, transformei-o, respondi.
> – Transformou tudo numa grande bagunça, retrucou. Com suas mudanças colocou em risco a vida no Universo. E agora que vai fazer?
> – Não sei Senhor, apenas sei transformar.
> – Pois então, venha comigo.
>
> Acompanhei o Deus dos Deuses, que calmo e tranquilo, colocou o que eu havia transformado em seus devidos lugares, e o Universo retornou a sua harmonia original; e, nesse momento, para tornar-me o Deus da Transformação, precisei aprender a transformar 'sem' alterar a harmonia das coisas.
> Atendo pelo nome de Sudarfat ou Darfatus, bato asas pelo Universo, realizo voos rasantes na Terra, e ao lado de cada humano desenvolvo a vontade de mudar, mas, inserindo no seu ser cósmico o sentimento de preservação da harmonia.

VM (ou Venerabilíssimo Mestre)

Finalmente, o Número Cinco (5) pode representar, resumidamente:

As Pontas da Estrela Rutilante; corresponde ao Número do Segundo (2º) Grau; os elementos da Natureza: água, terra, fogo, ar e corpo material; as Colunas do Templo do Segundo (2º) Grau; os sentidos do Homem: visão, olfato, tato, paladar e audição; a Bateria, a Marcha e o Toque do Grau;
sabedores de que o Número Cinco (5) se sobrepõe ao 'quaternário da matéria', e por isso, como já dito, é que o Candidato a Integrante da Instituição, deve:

'Desenvolver em si um princípio mais forte que os elementos, com os quais entrou em luta nas provas de sua Iniciação na Sublime Ordem'.

AS FERRAMENTAS DO COMPANHEIRO (PARTE I)

VM (ou Venerabilíssimo Mestre) _____

I) Preâmbulo

Deve ser considerado que no Cerimonial de Elevação ao Segundo (2º) Grau de Companheiro, dependendo do Rito adotado pela Loja, sempre há a possibilidade de ocorrerem 'algumas pequenas variações' na Ritualística, a ser aplicada em cada um dos Ritos, principalmente, quanto a: 'circulação, giro, decoração, etc.'.

Assim, as Cerimônias 'não' transcorrem de modo idêntico em todos os Ritos; mas, a dizer que a 'significância, representatividade e simbologia' das mesmas deve permanecer inalterada; e ainda, que dependendo do Rito adotado, podem ocorrer 'pequenas adaptações' no que se refere às ferramentas e seus respectivos significados, instrumentos esses que são portados pelos Candidatos no transcurso do Cerimonial da Elevação.

E o mais importante é que nas Sessões Magnas de Elevação, os Rituais dos diversos Ritos estarão traduzindo e transmitindo, identicamente, os 'ideais e princípios da Instituição', que, tanto por necessidade como obrigação, devem ser sempre preservados.

1º (ou Venerável 1º) Vigilante _____

II) Introdução

Filosoficamente, deve-se construir a si próprio, e simbolicamente, para que a edificação resulte num Templo apropriado para glorificar o G∴A∴D∴U∴, é indispensável que se saiba bem usar cada um dos principais instrumentos da construção.

No simbolismo, a vida passa a ser uma prancheta onde serão grafados todos os projetos, que ao serem bem estudados e calculados seus valores, resultarão no verdadeiro caminho da construção do ideal de cada Integrante; assim, por vezes, alguns Integrantes chegam a se perguntar se estão realmente entendendo as propostas da Ordem, quando deveriam buscar respostas em seu interior.

E com isso, descobrir que, dentre outros, um dos almejados objetivos primordiais da Instituição seria que cada Maçom descobrisse, com nitidez, seu Eu interior, e com isso, a valorização das virtudes e combate aos defeitos; por isso, a

Maçonaria então passa a procurar a elevação de sua espiritualidade e transportar esse desenvolvimento de maneira delicada, silenciosa e natural, à sociedade que faz parte, tornando-a, ou contribuindo, para que a Humanidade seja mais justa.

Nesse sentido a Ordem fornece o ferramental necessário a esse autoconhecimento, ou de modo análogo, como os antigos sábios deixaram gravado nos Templos gregos: *"Conhece-te a ti mesmo"*; que deverá ser usado sem interrupções, e com muito vigor, para o próprio progresso espiritual, tão exemplarmente simbolizado pelo árduo trabalho na Pedra Bruta, ou do próprio Eu.

Entretempo cabe salientar que jamais foi, ou será, objetivo da Ordem a busca em 'modificar' quem quer que seja, porque o Homem é sempre o mesmo, sem adicional ou retirada, a Instituição somente fornece as ferramentas para que o Integrante sozinho trabalhe o próprio interior, que resulta no destaque e afloramento dos valores até então ocultos; e esse trabalho deve ser individual, pois cada Integrante sabe, por si mesmo, quais são suas 'arestas que devem ser aparadas'.

É claro que esse trabalho inicial será grosseiro, pois o Aprendiz ainda não domina a técnica das ferramentas com precisão ou minúcia, mas com tempo e dedicação, naturalmente, nesse aspecto de manuseio dos instrumentos, muita habilidade será alcançada.

2º (ou Venerável 2º) Vigilante

O Cerimonial de Elevação a Companheiro também é composto por Cinco (5) Viagens Simbólicas, que, dentre outros significados, representam os 'cinco (5) anos de estudos' que deve o Integrante desempenhar, para, a seguir, se candidatar à trajetória que o conduzirá ao Mestrado.

Nas 'quatro (4) primeiras viagens' o Candidato conhece e conduz novas ferramentas, que são disponibilizadas para que continue a obra da construção de seu 'edifício interior'.

III) Enquanto Aprendiz

E caberia ao Candidato indagar: *'Quais seriam essas ferramentas, e o que simbolizam?'*, pois, quando instados no Primeiro (1º) Grau de Aprendiz, são recebidas Instruções tanto da Loja, quanto orientadas pelos Mestres, que dizem respeito ao Malho ou Maço e Cinzel ou Escopro; ainda, ciente de que o Maço e o Escopro se constituem nos 'dois (2) instrumentos' principais, e que relativos às suas intrínsecas funções: 'ensinam, orientam e permitem o manuseio'.

O Aprendiz ao completar seus três (3) anos de trabalho profícuo, supõe-se que tenha aprendido em definitivo, e com a posição horizontal das coisas, todo significado da posição vertical ou perpendicular das mesmas, ou seja: a posição da reta voltada ao reino do céu, e assim, permite a aproximação do Homem hígido, de pé e ativo; e ainda que a perpendicular é representada pelo Prumo, sendo de tanta importância para a Ordem, que se tornou a 'joia' do Segundo (2º) Vigilante, a quem cabe com eficiência e denodo coordenar a Coluna dos Aprendizes, e também significando a medida de retidão dos próprios atos e do caráter.

Assim, a expressão *'Estar a Prumo'* significa: *'Estar de forma correta e precisa, em qualquer posição ou situação da vida: familiar, profissional ou fraternal'*; nessas condições em seu progresso na Ordem, o Aprendiz deverá passar da *'Perpendicular ao Nível'*, se comprovadamente seus propósitos foram cumpridos, ou como dito, se considere um Homem hígido, de pé e ativo.

Orador

Isso é devido porque o Nível, simbolicamente, ensina que a vida deve ser pautada pelo equilíbrio, para que todas as ações se ajustem à perfeição do desejo; e então passam ao equilíbrio necessário para que a obra em edificação seja 'permanente e estável', na medida justa e satisfatória; desse modo, o Nível e o Prumo formam o 'dualismo perfeito' que conduz à sabedoria.

IV) Síntese do Cerimonial

É importante ressaltar que, obrigatoriamente, como em qualquer Sessão Magna, também na de Elevação deve sempre ter seus trabalhos abertos ritualisticamente; e, em complemento, que todos os Ssin∴ maçônicos devem ser executados com as Mm∴, jamais com qualquer instrumento de trabalho como: 'malhete, bastão, espada, sacolas, sacos, etc.'.

Os Candidatos ao adentrarem ao Templo, principalmente, no transcurso da Sessão, devem fazê-lo com as devidas 'formalidades ritualísticas', senão por nenhum outro motivo significativo, no mínimo por se tratar de uma Sessão Magna; e ainda, ao Candidato se explica a simbologia e significado da Régua de 24 Polegadas e/ou da Alavanca, que conforme o Rito adotado, aquele adentra ao Templo portando no ombro esquerdo.

Depois, concorde com o Cerimonial, o Integrante é conduzido e inicia sua caminhada, procedendo conforme a recomendação ritualística do Ritual, e, ao término de cada circulação, deve retornar para Entre-Colunas, sempre prestando vênia toda vez que cruzar a 'linha imaginária' que divide o Templo; e a seguir, são expostos tanto o significado simbólico dessas suas caminhadas ou viagens, quanto dos instrumentos que deve transportar durante as mesmas.

O Candidato é conduzido e, ao chegar ao Templo, seu condutor 'Bate à Porta' segundo a Bateria do Primeiro (1º) Grau de Aprendiz, e a seguir, o Guarda ou Cobridor Interno comunica esse fato ao VM ou Venerab∴, que manda verificar: *'Quem assim bate'*, quando então é informado que estão conduzindo Aprendizes que desejam: *'Passar da Perpendicular ao Nível'*; e, atendendo a esse comando, o Candidato adentra ao Templo como Aprendiz, e só exemplificando, conforme o Rito adotado, com um Esquadro justaposto ao Avental ou não, e carregando uma Alavanca ou a Régua de 24 Polegadas, na mão esquerda apoiada também no ombro esquerdo, pois é o símbolo da Lei e inteligência, a nortear as atividades e estudos dos Companheiros, quando se posta Entre-Colunas.

Secretário

Seguindo o Cerimonial, dentre outras, o Candidato é informado que passará: *'Do número três (3) ao número cinco (5)'*, e para isso será necessário realizar Cinco (5) Viagens Simbólicas, em alusão aos 'cinco (5) anos de trabalhos e estudos', que, primitivamente, eram exigidos para que o Integrante aspirasse a ascensão na Ordem; mas, atualmente, não se trata de benesse ou graça poder ser Elevado depois de um estágio simbólico, o que, contudo, não é feito indistintamente; assim, sendo o Candidato um privilegiado, se torna digno desse procedimento trabalhando com zelo.

V) Maço – Malho e Cinzel – Escopro

O Maço ou Malho é uma espécie de martelo de maiores proporções, utilizado tanto para construir, quanto para destruir; já em Maçonaria o Maço seria a ampliação do malhete, que é o instrumento empunhado pelo VM ou Venerab∴ e Vigilantes, representando, principalmente, 'força e vigor', sugerindo ainda duas situações, ativa e passiva: *'ativa quando bate, e passiva quando o objeto batido sofre o choque'*.

O Iniciado é tido como a matéria-prima, simbolicamente representada na Pedra Bruta que detém forma irregular, repleta de arestas que significam os próprios defeitos, como: 'paixões, emoções, vontades, etc.', sem nenhuma motivação válida ou pertinente que as justifique; então, esse Integrante trabalhador utiliza o Cinzel, traduzido como sendo resoluções sábias, para ser o elemento concentrador e direcionador da força despendida pelo Malho, que pode ser traduzido como a fonte de energia, para que, pelo desbaste e esquadrejamento, possa dar forma regular e eliminar 'arestas'.

Pode-se retirar uma lição exemplar desse instrumento tão contundente, bastando imaginar que deva ser utilizado em si mesmo, visando à retirada das 'arestas' da própria Pedra Bruta, com objetivo precípuo do autoaprimoramento; ou mais, pois apesar de, efetivamente, a Ordem ser uma espécie de 'escola', sempre haverá a possibilidade e viabilidade de ser firmada autoeducação; porque, em vez de aguardar que outros apliquem o Maço e Cinzel para aparar as próprias 'arestas', deve-se executar esse mesmo trabalho, independentemente, em atitude mais suave e precisa.

Assim, a mencionar que só o reconhecimento dos próprios erros já é parte da prática de desbastamento do espírito ainda embrutecido, que deve ocorrer pela própria inteligência.

Já o Cinzel é outro instrumento representativo do Aprendiz, que em conjunto com o Malho, simbolicamente, é usado para desbastar a Pedra Bruta; essa um emblema da personalidade não educada ou polida, e ainda, também representa o intelecto.

Guarda (ou Cobridor)

VI) Compasso

Instrumento composto por 'duas (2) hastes ou pernas' unidas na parte superior, o Compasso é utilizado fixando-se uma das hastes, e girando a outra formará círculos, cujos raios podem ser de quaisquer medidas desejadas; assim, o Compasso é capaz de medir desde os 'mínimos valores', até completar as medições da circunferência e do círculo; e, simbolicamente, ao fixar uma das hastes ou pernas do Compasso, e a seguir girá-lo sobre o próprio Integrante da Ordem, esse poderá com extrema facilidade executar seu tão almejado 'projeto perfeito'.

Como é de conhecimento dos Integrantes, desde tenra idade maçônica, o 'entrelaçamento' do Compasso e Esquadro compõe o permanente 'Emblema da Maçonaria ou o Escudo Maçônico'.

VII) Esquadro

A real utilidade do Esquadro pode ser traduzida pela máxima: *'Só quem souber esquadrejar poderá transformar a Pedra Bruta em Angular devidamente desbastada'*; então, prosseguindo no trabalho deve passar a Polir e Burilar, para que essa Pedra se transforme em Pedra de Adorno na construção; e, formado por um ângulo reto, o Esquadro ensina a retidão a orientar as ações dos Integrantes da Ordem.

E referente à linguagem do simbolismo da Maçonaria, o Esquadro mostra que o Princípio de Retidão deve pautar a própria vida do Maçom; por isso a orientação deve ser: *'Tudo deve, obrigatoriamente, estar na dependência da Retidão, tanto horizontal quanto vertical'*.

VM (ou Venerabilíssimo Mestre)

Seguidas as 'duas (2) hastes' há dois (2) caminhos distintos se afastando, ininterruptamente, quanto mais seguirem; e, formando esquadria, com um lado na vertical para cima, ao céu, a postura ensina que se a vida for correta, encontra-se a 'verticalidade espiritual e horizontalidade material'; por isso o Esquadro é instrumento imprescindível na construção, e se não for usado, o resultado poderá de se ter uma obra 'torcida, desequilibrada e pronta a ruir'.

AS FERRAMENTAS DO COMPANHEIRO (PARTE II)

VM (ou Venerabilíssimo Mestre)

VIII) Alavanca

Desde a construção dos alicerces até o teto, todos os instrumentos citados são indispensáveis, e se por acaso surgir nesse caminho algo vislumbrado como incontornável, há que lançar mão da eficiente Alavanca.

E assim, quando for removido o obstáculo, torna-se viável conseguir uma edificação gloriosa, e que será motivo de toda honra.

A Alavanca é uma ferramenta que, simbolicamente, representa a força, e é o emblema do poder, que, quando somado às próprias forças individuais, resulta na multiplicação da potência do esforço, e consequentemente, cria a possibilidade de melhor desempenho nas grandes tarefas.

Como dito, em Maçonaria é o 'símbolo da força', porque é utilizada para erguimento ou movimentação de materiais diversos, ou seja, dos mais pesados fardos; e no referente ao simbolismo quanto aos aspectos da Moral, também representa a 'firmeza de caráter e a coragem indomável' que, necessariamente, deve possuir o Homem independente, assim como todo aquele que, em realidade, detenha o incomparável e inestimável amor pela liberdade.

1º (ou Venerável 1º) Vigilante

A Alavanca tem um formato que sugere tal força, e ainda, que basta um 'ponto de apoio' para ser erguido enorme peso, sob a pressão dos músculos dos braços do Homem.

Movido por essas conclusões, e pela singeleza e utilidade desse instrumento, o pensador e filósofo Arquimedes, de modo figurado, por meio de uma manifestação filosófica no sentido da valorização do 'ponto de apoio, dizia':

"Dai-me um Ponto de Apoio que moverei o Mundo".

Na própria vida, quando o Homem se depara com algum obstáculo que necessita ser removido, e que para isso demonstra ser preciso um esforço quase impossível, filosoficamente, o Maçom deve evocar a Alavanca e buscar esse 'ponto de apoio'.

Entretanto, por vezes a solução do problema está mais próxima do que se visualiza, mas não é observada com facilidade, pois a sua atenção está, exclusivamente, voltada ao grande obstáculo.

A mais expressiva lição dada pela Alavanca seria que:

'Não há peso que não possa ser removido';

assim, os obstáculos deverão ser superados porque a Alavanca os suspende, e sendo os pesos desequilibrados, faz com que se movam; então, pode-se ainda concluir que: 'A solução para o problema está ao lado, basta encontrá-la, o que não é grande tarefa'.

O 'ponto de apoio' é quem suporta todo o peso do obstáculo, então, aí se revela a parte mais importante do sistema de transporte, horizontal e vertical, com utilização da Alavanca.

Simbolicamente, na Instituição cada Integrante é um 'ponto de apoio', que quando unidos representam a Alavanca, então, devem aprender a usar esse grande poder que só a Ordem propicia.

2º (ou Venerável 2º) Vigilante

IX) Régua de 24 Polegadas

A polegada é um fator de medida muito antiga, mas que ao longo do tempo foi sendo afastada do 'sistema métrico' francês; entretanto, contrariando pensamentos e disposições anteriores, ainda é bastante utilizada pelo Mundo, apesar de que no Brasil não é usada com muita frequência, tendo uso apenas esporádico.

A Maçonaria resolveu adotá-la, pois dentre outras interpretações, também simboliza o 'total de horas de um dia, isto é, 24 (vinte e quatro) horas'; lembrando ainda que o dia precisa ser vivido com critério, e ser dividido entre o 'trabalho, lazer, espiritualidade e descanso físico e mental'; tanto assim, que o estudioso e filósofo grego Demócrito do século V a.C., escreveu: *"Ocupe-se de pouco para ser feliz."*; ou seja, não pregava a ociosidade, mas a administração do tempo, alegando que: *"Uma única coisa deveria ser feita de cada vez."*

Então, se a polegada foi instituída como sendo a *'12ª parte de um pé – outro antigo parâmetro de medida'*, significando ter a dimensão de aproximadamente 0,0275 m; assim, a Régua maçônica de 24 polegadas representa a medida de 0,66 m, sugerindo ser a Régua, principalmente, um instrumento da construção.

Filosoficamente, a Régua ainda significa que: 'O Maçom sempre deve pautar a vida segundo determinada medida'; ou, que deve programar a vida corretamente, sem jamais se afastar de tudo aquilo que foi bem pensado.

Sobre esse instrumento, tem-se que o termo *'Régua'* tem origem no francês *'Règle'*, que significa Lei ou Regra, sendo um aparelho que impõe, de início, a ideia de 'traço reto e medida'; portanto, a Régua é utilizada para 'medir e traçar' na Pedra, as adequações a serem realizadas.

Assim, deve ser entendido que tanto o Cinzel, símbolo da razão e dicernimento, quanto o Malho, símbolo da vontade, determinação e força executiva, com efeito, poderiam até ter sido contestada suas serventias, não fosse o verdadeiro uso das 'propriedades diretivas' da Régua.

Cabe ainda afirmar que, sem tais diretrizes que orientam o trabalho de acomodação, regularidade e desbaste, a Pedra Bruta pode se tornar mais irregular do que mostrada no original.

Orador

Convém ainda salientar que o 'traço de retidão' é considerado com muita rigidez nos ensinamentos orientais; tanto assim que no budismo é explicitado que 'O Iluminado' traçou aos seus discípulos os *oito caminhos nobres: 1) compreensão correta; 2) pensamento correto; 3) linguagem correta; 4) comportamento correto; 5) modo de vida correto; 6) esforço correto; 7) desígnio correto e 8) meditação correta*; e ainda, explicam que Buda: *'Traçou com sua 'Régua' um Código'*, para que seus seguidores evitassem dissabores e tristezas no caminho da vida.

Analogamente, pode-se afirmar que todos os 'credos, nações, instituições, etc.', dependem de Regras para sua identidade e funcionamento, pois se as Organizações declinassem de critério, a vida certamente seria defeituosa e complicada.

Então, essas seriam as razões geradoras das necessidades que o Homem teve, com vistas ao estabelecimento de Leis e Padrões de Conduta, a nortear suas ambições.

Assim, sobre esse tema a relembrar uma das mais significativas demonstrações de utilização da Régua: prática, cultural, filosófica e simbólica, já registrada na história, a saber:

> *Depois de quase 400 anos escravizados pelos egípcios, o povo hebreu foi libertado por Moisés, sob a promessa de guiá-los de volta à Terra Prometida, a Palestina. Moisés, esse Homem que fora educado na corte egípcia, entendia que depois do londo período como escravos, os hebreus haviam perdido, principalmente, sua identidade como nação; assim, o hebreu era, simplesmente, um 'povo sem Lei'. Moisés receava a possível catástrofe que seria adentrar a Palestina, com um grupo de mais de 2 milhões de pessoas desorganizadas e sem Regras ou Princípios; e, estava preocupado que resultasse disso, logicamente, a autoaniquilação do povo em disputas por terras e poder. Mas, ao sair do Egito, e revelando-se um grande estrategista, Moisés acampou todo o povo ao pé do Monte Sinai, e fez uso da 'Régua'; assim foram realizados ou criados os: Códigos – Civil, Penal, de Família e Sanitários; Leis – Religiosas, Ambientais e de Uso da Terra; e ainda realizou censo; dividiu o grupo em tribos; hierarquizou o comando e instituiu um Exército com cerca de 600 mil Homens.*

Secretário

E ainda, para coroar esses procedimentos, 'entregou os Dez Mandamentos' afirmando terem sido escritos pelo próprio Deus; que equivaleria às Constituições dos países modernos.

Então, Moisés utilizara a Régua, mas se recentia da falta de uso do Malho e Cinzel, por isso, não permitiu que o povo adentrasse a Palestina logo depois de criar essas Leis; e ainda obrigou o povo a continuar nômade por 40 anos, pelo deserto na península do Sinai, até que entendessem, assimilassem e bem praticassem as Regras instituídas; porque estimou ser esse período necessário para a 'lapidação' da Pedra Bruta dessa nação, antes que, finalmente, adentrassem à 'terra prometida' tão almejada havia tanto tempo.

X) Considerações sobre os Instrumentos

A Régua, em conjunto com os instrumentos do Aprendiz (Malho e Cinzel), além dos demais mostrados na Cerimônia de Elevação a Companheiro, compõem o 'conjunto de ferramentas de trabalho' dos Maçons.

E, se observado o Painel do Grau de Companheiro, verifica-se que constam nove (9) instrumentos ou ferramentas: Maço, Cinzel, Alavanca, Régua, Compasso, Esquadro, Nível, Prumo e Trolha; assim, pode-se indagar: *Quanto ao simbolismo dos instrumentos, o que haveria em seis (6) dessas nove (9) ferramentas, relativo ao desejo do Candidato passar da 'perpendicular ao nível?'*; e obtida a resposta que, dentre outros significados: *A 'perpendicular' representa o ser humano hígido, de pé e ativo; e a Reta está dirigida ao reino dos céus, e seria também a representação da Escada de Jacó, que com sua verticalidade chega ao firmamento*; assim, das ferramentas expostas no Painel do Grau, nota-se que somente os: Maço, Cinzel, Compasso, Régua, Alavanca e Esquadro são utilizados na Cerimônia de Elevação.

Guarda (ou Cobridor)

E, embora certos Ritos utilizem também a Espada ao realizar a Quinta (5ª) Viagem no Cerimonial de Elevação, essa não é mais uma ferramenta do Grau, mas representa a 'proteção do sigilo' que o agora Companheiro deve conservar, e só partilhando com os desse Grau ou superior.

E nessas Viagens, certos Integrantes podem tecer considerações sobre as ferramentas agora conhecidas, e alguns comentários dos mais antigos, quando então poderia até concluir que:

1º) Considerando que a Régua, Compasso e Esquadro são instrumentos de medição; a Alavanca é um auxiliar ao deslocamento dos materiais; e o Malho (Maço) e Cinzel (Escopro) sendo utensílios que em conjunto se destinam a esculpir e/ou modelar a Pedra Bruta; e ainda, sendo essas ferramentas consideradas rudimentares a produzir o 'perfeito burilamento e polimento na Pedra', os Candidatos poderiam deduzir, mas apenas por conta própria, que a continuidade de sua evolução, principalmente espiritual, também estaria baseada na apresentação do 'novo ferramental'; sendo mais específico e delicado, para assim ser possível atingir outros objetivos, como Homens Livres e de Bons Costumes que são!

2º) Que por vezes, o Integrante do Grau pode ter ouvido certos Mestres dizerem que continuavam na condição de Aprendizes; e assim, poderiam concluir, mas novamente pela própria conta, que a afirmativa poderia ser decorrente da ideia que o trabalho de desbaste e esquadrejamento da Pedra seria quase infindável. Entretanto, poderia também achar que se tratava apenas de mais uma força-de-expressão; logicamente, é certo tratar-se de uma força-de-expressão, porque o Integrante depois de passar por todas as etapas determinantes dos três graus do simbolismo maçônico, com certeza adquiriu, mesmo minimamente, os conhecimentos necessários ao repasse aos membros dos dois (2) Graus iniciais, e dos que utilizam como Mestre Maçom. E, cumpre ainda informar que ambas as posições são adotadas por muitos estudiosos e autores maçônicos.

VM (ou Venerabilíssimo Mestre)

Entretanto, até esse estágio da evolução dos Integrantes da Ordem, todas as ferramentas confiadas foram detalhadamente apresentadas, bem como, disponibilizado os ensinamentos de como devem ser utilizadas, para então, caber a cada Companheiro, individualmente, bem executar seu próprio trabalho de forma responsável e correta.

Quanto à apresentação e disponibilidade desse novo ferramental, terão que cumprir com excelência seus afazeres e tarefas exigidas no Grau, e, do mesmo modo como entre o Primeiro (1º) e o Segundo (2º) Graus, o respectivo Cerimonial determinou o que foi ritualisticamente respeitado.

Dessa maneira, sua evolução aos Graus Superiores implica em que realize, sem exagerada afoiteza ou ansiedade, o que sabe e deve nesse Segundo (2º) Grau de Companheiro, para depois, aguardar ser recompensado pela ascenção na caminhada ao Mestrado.

AS FERRAMENTAS DO COMPANHEIRO (PARTE II)

VM (ou Venerabilíssimo Mestre)

Atualmente, vive-se numa sociedade excessivamente regulamentada, por meio de um emaranhado de Regras e Leis, que vão desde o Direito Internacional até as Regras de Trânsito; porém, é de atestar que os governos representados pelas corporações ou funcionários utilizam da Legislação para cometer até injustiças, via manobras jurídicas ou litigâncias de má-fé; pois *'nem tudo que é legal, é justo!'*

Por isso, todo Maçom tem sempre que assumir sua responsabilidade, em 'bem traçar para si próprio, lídimos padrões', não só com base nas Leis, mas, principalmente, na Justiça irrestrita.

Assim, sobre todo o exposto, individualmente, cabe pelo Integrante ser respondidas algumas indagações, também para sua reflexão, ou seja:

Está traçando critérios para o aperfeiçoamento pessoal, dos filhos, subordinados e pessoas pelas quais tem responsabilidade?;
Esses critérios se baseiam na Justiça irrestrita ou ambição pessoal?; e
Abandona-se o Direito Legal percebendo que causa Dano/Injustiça ao próximo?

1º (ou Venerável 1º) Vigilante

E, quanto as ferramentas mostradas nas Cinco (5) Viagens constantes do Cerimonial de Elevação a Companheiro, em resumo, cumpre apresentar certos aspectos direcionadores de cada uma das caminhadas, relembrando que as disposições dependem do Rito adotado pela Loja, que, apenas como simples exemplo, foram escolhidas algumas ocorrências, então:

XI) Primeira [1ª] Viagem

Adentrando ao Templo, conforme o Rito adotado, contará com um Esquadro acomodado junto ao Avental, e portará uma Alavanca (ou Régua) apoiada no ombro esquerdo.

Para iniciar a Primeira (1ª) Viagem, antes da circulação é substituída na mão esquerda do Candidato a Alavanca (ou Régua) pelo Maço e Cinzel, porém agora o Integrante já está mais adestrado e habilitado na operacionalidade dessas ferramentas, por isso se capacita a realizar um trabalho mais preciso e fino na Pedra esquadrejada e desbastada como Aprendiz; e, esse novo trabalho minucioso e delicado, tem o intuito de 'polir a Pedra', a tal ponto que, além de absorver a Luz recebida, também passará a refleti-la.

Assim, entende-se que há melhoria e o enriquecimento da espiritualidade, a ser emanada e transportada por boas-ações voltadas a sociedade; tanto que conforme o autor R. da Camino em 'O Companheirismo Maçônico': *"Polir ... significa tornar o Homem de tal forma receptivo, que possa refletir a Luz recebida; será o 'refletor' da vontade do Grande Geômetra, Deus."*

Então, essa Primeira (1ª) Viagem simboliza o período de 'um ano', que o Companheiro empregou no aperfeiçoamento e prática em cortar e lavrar sua Pedra Bruta, e que aprendeu a desbastar enquanto Aprendiz, com o Maço e Cinzel.

2º (ou Venerável 2º) Vigilante

E ainda, que irá erigir seu Templo interior e elevá-lo à glória do G∴A∴D∴U∴, ciente que a construção exige duro e penoso trabalho com Maço, complementado pela firme e aplicada direção do Cinzel, e que não deve jamais se desviar do que foi traçado pelos Mestres.

Concluída essa primeira nova caminhada, o Candidato deverá postar-se Entre-Colunas.

XII) Segunda [2ª] Viagem

Disponibilizam ao Candidato em substituição do Maço e Cinzel, o Compasso e Régua de 24 Polegadas, pois a Régua permite traçar 'linhas retas' prolongáveis ao infinito; as novas ferramentas representam Moral, Ética e Caráter, e assim, não pode declinar nem desviar-se jamais.

Depois é conduzido e percorre nova caminhada, para depois ainda terminar Entre-Colunas.

Com os novos instrumentos disponíveis ao Candidato, poderá planejar seu trabalho, e assim, não executar tarefas aleatoriamente, sem critério, mas voltar-se para aperfeiçoar seus esforços.

A Régua mede 24 polegadas, pois é o tempo que o Maçom deve dispensar a seus afazeres, e, além disso, que deverá estar alerta e disponível ao longo das 24 horas do dia; e, referente ao Compasso, se a Régua permite traçar 'retas ao infinito (sentido abstrato)', o Compasso (sentido concreto) é limitador de outro procedimento; mas, essa limitação não deve ser entendida como mágoa, decepção ou privação, só registra limites no campo do conhecimento, e por ser enfatizado, não conviria fornecê-lo além do que é possível absorver, ou, 'tudo no seu devido tempo!'

Estando apto o Integrante, as 'pernas' do Compasso detêm o ângulo de abertura necessário aos trabalhos; e ainda provê um novo arcabouço de conhecimentos, formado a partir de um 'raio maior'; assim, terá condições de seguir o restante do caminho, que culminará em Grau Superior; além disso, as 'pernas' se estendem em 'função linear', e a área do círculo em 'função exponencial'; então, mesmo estando 'pouco aberto', ainda assim o Compasso oferece muito conhecimento.

Orador

A Segunda (2ª) Viagem é o símbolo do 'segundo ano', no qual, o até então Aprendiz deve adquirir os elementos práticos da Maçonaria, ou a arte de traçar linhas sobre materiais desbastados e aplainados, o que somente é conseguido com utilização da Régua e do Compasso.

XIII) Terceira [3ª] Viagem

Na Terceira (3ª) Viagem, semelhante às outras, são repetidos os procedimentos anteriores, e ao final o Candidato se posta Entre-Colunas; porém, antes de iniciar é disponibilizada a Alavanca substituindo o Compasso, continuando com a Régua, e ao final, são ministradas as explicações tanto da Viagem, quanto sobre a Alavanca.

E partindo do pressuposto que o Candidato já detém instrução suficiente para, pela forma e tamanho, discernir os locais mais adequados para dispor as Pedras e demais materiais prontos, passa a prover seu assentamento, a fim de erguer seu Edifício Moral.

A ferramenta que permite multiplicar as próprias forças e alavancar espaços aparentemente inatingíveis, é justo a Alavanca, que por um 'ponto de apoio' ideal possibilita a movimentação e transporte dos materiais, ao seu devido lugar na construção.

Como uso complementar da Régua, cabe controlar possíveis excessos da força aplicada, ou seja, de garantir a direção do trabalho, sem desviar das *'normas morais, sociais e divinas'*; então, seria possível traçar um paralelo sobre essa descrição, a saber:

O Iniciado + Força de Vontade + Preceitos Maçônicos = Evolução do EU e da Humanidade.

A Terceira (3ª) Viagem representa o 'terceiro ano' de estudos a realizar, e conforme explicitado na Cerimônia de Elevação, nessa Viagem é confiado ao Aprendiz a direção, transporte e instalação dos materiais trabalhados, tarefas só bem realizadas com o uso da Régua e Alavanca.

Secretário

XIV) Quarta [4ª] Viagem

A Quarta (4ª) Viagem representa o estudo da Natureza, que colabora na construção do edifício, e simboliza o 'quarto ano' do Aprendiz que deve, principalmente, realizar a edificação do todo, supervizar a instalação dos materiais, e continuar sua obra ao G∴A∴D∴U∴.

Nesse estágio, o Candidato se empenha na verificação, adequação e assentamento das Pedras, emprego dos materiais, e para essa tarefa deve ser substituída a Alavanca pelo Esquadro, permanecendo com a Régua de 24 Polegadas.

Também essa Viagem é semelhante às demais, e repetindo procedimentos anteriores, ao término o Candidato segue Entre-Colunas, sendo ministradas instruções da Viagem e do Esquadro.

Se a Régua proporciona 'linhas retas', o Esquadro realiza função semelhante, porém, com seu emprego pode-se facilmente identificar tanto uma 'linha horizontal' quanto outra 'vertical'.

E, pelo 'ângulo reto', o Esquadro representa a conduta irrepreensível que se deve manter na sociedade, e permitir o assentamento das Pedras, horizontal e vertical, ficando a construção mais estável, resistente, bela e harmoniosa sua arquitetura; esse conhecimento explicita que sendo o Integrante zeloso, inteligente, constante, comedido e aprimorado, virtudes que devem nortear o trabalho, criando a possibilidade de o Maçom orientar os demais obreiros menos instruídos.

XV) Quinta [5ª] Viagem

A Viagem é realizada sem que o Candidato porte nenhuma ferramenta, estando com as mãos livres e desembaraçadas, pois se nas quatro anteriores aprendeu a 'praticar a arte', com lições materiais e operativas, na Quinta (5ª) e Última Viagem se concentrará no estudo da teoria.

Na Quinta (5ª) Viagem, antes do início, devem ser retirados do Candidato todo e qualquer instrumento, isto é, deve ser deixado com as mãos livres, pois nesse percurso nada deve carregar.

Essa Quinta (5ª) Viagem significa que o Candidato terminou sua aprendizagem material, representada pelas quatro anteriores, em cujos trajetos conduziu diversos instrumentos de trabalho, e terem sido criadas condições que possibilitaram aspirar algo além do perceptível no plano físico como Aprendiz, ou seja, o Candidato se fez pronto e apto para sua efetiva 'transição do plano físico para o plano espiritual ou plano cósmico'.

Guarda (ou Cobridor)

O trajeto da Viagem é semelhante, e repetido os procedimentos anteriores, que ao término, quando o Candidato se posta Entre-Colunas, são ministradas as explicações da 'última caminhada'.

Entretanto, dependendo do Rito, alguns instituem que o Candidato realize a Quinta (5ª) Viagem sem instrumentos, como citado acima; enquanto em outros, apesar de não mais contar com ferramentas, realiza o percurso com a ponta de uma Espada no lado esquerdo do peito, na região cordial, em direção ao coração; e com polegar e indicador da mão direita segura a ponta da arma.

A Quinta (5ª) Viagem significa ainda, que estando o Aprendiz instruído nas práticas manuais, deve nesse 'quinto e último ano' aplicar-se nos estudos teóricos, pois cabe a máxima maçônica seguinte, para o encaminhamento aos Graus superiores: *'Não basta estar no caminho da virtude'*, e assim se conservar, pois para alcançar a perfeição, são necessários extraordinário denodo e incansáveis esforços; então, seguindo os objetivos traçados pela Ordem, e seus próprios, os Integrantes se tornarão dignos de conhecer todos os demais trabalhos maçônicos.

XVI) Conclusão

Os conhecimentos do Grau anterior estando bem sedimentados, e a esses somados os agora adquiridos, e se usados exclusivamente a fins ilícitos, é provável que resulte em efeitos terríveis.

Porque, como dito, mas sendo importante relembrar, o mesmo ferramental utilizado para construir pode ser usado para demolir, pois da mesma forma como se edifica pode-se destruir, com o agravante de ser mais fácil qualquer Homem se tornar destruidor, em vez do contrário.

Ao completar o estágio e bem realizar seu trabalho como Aprendiz, o Integrante pode se iludir achando que 'completou' os estudos, como 'realizou' sua obra de desbastar e esquadrejar sua própria Pedra Bruta de forma imutável, então, seu trabalho teria chegado ao fim!

VM (ou Venerabilíssimo Mestre)

Porém, trata-se de grande engano, principalmente, dos que porventura assim entenderam, pois qualquer Pedra Bruta, no sentido literal e simbólico da Maçonaria, é muito ameaçada por interferências do mundo profano, que por vezes a maculam, marcam e criam tantas arestas; mas, isso requer do Integrante, um trabalho contínuo e árduo de manutenção da Pedra tão bem talhada.

Esse trabalho se realiza, tanto por meio da assídua e dedicada participação em Loja, como em constantes e ininterruptos estudos, para, depois disso, resultar em ser possível ao Companheiro principiar seu entendimento de tudo que foi dito por aqueles Mestres.

Finalmente, concluir que a atuação do Maçom jamais deve se restringir apenas à Loja, pois seu dever é exercer a verdadeira postura maçônica no mundo profano, agindo com tolerância, prudência e respeito frente aos Homens!

II – Instruções com Teor Filosófico

AS FACES DA ARQUITETURA (PARTE I)

VM (ou Venerabilíssimo Mestre) _____

A Arquitetura foi a mais antiga Arte aprendida pelo Homem, porque teve, no mínimo, a necessidade premente de construir um abrigo para si e a família, fato gerador da razão que levou a pensar nas melhores formas estruturais para isso.

E dessa profícua atividade intelectual derivou-se uma das maiores concepções que o Homem já produziu, porque não há dentre todos os seus ofícios, talvez exceção feita somente à Medicina, nada comparável à Arquitetura, principalmente, no que se refere à emulação que vise o ser em sua totalidade.

1º (ou Venerável 1º) Vigilante _____

Com efeito, cabe constatar que à Arquitetura associam-se todas as demais emanações do Homem, tal como 'uma obra desenvolvida no domínio das realidades manifestas no mundo físico; ou virtude inserida no mais sutil do espírito; assim, à Arquitetura, como Nobre Arte, sempre se associará a:

Atividade Operativa – transformação numa das respeitadas Ciências da cultura da Humanidade; e
Atividade Especulativa – completando no íntimo da psique do Homem, ou, onde se desenvolvem os processos da 'consciência, alma e espírito'.

Portanto, esse é o motivo que a 'arte-de-construir' requer do Homem tanta atividade nesses dois domínios que a formatam; então, a Arquitetura apresenta essas duas faces, isto é, subdivide-se nos domínios do imenso, da matéria, técnica, ciência e sabedoria, sendo necessário trabalhar com a mente e as mãos para dar forma aos objetos criados; sendo ainda profana, operativa e exotérica, destinada a construir o mundo da imensidade, das realidades físicas e da vida cósmica manifesta em obras; e ínfima a região onde a energia criadora se enrola sobre si, criando as realidades do espírito, e, é necessário muito trabalho de organização, para que a sinergia gerada não resulte no descalabro mental, em vez de uma consciência superior.

Sendo ainda 'sagrada, especulativa e esotérica', ocupando-se em construir o mundo da infinitude instada no território do espírito, na vida cósmica não manifesta em formas, mas existente, sendo o verdadeiro estofo de onde tudo emana.

2º (ou Venerável 2º) Vigilante _____

E então, dito isso, poder-se-ia concluir que:

Todo Homem é um arquiteto de si e do cosmos';

porque executa as edificações para fora de si, no mundo exterior em que vive; e dentro de si, no mundo interior em que quer viver, nesse sentido, precisa ter plena consciência do que faz, e aprender a fazer sempre melhor.

Pois o mundo de dentro e de fora são reflexos, reciprocamente, e cada melhoria executada em um, o outro se beneficia igualmente; é a razão porquanto dizia Hermes Trimegisto que:

"O que há fora é igual ao que há dentro; e o que há em cima é igual ao que há embaixo.";

mas, nesse antigo preceito hermetista, não há somente a formulação misteriosa da sensibilidade, que não é definida nas construções lógicas, mas a sabedoria, por vezes milenar, suficientemente testada e produtora de excelentes resultados para a Arte de bem-viver e de bem-pensar.

Esse sábio conhecimento demonstra, com simplicidade, que um Homem completo 'não' pode ser construído em uma única direção, mas que necessita crescer 'no interior, no domínio do espírito'; e por fora, no território da Moral e virtude; ciente de que essas duas direções do Homem 'não' são exclusivas, mas completivas, em cada ação praticada e em cada pensamento emitido, por isso: *'É preciso aprender a pensar para agir; e agir para pensar melhor'*.

A Maçonaria é a 'arte-de-construir' os edifícios da Moral social, objetivo profano, prático e coletivo; pois, ao ser realizada a obra, ou seja, feita a vontade do G∴A∴D∴U∴, tem nos Homens seus criadores da produção universal; e também do espírito, objetivo sagrado, esotérico e individual; pois ao ser concluído o projeto do ser universal, totaliza o todo existente e se manifesta numa densidade energética, ou espírito primordial do G∴A∴D∴U∴ em essência.

Orador_____

Felizmente, em quase todo Integrante convivem harmoniosamente um Maçom Operativo e um Especulativo; assim, pode-se afirmar que a Maçonaria é *'Arte, filosofia, processo, magistério, planejamento e prática de vida'*, daí advindo sua outra denominação, a de Arte Real.

É perfeitamente conhecido que, ao se construírem edifícios, sempre há a necessidade imprescindível de planejamento, tanto quanto de projetos, além de não ser possível prescindir de alicerces básicos, ou de estruturas em geral.

A forma das construções (obras), e de tudo que é produzido pelo Homem, anteriormente já foi bem planejando e elaborado na mente de alguém, pois o plano de qualquer realidade manifesta em bases físicas sempre é uma imagem formada, primeiramente, no âmbito das ideias.

Dessa maneira, poder-se-ia até concluir que: *'A totalidade do Cosmos sempre fez parte do Ideal Divino'*; e assim é que emergiu em suas manifestações iniciais, para, ininterruptamente, e por toda a eternidade, continuar surgindo em Ondas de Luz que se formatam em realidades físicas.

E de modo análogo, as obras dos Homens também podem ser consideradas como sendo Ondas de Luz, que de início fluem em forma de pensamentos, para depois se concretizarem como obras, propriamente ditas.

Então, para adquirir conhecimento de como aprender a formatar realidades físicas será necessário aprender as fórmulas de sua construção, e assim, esse aprendizado se constitui no real objetivo das Ciências e técnicas, sendo que do alcance desses objetivos depende a melhoria das condições de vida dos Homens.

Por isso, referente a essas Ciências e técnicas, é preciso bem estudá-las, entendê-las e desenvolvê-las, para depois, ensiná-las a todos os indivíduos e descendentes que se interessarem.

Esse deveria ser o primordial dever e trabalho das escolas, universidades, associações culturais, corporativas, comunitárias e filantrópicas, porém, se não for aplicada essa mesma forma de atuação, ou seja, por meio de adequado magistério, não será possível criar-se indivíduos úteis a uma sociedade livre, justa e fraterna.

Mas, atualmente no Brasil, esse magistério 'não' se desenvolve nas universidades, associações laicas ou unidades de produção; em verdade, é produzido nas Igrejas por filósofos solitários, e nas sociedades de pensamento, como por exemplo, na Maçonaria; cientes de que todas essas unidades trabalham no aperfeiçoamento de espíritos, que, em última análise, muito se assemelha ao exercício prático de construção.

Secretário

Por isso, o Maçom que, realmente, bem aproveitou os ensinamentos iniciais, agora passa a saber a verdadeira razão de ter sido Iniciado nessa Arte, e toda expectativa gerada ao seu redor, na espera da magnificência, tanto de sua obra de labor manual, como da obra de verdadeiro espírito.

Isso se deve a que a obra de labor manual é consequência das conquistas de cada dia, na árdua tarefa de viver, e tornar a vida mais feliz com quem interage de alguma forma; e a obra de verdadeiro espírito advém como conquista do espírito, de quem, efetivamente, assimilou e viveu de acordo com esse magistério.

Portanto, repetindo, a Maçonaria é a 'arte-de-construir': externamente – um mundo melhor a si e semelhantes; e interiormente – um estado de consciência superior, dito espiritualidade.

Assim, a Maçonaria é um 'processo de aprendizado', no qual o Homem os dirige ao exterior – consumando na construção de uma sociedade justa e perfeita; e interior – consubstancia-se em adquirir um espírito livre, fraterno e leve, com isenção de 'preconceitos, ódios, temores e vícios', que impedem o Homem de ser verdadeiramente feliz.

Entretanto, esse processo é longo, exigindo 'paciência, tolerância e nenhum açodamento'; seria como o exaustivo trabalho do operário da construção civil, que ergue paredes assentando tijolos, ou do operário de pedreira, que desbasta, manualmente, Pedras que comporão o edifício.

Desse modo, vale relembrar a afirmativa de que para o Maçom, a Pedra Bruta que precisa ser lavrada é si próprio, seu próprio ser, sua própria mente, ou seja, todos seus diversos aspectos que precisam ser libertos de 'asperezas', e de forma análoga, à matéria-prima sobre a qual o talhador trabalha, aprimora-se e se esforça.

Guarda (ou Cobridor)

Ao ser Iniciado, o Maçom é uma Pedra Bruta que deverá ser trabalhada, pacientemente, por cuidadosos golpes de Ponteiro ou Cinzel, tal qual faziam antigamente os Integrantes Operativos; e quando se transformar numa Pedra Talhada ou Polida, deverá sofrer um novo processo de aperfeiçoamento para tornar-se, em definitivo, uma Pedra Cúbica.

Nessa condição, o Integrante poderá ser transladado ao canteiro de obras da construção maçônica, onde cumprirá determinada função no edifício que a Arte Real se propôs a construir.

Ao Maçom cabe trabalhar com Martelo ou Maço e Ponteiro ou Cinzel, da mesma maneira que o 'artesão das pedreiras' executando golpes perfeitamente estudados sobre a Pedra, para conferir a conformação desejada, e isso deve ocorrer como o estudioso Lavagnini afirma:

> *"Para labrar e pulir la piedra, asi como para darle o imprimir e grabar em elia uma forma ideal determinada, el martillo solo nos sirve em proporción de como se aplica, de una manera inteligente y disciplinada, sobre ei cinzel. Y la combinasión de los dos instrumentos, expresando una idea o imagem ideal, hará de aquella misma Piedra Bruta, que puede ser inútilmente hecha pedazos com el sólo martillo, empleado sin la inteligencia constructiva, una hermoza Obra de Arte que, como La Vênus de Milo, y el Apolo de Beldevere, son evidencias de um genio inspirador.";*

que, apenas e tão somente, por meio de tradução livre, poderia assim significar:

> *"Para trabalhar e polir a Pedra, assim como para lhe imprimir e gravar a forma ideal determinada, o Martelo (Maço) sozinho serve, proporcionalmente, como é aplicado, de modo inteligente e disciplinado, sobre o Cinzel. E a combinação dos Dois Instrumentos, expressando uma Ideia ou uma Imagem Ideal, fará daquela mesma Pedra Bruta, que pode ser, inutilmente, elaborada em partes somente com o Martelo (Maço), se empregado sem a inteligência construtiva, uma esplendorosa Obra de Arte que, como a Vênus de Millo, e o Apolo de Beldevere, são evidências de um gênio inspirador."*

VM (ou Venerabilíssimo Mestre)

Trata-se, portanto, de um 'processo, magistério ou aprendizado', que não é adquirido em um só estágio, mas que demanda Iniciação, preparação, aperfeiçoamento e acabamento.

Assim, cada tipo de Pedra era elaborado por trabalhador treinado para a tarefa, advindo daí a origem das graduações estabelecidas entre Aprendizes e Profissionais.

Posteriormente, as atividades do Artesão-do-Maço, o Maçom, evoluíram para determinada espécie mais sofisticada de trabalho, que podia então ser denominada Arte; isso se deu quando resolveram extrair e lavrar Pedras de outros formatos, cada vez mais passando a imitar a Natureza, em seu exaustivo trabalho de formatação das realidades físicas.

Finalmente, tudo se dará por meio de uma longa jornada, que vai desde uma tarefa tida como simples, praticada apenas como reflexo muscular repetitivo, até uma elaborada Arte, na qual o espírito se envolve segundo o mais elevado nível de concentração conseguido.

AS FACES DA ARQUITETURA (PARTE II)

VM (ou Venerabilíssimo Mestre) _____

Como dito, a Arquitetura é a mais antiga das Artes aprendidas pelo Homem, pois foi na antiguidade, nas pedreiras, que o trabalho de cortar, desbastar e lavrar as Pedras passou a ser entendido como atividade de caráter iniciático, pois os operários executavam seus serviços com Maço e Cinzel, em etapas distintas, conforme eram requeridas Pedras para 'alicerces, paredes ou acabamentos'.

Esse novo tipo de trabalho mostrava ser o Homem dotado de inteligência criadora, e que sua consciência se refletia na Natureza pelas obras criadas por si, tanto que a história da aplicação de sua engenhosidade nas Pedras confunde-se com a mesma da evolução de seu psiquismo; assim, a expressão Maçom derivou-se dessa ocupação profissional ou ofício, e a espiritualidade que acompanha essa profissão é decorrente da projeção da consciência sobre a matéria, ao formatar coisas e objetos, na tentativa de sempre imitar a própria atividade criadora Divina.

1º (ou Venerável 1º) Vigilante _____

E, indo ao extremo, até poder-se-ia considerar como primeiro Maçom, o Homem que teria desbastado a primeira Pedra Bruta, transformando-a em matéria-prima para a construção; e dessa conceituação pode ter surgido a pretenciosa ideia de ser a Maçonaria tão antiga quanto a presença do Homem na Terra, pois o Desbaste de Pedras é uma prática que pode ser considerada contemporânea aos primeiros agrupamentos humanos, entretanto sempre é conveniente demonstrar que essa antiguidade deva ser considerada apenas como prática operativa.

Nessa época, o que posteriormente viria a ser considerado como Maçonaria, não poderia em verdade ser tida como Instituição, porquanto somente assim viria surgir no início do século XVIII, com o trabalho de Anderson; e, ainda nesse sentido, seria possível definir a Maçonaria como:

A Arte de inteirar a mente do Homem com os elementos da Natureza, visando à produção das mais diversas 'Obras-de-Criação';

e assim também se poderia considerar a Maçonaria segundo as:

Prática Operativa = Sendo o trabalho que constrói o Mundo, e
Atividade Especulativa = Sendo a fórmula que aprimora o espírito;
entretanto, em ambos sentidos, é efetivamente a 'arte-de-construir', ou seja, é a Arquitetura.

2º (ou Venerável 2º) Vigilante

Já nos antigos canteiros de obra do Egito e da Mesopotâmia, separavam os trabalhadores em grupos distintivos, por intermédio de seus Graus; assim, os Aprendizes não comungavam com os Companheiros, nem esses com seus Mestres.

No canteiro de obra do Rei Salomão para a construção do Templo de Jerusalém, segundo a Bíblia, havia Profissionais e Aprendizes com diversos encargos, como por exemplo:

Cavouqueiros que se encumbiam do trabalho de abertura das valas;
Serventes que executavam o serviço de encarretar e transportar cargas;
Mestres que dirigiam os trabalhos, como os arquitetos e fundidores como Hiram, e AdonHiram que administrava a obra e remunerava os trabalhadores.

Porém, a tradição Iniciática determinou que as Lojas Simbólicas se constituíssem de Aprendizes, Companheiros e Mestres, estrutura essa inspirada nos antigos canteiros de obra egípcios, e particularmente, nas suas pedreiras, cuja hierarquia operacional contemplava tal divisão; então, essa tradição iniciática, desenvolvida mais pela necessidade prática do que por razões religiosas, foi integralmente repassada aos canteiros de obra da Idade Média.

E ainda, foi nesses canteiros medievais que a tradição de separar os trabalhadores por Graus de profissionalização se sacralizou, especialmente, porque as Organizações dos Pedreiros medievais detinham e conservavam estreitos laços com a Igreja Católica.

De outra parte, na antiguidade os Mestres Maçons intuíam a existência de uma forte ligação entre a *'arte-de-construir e as disciplinas Morais e espirituais'*, tanto que muitos Mestres nominados pela história como: *Nenrode, Hiram Abiff, Adonhiram, Amenhotep, etc.*, ao mesmo tempo foram considerados técnicos na construção de edifícios, e taumaturgo, o que faz milagres.

Nas obras empreendidas por esses Homens, é possível perceber não apenas a obra em si, mas, nitidamente, também a disciplina do espírito, porque ensinavam que a escalada deve sempre ser realizada em ambas as direções; o que se deve porque, em todas essas obras, havia explícita tentativa de conjugar profano e sagrado, para realizar a tarefa confiada pelo Sublime Arquiteto, ou seja, a construção do Universo; e, ao mesmo tempo, consumar a *'união do espírito do Homem com a realidade Divina, isto é, o espírito do próprio Criador'*.

Orador

À época, o ofício de construtor se caracterizava pelo caráter sacro, mística própria e aura de espiritualidade, que viria a demarcá-lo por séculos; e complementando, apesar do costume de sacralizar tal ofício já existisse entre os artesãos-da-construção da antiguidade, com efeito, foi apenas na Idade Média que esse costume assumiu a condição de verdadeira tradição; e mais, a grande transformação da habilidade operativa em ideal especulativo, foi a maior realização e legado deixado pelos Maçons medievais.

Esse Profissional sendo mais religioso que técnico, e mais místico que filósofo, percebeu que o ofício de construtor incumbido de integralizar formas, manipular símbolos e conhecer Geometria e Matemática, se adequava em atender a inclinação própria da cultura, que, como a medieval, 'não' distinguia o esotérico do exotérico.

A 'arte-de-construir' permitia ao seu praticante, ao mesmo tempo, o provimento das necessidades profanas indispensáveis à sobrevivência, e a realização espiritual; e, em especial, a construção de Igrejas pela mística imprimida produzia nos construtores a sensação de transcendência, fazendo-os crer serem os canais de fluidez da Inteligência Divina; por isso, ao construir os monumentais edifícios, mesmo simbolicamente, o Artista-da-Pedra podia crer que estava se inspirando na tentativa de repetir o trabalho de Deus na construção do Universo.

As catedrais medievais não eram apenas locais onde podiam se sentir em comunhão com Deus, mas também como uma espécie de simulacro do Universo, onde as manifestações da existência se condensavam encontrando o devido encaminhamento; tanto que o estudioso Fulcanelli, com muita perícia, descreve essa síntese do espírito medieval, que segue adptado:

'Santuário da tradição, ciência e arte, a catedral gótica não deve ser vista como uma obra unicamente dedicada ao cristianismo; mas antes, como a vasta coordenação de ideias, tendências e fé, populares, um todo perfeito ao qual se pode referir, sem receio, desde que se penetre o pensamento dos ancestrais, qual for o domínio: religioso, laico, filosófico ou social';

assim, o autor mostra a densidade espiritual no edifício, refletindo a vida medieval, e prossegue:

Secretário

'Se há quem entre no edifício para assistir Ofícios Divinos, ou ali penetre acompanhando cortejos fúnebres, ou alegres cortejos das festas anunciadas pelos sinos, também há quem aí se reúna noutras circunstâncias. Realizam-se assembleias políticas sob a presidência do Bispo; discute-se o preço do trigo ou do gado; os mercadores discutem a cotação dos produtos; acorre-se ao lugar a pedir reconforto, solicitar conselho, implorar perdão. Não há corporação que não benza a obra-prima do Companheiro, que não se reúna uma vez por ano sob a proteção do Santo Padroeiro';

e assim fica demonstrada a convergência do espírito a um único ponto, podendo atingir o pico máximo de densidade, facilitando a comunicação com a Divindade.

Do exposto, pode-se considerar a catedral gótica como sendo o arquétipo perfeito de todas as construções, e modelo ideal para realizar o aprimoramento do espírito, mediante o trabalho manual; portanto, essa mística ou elevação da alma, dos domínios mais sutis do espírito, só vai ser alcançada, muito depois, pela prática da alquimia que visava à mesma finalidade.

E, não causa desconforto o costume do Maçom Operativo afirmar que *"Deus é o Sublime Arquiteto do Universo, ou Deus um Demiurgo, que Platão dizia ser o Deus que cria o Universo pela organização da matéria preexistente"*; enquanto construíam os modelos do Universo Divino.

Então, pela perfeição das formas, solidez estrutural, harmonia e adequados detalhes, nessa obra da arquitetura medieval é preciso reconhecer a verdadeira construção de espírito.

Guarda (ou Cobridor)

Sendo essa construção realizada não apenas pela atuação do Homem sobre a matéria, mas da própria interação entre espírito, matéria trabalhada e o artesão que a manipulava; então, cabe ressaltar que dessa conceituação a sacralizar o ofício do construtor, foi só um passo.

O autor Jean Palou em seu *A Franco-Maçonaria Simbólica e Iniciática*, afirma que:

"... nos tempos primitivos, o ofício sacralizado já pertencia ao domínio do esoterismo, ... e os conhecimentos eram transmitidos por Iniciação.";

e, ainda que fossem esses Profissionais praticamente todos Iniciados, só a Iniciação não conferia sua adequada realização espiritual, pois só ocorreria com o cumprimento de uma longa Cadeia Iniciática, onde se praticava liturgia ritual própria, e absorvado o espírito da profissão, se inteirava e tornava-se um eleito, e por isso, ainda prossegue o escritor, que segue adaptado:

"A Iniciação em suas formas, meios e objetivos, una em seu espírito múltiplo, porém, nas diferentes aplicações das técnicas peculiares a cada ofício, pela sabedoria que preside a elaboração ... da obra, a força que possibilita a realização ... , e a beleza que proporciona o amor ao realizador, isto é, o conhecimento, ajudava o artífice a se despojar do Homem velho, a se transformar em novo criador de objetos e forjador do novo mundo, finalmente harmonioso.";

assim, a razão da não permissão ao Iniciado, no princípio mero Aprendiz, em compartilhar com os Companheiros e Mestres os mesmos símbolos, senhas, comportamentos e práticas, e ainda, mesmo entre Mestres eram impostas distinções de Grau, pois se eram Iniciados e ostentavam os mesmos títulos, muito poucos eram eleitos, ou seja, tinham obtido elevação espiritual de modo a serem considerados Mestres também nesse sentido.

Quando a Maçonaria Operativa evoluiu para Especulativa; e depois, sendo Especulativa integrou à sua liturgia as tradições do hermetismo e da gnose, e a mística da profissão do construtor se aliou ao encantamento da alquimia, e ao apelo emocional do gnosticismo.

Anteriormente, o ofício de construtor realizava-se num domínio religioso e social, para depois pertencer ao domínio filosófico e espiritual, pois a especulação, mais que a prática da arte ou técnica, exige mais do artista que a razão e a habilidade física.

VM (ou Venerabilíssimo Mestre)

O artista e o técnico antes aliavam o sentimento religioso às técnicas da arte, e buscaram nos domínios do esoterismo as justificativas para sua prática.

Depois, no século XVIII, a Arte Real, incorporando preceitos do iluminismo, desenvolveu uma liturgia ritual para divulgar a nova filosofia, e, ao mesmo tempo, transmitir a mensagem iniciática original da sociedade que jamais abandonara as tradições da construção, mesmo sendo agora a edificação apenas simbólica.

Finalmente, a espiritualidade buscada no ofício ou na filosofia hermética passará a ser uma realização Moral em que aprendera a se educar e ser virtuoso, a partir de um novo arquétipo de Homem, o Homem Universal; era um aprendizado de filosofia Moral voltada ao êxtase espiritual, que a Cadeia Iniciática da Maçonaria propicia a todos seus Iniciados.

AS SETE (7) ARTES-CIÊNCIAS LIBERAIS E O GRAU 2 (PARTE I)

VM (ou Venerabilíssimo Mestre) _____

I) Introdução

Por vezes o misterioso Número Sete (7) se mostra 'místico', mas em outras 'aziago', ou seja, como de mau agouro, azarento, agourento, infausto ou infeliz; entretanto, no Cerimonial de Elevação, o Integrante ainda como Aprendiz, infelizmente, por não ser arguido, deixa de responder quais seriam as características esotéricas desse Número Sete (7).

Mas, em lugar disso, limita-se somente a enumerar as Artes-Ciências Liberais, que ao serem referidas à tradição, também são enumeradas como sendo Sete (7), apesar que na atualidade seu número total é quase incontável; e, por também na Maçonaria serem consideradas as Artes-Ciências Liberais como Sete (7), poder-se-ia supor que cada Integrante do Segundo (2º) Grau devesse representar uma dessas Artes; e que, além de estudá-la, deveria instruir os demais, porque assim seriam essas Ciências vistas e consideradas como em atividade, ação e desenvolvimento.

Segundo os autores maçônicos B.Karg e J.K.Young, no *Livro Completo dos Maçons* (Madras Editora)', estipulam ter sido no ano de 330 que foram 'formuladas' as Sete (7) Artes-Ciências Liberais, e que estudantes cristãos vieram a adotar na França no século XII.

1º (ou Venerável 1º) Vigilante _____

Àquela época, isso era devido a afirmação de que o estudo das Sete (7) Artes-Ciências Liberais seria o mais adequado meio de conhecer a Deus; e pela tradição eram as Disciplinas: Geometria, Aritmética, Gramática, Retórica, Lógica, Astronomia e Música; mas restringindo-as só a Sete (7) espécies, mantendo algumas sem maior expressão, isso ao longo do tempo se tornou um retrocesso; e ainda, que as Sete (7) Disciplinas representam a educação ideal para compreensão do Supremo, estando entranhadas na Ordem, que as considera com igual importância.

Porém, a Maçonaria ao referir-se a essas Ciências, o faz com puro intuito de dirigir as referências apenas ao simbolismo, e cabendo aos Integrantes concientizarem-se que *'toda Ciência cria a Arte'*; e como conceito, dizer que *'constantemente as Ciências ensinam algo específico'*.

E, às pretenções da Ordem quanto as Ciências, a Instituição cogitou utiliza-las aplicando-as nos trabalhos operativos, passando-os a especulativos, abrangendo especialmente a Lógica.

Já os Companheiros devem bem estudar as Sete (7) Disciplinas, para depois demonstrar conhecimento nessas áreas, pois promovem o surgimento do caminho que levará à iluminação.

II) Condições Gerais

A Coluna onde estão os Companheiros, que conforme o Rito da Loja, pode ser chamada 'J ou B', e, independente da denominação, por ser junto à mesma que os colados no Segundo (2º) Grau recebiam seus Salários como Companheiros, se caracteriza por ser a Coluna da estabilidade, firmeza, durabilidade, eternidade, imortalidade, constância, engenho, talento e perseverança.

Também dependendo do Rito optado pela Loja, a Coluna dos Companheiros pode estar postada à direita ou à esquerda, posições referentes ao Pórtico de Entrada; e, cientes que sobre essa afirmativa de posições, ainda a considerar de onde está sendo entendida a Entrada, ou seja, se de fora ou de dentro do Templo; e como exemplo, a Coluna do Segundo (2º) Grau pode estar no:

Rito Adonhiramita = Denominada BO[A]OZ e postada à 'esquerda' da Entrada, pela visão do VM instalado no seu Altar; e inversamente,

Rito Escocês Antigo e Aceito = Denominada JAKIN, e também postada à 'esquerda' da Entrada, pelo mesmo ponto de vista anterior do VM.

2º (ou Venerável 2º) Vigilante

As Duas (2) Nomenclaturas dessas Colunas, ou seja, JAKIN e BO[A]OZ, foram escolhidas pelo Rei Salomão quando da construção de seu Templo dedicado ao Senhor.

Depois da Elevação a Companheiro, o Integrante é convidado a ocupar o novo lugar, isto é, na Coluna oposta à dos Aprendizes, então, é criada a espectativa que passe a se dedicar à prática de atos de elevada Moral, magnitude e poder; assim, o Companheiro, devida e competentemente, já antes instruído no Grau anterior, reúne condições de ser capaz de dirigir, com plena consciência, seu interesse para realização de obras sociais e científicas que beneficiem a Humanidade, de imediato ou no futuro; essas obras são preparadas e voltadas às gerações vindouras que ajudará a formar.

Para ser alçado ao Segundo (2º) Grau, exige-se do Integrante a realização de Cinco (5) Viagens simbólicas, para recordar a utilidade dos instrumentos com que deve trabalhar; e assim, já na condição de Elevado, e ao tomar seu lugar à 'sombra' da Coluna dos Companheiros, estará irremediavelmente comprometido com a Beleza, que aliada à Força trazida da Coluna anterior em que esteve, o tornarão um artesão exemplar e preparado a disseminar harmonia, equilíbrio e beleza.

Nas Cinco (5) Viagens empreendidas pelo Aprendiz postulante do Segundo (2º) Grau, esse esteve envolvido com outros instrumentos e ferramentas; e os equipamentos mostrados na Cerimônia de modo flagrante demonstram que ao aprender a utilizá-los o Integrante se preparava para realizar sua obra-prima, agora com conhecimento e competência.

Se antes como Aprendiz se preocupava com o desbaste tosco, somente material de sua Pedra Bruta, agora como Companheiro ceverá usar as mesmas ferramentas; mas com inteligência desperta para, com dedicação e estudo, Polir a mesma Pedra, pelos conhecimentos recém-adquiridos.

As ferramentas, outrora prontas a desbastes brutos, agora são úteis também para 'polimentos refinados', bastando que sejam bem operadas por mãos hábeis, refinadas e educadas; e, a completar sua obra-prima, o Companheiro utilizará as ferramentas disponibilizadas na Elevação, não mais para 'esculpir' Pedras, mas a aperfeiçoar o caráter, tornando-se um verdadeiro agente do G∴A∴D∴U∴

Se com o Maço e o Cinzel o Aprendiz aprendeu a lavrar sua Pedra Bruta, e conhecendo outros instrumentos como Compasso e Régua, com as novas ferramentas pode passar à arte de traçar linhas sobre o material já desbastado.

Orador

Seguindo, com Alavanca e Régua foi confiado o transporte e instalação dos materiais previamente trabalhados, pois aprendeu que com a Alavanca multiplica a potência do esforço físico, e sendo possível o bom desempenho das grandes tarefas, que antes pareciam impossíveis; e além, com Esquadro e Régua ensinaram a se ocupar na construção de um edifício, só conseguido com aplicação, esforço, zelo e inteligência.

E, da sua Marcha Retrógrada, não mais só alinhada ou reta, mas desviada e oscilante, o Integrante entende que depois de instruído nas práticas manuais, deve se dedicar com denodo ao estudo teórico das Artes Liberais; e, as Sete (7) Artes-Ciências Liberais sabidamente serão a maior preocupação e foco principal dos estudos do Companheiro; pois é por meio dessas Artes-Ciências que se capacitará em decorar, esplêndida e condignamente, a Coluna junto a qual passará bom tempo se instruindo e estudando, antes de poder aquilatar suas reais condições, e então pleitear a continuidade de sua escalada na Escada de Jacó, caminhando ao Mestrado.

Pelo exposto, referido às Artes-Ciências Liberais, além dos demais aspectos inerentes e importantes, o Companheiro Maçom não deve se furtar a sempre trabalhar:

Sob a luz da Estrela Flamígera, símbolo do gênio, que o G∴A∴D∴U∴ contemplou a Humanidade;

Inspirado pela Letra G, que acena a presença de Deus, que pela Obra Maior privilegiou a Beleza da Geometria e das Artes-Ciências Liberais; e,

Sob a 'sombra' da respectiva Coluna, buscando harmonia, equilíbrio e beleza.

E, conforme o Cerimonial de Elevação, ao prestar a Solene Obrigação ou Juramento de Compromisso, o Integrante deve exaltar o trabalho como a principal força propulsora do progresso; assim, terá o encargo e a responsabilidade do difícil trabalho de aprimoramento interno, a realizar com esmero, por meio de estudo das Artes e Ciências; e, pelo aprimoramento interior, poderá atingir o pleno desenvolvimento das suas faculdades intelectuais e psíquicas.

Secretário

III) Artes-Ciências Liberais

Então, cabe propor resumida descrição sobre as Artes-Ciências Liberais:

III.1) Geometria = Ciência e Arte da Abstração

De início afirmar que: Não há um único símbolo da Maçonaria que dispense a Geometria, como exemplo, Coluna, Avental, Estrela ou outro; e, na criação, a nenhum símbolo foi dispensado o respectivo 'traçado geométrico'; complementando, afirmar que os ângulos, triângulos, polígonos, circunferências, pontos, retas e curvas, com efeito, são os elementos componentes dessa importante Ciência que é a Geometria, tanto assim que, ao reconhecer ser tamanha a importância da Arte, o Companheiro passa a entender o G∴A∴D∴U∴ como *'O Grande Geômetra'*; assim, o Companheiro deve ser primeiro instruído na Geometria, quanto aos estudos das Sete (7) Disciplinas, e em particular, nessa Ciência seu aprendizado deve ser muito incrementado.

Caracteriza-se a Geometria por ser considerada a *'Arte que detém laços estreitos com a Aritmética'*, e de estar insinuada nas Joias da Oficina; de medir qualquer espaço delimitado, sempre a partir da retidão do Esquadro e exatidão do Compasso; e, significando a Ciência que 'mede' a Terra, mas não basta o exercício da 'medida', pois cabe distinguir o porquê dessa atividade; assim, quanto à esse último entendimento, poder-se-ia exemplificar citando:

No Museu de Constantinopla, há cópia de um Mapa original de P.R. Haritasi de 1553, donde se depreende que as minúcias geográficas constantes foram desenhadas com autenticidade;

No Museu do Vaticano há dezenas de Mapas que reproduzem a situação geográfica da época;

e esses Mapas, se comparados às imagens produzidas pelos satélites atuais, são considerados obras-primas por sua perfeição; por isso, é uma incógnita como os cartógrafos antigos conseguiram reproduzi-las com fidelidade; mas, há um Mapa em especial, que ao ser contemplado por pilotos profissionais, causa espécie por ser real e fidedigno, refletindo a paisagem vista de grande altura.

Guarda (ou Cobridor)

A busca pela 'medida da terra' fascina o Homem, pois até os Livros Proféticos componentes da Bíblia também mostram preocupação com a 'medida', especialmente das cidades futuras, até à Jerusalém Celestial; e, na análise da Ciência, cabe reproduzir uma das citações bíblicas:

"... deve-se 'medir a terra' marcando o pedaço que pertence, na partilha da Humanidade, ..."

e o conceito maçônico de 'medir a terra' torna-se amplo, entendido como Direito Natural à terra.

III.2) Aritmética = Ciência Teórica que Envolve os Números

A Aritmética ainda pode ser entendida como a 'arte de calcular', imprescindível ao Homem, em especial aos Integrantes, principalmente ao Companheiro que aplica no comércio e construção.

Logicamente, existem diferenças entre as Ciências da Aritmética e Matemática, porque:

Aritmética = Ciência que estuda os Números, e a Numerologia se vale dela; e

Matemática = Ciência que em geral objetiva a medida e propriedades das grandezas, entendendo os Números por sua simbologia, possuindo teor filosófico, místico, esotérico e espiritual;

e, além disso, os Números ainda ensinam, constantemente, muitas preciosas lições.

VM (ou Venerabilíssimo Mestre)

Trata-se a Aritmética de uma importante habilidade, que se constitui num atributo básico a todo Maçom, porque sem essa Ciência nada que é proposto pode ser realizado, pois, como sempre é buscada a verdade, sabe-se a vital importância da 'precisão dos cálculos'.

E, referida a valoração dos Números, cumpre informar que, isoladamente, cada Número tem seu respectivo valor; que acoplado a outro Número, tal valor se altera adquirindo 'valor exclusivo; e, que reunido a outros Números, esses valores se multiplicam chegando ao infinito.

E finalmente, mesmo de modo superficial, o Maçom conhece esses valores, pois os aplica na própria vida; e a partir disso, dos mesmos valores, passa a extrair lições que se tornam substanciais, enquanto aos poucos, vai compreendendo a real dimensão incomensurável do cosmos.

AS SETE (7) ARTES-CIÊNCIAS LIBERAIS E O GRAU 2 (PARTE II)

VM (ou Venerabilíssimo Mestre) _____

III.3) Gramática = Arte da Comunicação Correta

A Gramática entendida como a Arte de ler, falar e escrever corretamente; seu domínio facultará ao Integrante escrever e interpretar Leis, como se fosse qualquer outro veículo ou instrumento conhecido de educação e cultura; então, saber Gramática é capacitar-se, ser um governante, e estar apto a ensinar quem necessita.

A Gramática ensinando escrever e falar, na seleção do Candidato é importante saber se tratar de alguém, se não tão culto ou elitizado, ao menos que se expresse satisfatoriamente, tanto em falar como escrever; porém, na atualidade no país, infelizmente, a cultura é um privilégio, pela enorme deficiência do ensino, de responsabilidade tanto do Estado como de particulares; desse modo, todos os que aspiram vencer devem muito bem se preparar, mas individualmente.

1º (ou Venerável 1º) Vigilante _____

Assim, é de supor que o Maçom ao propor um profano, o apadrinhando deve ser responsável e prudente em apresentá-lo com formação intelectual compatível com o mínimo exigido pela Ordem; porque a Loja não cogitará que, mesmo incumbida de ser Oficina e Escola, não está preparada, nem tem por objetivo ensinar o Aprendiz a 'escrever e/ou falar'; deve preocupar-se em proporcionar ao Integrante desembaraço, procurando exercitá-lo a desenvolver sua individualidade, e passe a mostrar um discurso que, efetivamente, desperte o interesse dos ouvintes.

Em Loja, quando é solicitado ao Aprendiz apresentar sua tarefa ou trabalho, no princípio o faz com restrição, titubeio e acanhamento; mas, com o tempo, pela observação aprende a dominar a Gramática, Retórica e Lógica, e atingindo o Mestrado terá condições de se revelar um bom orador.

III.4) Retórica = Arte do uso da Linguagem para Impressionar

A Retórica é considerada a Arte consequente da Gramática, e entendida como o conjunto de técnicas que comunica uma ideia de modo persuasivo, objetivo e claro; assim, demonstra a Arte de discorrer sobre vários temas, apesar que todo discurso exige obedidiência a certas regras, dentre essas, deve ser limitado, pois já diziam os antigos: *'Se quiseres agradar, fales pouco!'*

E, conhecendo essa Arte, sabe que falar demais desagrada os ouvintes, e, consequentemente, perde sua atenção, pois quem fala por muito tempo não é retórico, é prolixo; então, um bom discurso é o que um experiente orador procura: *Ser conciso, evitar monotonia e conter tema de interesse.*

III.5) Lógica = Arte e Ciência de Pensar Apropriadamente

A Lógica é entendida como a Arte que sustenta a Filosofia; e, atualmente, a Lógica se subdivide em diversas dimensões, dentre as quais a citadar Psicologia e Parapsicologia.

2º (ou Venerável 2º) Vigilante

Por isso, no desenvolvimento dos trabalhos em Loja, a Lógica seria a inspiradora da realização de 'atividades' correspondents a si, mas é sabido que, infelizmente, isso não ocorre.

Essa Ciência ensina o Companheiro a se tornar reto, justo, leal, compreensivo e tolerante, e além, faz que seja conhecedor de que é certo: *Apesar da conveniência em ser um atributo inato ao Homem, o concedido raciocínio lógico não pode ser verificado em qualquer indivíduo*; ademais, deve-se depreender que as conclusões decorrentes e suportadas pela razão só podem florescer numa mente treinada, tranquila, ponderada e reflexiva.

A Lógica permitirá ao Companheiro entender o que se passa na vida, e agir ativamente no grupo em que convive, desenvolvendo Leis de pensamento e regras para exposição da verdade.

III.6) Astronomia = Ciência do Metafísico e Celestial

Antes de qualquer descrição, uma afirmativa fica bem clara: *Jamais deve ser 'confundida' Astronomia com Astrologia*, pois a última 'não' é Ciência, mas especulação, filosofia e uso dos astros, pois até usam suas posições no cosmos em mapas para promover adivinhação!; porém, mesmo sendo certo que não há comprovação científica de que os astros definem o destino das pessoas, ainda assim são realizados inúmeros estudos, desde os mais curiosos, com a pretenção de transformar a Astrologia em Ciência, entretanto, ainda nada foi conseguido.

E a Astronomia é entendida como a Arte do estudo dos astros, e de outras características, mostra ao Companheiro a relatividade das Ciências Exatas; por isso, o que é uma reta quando vista da perspectiva da Terra, sem dúvida torna-se uma curva ao ser observada de outro corpo celeste.

Maçonicamente, se o Templo que contempla a Loja é considerado uma espécie de reprodução e retratação do Universo, então a Astronomia passa a ser a Ciência que o estuda, e ao prover esse estudo, o Companheiro estará buscando erguer os olhos da Humanidade ao infinito.

Orador

Os bilhões de astros do cosmos, definitivamente, impedem seu conhecimento generalizado, e também seu entendimento detalhado; cientes que, na atualidade, qualquer indivíduo, de diversas idades, pode reconhecer os avanços da Astronomia e os Mistérios que a envolvem, assim como a descoberta de novos planetas, satélites, estrelas, sóis, e até os denominados 'buracos negros'.

Quem puder conhecer o Museu Espacial de Washington, se surpreenderá com tanta evolução da Ciência Astronômica; mas, apesar disso, seria conveniente citar: *Se o Homem, infelizmente, não tem tanto entendimento de si próprio, como pretender que conheça em definitivo todos os astros?*

III.7) Música = Arte e Ciência da Harmonia; Evolui da Matemática

A Música é entendida como a Arte de produzir e combinar sons de modo agradável; e o aperfeiçoamento dos sons pelo cântico e instrumentos musicais é preciso, principalmente, para que as modulações comovam a alma do Companheiro; e considerar que a Natureza emite música por meio do silvo das folhagens ao vento, sons das cascatas, canto de pássaros, ruído de animais, etc.

A Música, caracterizada por ser o 'mais perfeito código universal de comunicação', jamais necessitou de qualquer tradução, pois pode ser decodificada no espírito do Homem, vindo a despertar sua harmonia universal que passa a promover; assim, a Música é uma Ciência complexa, pois se sublima quando o Homem, desde o nascimento, domina o som, por habilidade quase inata.

Os sons manejados com maestria compõem melodias que os sábios chegam a denominar a 'música das esferas', e o 'cântico da corte celestial'; e a Música detém belos e emocionantes ensinamentos para a Humanidade, e o músico será tanto mais virtuoso quanto puder transmitir seus sentimentos sinceros, sendo também dotado de virtuosismo todo aquele que bem acolher esses sons, reconhecendo-os repletos de harmonia e dos mesmos sentimentos.

Em princípio, toda Música expressa virtudes, e além de ser virtuosa, torna-se extremamente importante porque sempre surge por inspiração, amor, sofrimento ou alegria.

Secretário

IV) Teto dos Templos

O teto dos Templos da Maçonaria é decorado com reproduções simbólicas de astros do cosmos, como Sol, Lua e Abóboda Celeste, de onde se inclui uma parte significativa de diversas constelações do hemisfério onde estão localizados os Templos.

A reprodução desses astros são símbolos, aos quais a Maçonaria dedica atenção, mas não estudo específico e aprofundado, limitando-se a conhecimentos superficiais ligados à tradição; isso porque a Ordem preserva, pela mesma tradição, a definição do número de planetas conhecidos à época como sendo somente sete (7).

E, se a forma das coisas significa sua 'expressão material', uma Loja que detenha dimensões adaptadas ao edifício onde se instala deve ser entendida como detentora apenas de formas representativas; e isso é devido porque inexistem normas ou regras, inclusive relativas a dimensões definitivas, que determinem ou orientem a edificação do Templo onde funcionará a Oficina, ou seja, a Loja onde devem se reunir para trabalhar os Integrantes da Instituição.

Sendo a Oficina o lugar de trabalho, operativo ou especulativo, em geral deve ser entendido como o local de esforço e labor, destinado ao real e verdadeiro aperfeiçoamento do Homem.

Assim, ficou determinado que, simbolicamente, as 'dimensões' do Templo seriam:

1) **Comprimento:** *Do Oriente ao Ocidente; espaço abrangendo toda Terra, e até estravasando ao firmamento, ao Universo, equivalendo a que esse comprimento é quase infinito; e comparando, dizer que o Homem tem dimensões infinitas, sendo formado por corpo material e espiritual.*

2) **Largura:** *Do 'Norte ao Sul'; obviamente, essa medida completa a anterior, e apresenta o mesmo dimensionamento filosófico.*

3) **Altura:** *Da 'Terra ao Céu'; da Terra aos pés, atraídos pela força magnética, situa-se em posição de fácil compreensão; o Céu, podendo ser a atmosfera, também tem medida definida, contudo, seu limite pode ser o firmamento, o cosmos, enfim, o reino de Deus.*

4) **Profundidade:** *Da 'Superfície ao Centro da Terra', trata-se de medida de 'penetração'; e os matemáticos calculam com precisão essa distância, mas, até a atualidade, subsiste um grande mistério que a Terra não revela; e, apesar dos oceanos e mares terem sido estudados e perscrutados, minuciosamente, o Homem aumentou muito esse seu conhecimento, contudo, o Centro da Terra continua desconhecido, até porque, além do tempo em que o Homem vem percorrendo o cosmos, jamais atingiu o interior mais profundo do planeta.*

Guarda (ou Cobridor)

O Homem alcançou alturas e profundidades inimagináveis, podendo ultrapassá-las em curto tempo; e, difícil será medir o pensamento, fixando limites ou dimensão, o que a Humanidade irá conseguir; definindo a medida eleva a visão ao alto, mas sem certeza de estar em posição correta.

V) Considerações Complementares

Por analogia às características exaradas acerca da profundidade dos Templos maçônicos, de concluir que de modo semelhante, o Homem não consegue conhecer o centro de si próprio, e assim, cabe indagar: *Onde está situada a vida, sentimento, pensamento, alma e/ou espírito?*; assim, é de acreditar que só alguns seres atingiram essas dimensões, entretanto, todos que conseguiram alcançar essa grandiosidade houveram por bem guardar ciosamente tais segredos.

Entretanto, pode-se considerar como sendo praticamente uma certeza, a de quando estiver percorrendo o interior do tunel até ser alcançada a Luz no fundo, é possível que respostas satisfatórias sejam encontradas a essas indagações; e como base desse pensamento, deve ser bem compreendido que: *O Maçom é considerado, definitivamente, um Templo, Loja e Oficina.*

Por isso, o Integrante, obrigatoriamente, deve conhecer as próprias dimensões, e se não as determinou, deve buscar o apropriado conhecimento; e cabe perguntar: *De quão incomensurável é a distância que cabe ao Integrante percorrer, na direção da Arte Real?*; ou em outras palavras: *Quanto deve conhecer e estudar o Obreiro, para progredir e se tornar um verdadeiro Maçom?*

Para tanto deve ter consciência de que, efetivamente, integra a Natureza e o Universo, e se o Maçom for atingido pela apatia, considerando-se diminuído, jamais deve esquecer que é um Homem, o Rei da Criação, e por isso reúne as condições de atingir a plena felicidade.

VM (ou Venerável Mestre)_____

VI) Conclusão

Em função do que preceitua a Maçonaria, e da orientação repetida inúmeras vezes de que ao Companheiro cabe estudar, de ressaltar que o estudo da Geometria, entre as Artes-Ciências Liberais, sintetiza um padrão de entendimento e propicia a abertura de novas portas ao Integrante.

Finalmente, esse Integrante na condição anterior de Aprendiz, que naquele tempo somente sabia soletrar, de agora em diante, munido de outras ferramentas de conhecimento e aperfeiçoamento, esse Companheiro do Segundo (2º) Grau já pode ocupar seu lugar de destaque reservado no edifício social que, aliás, com muito esforço auxiliou a reparar.

FILOSOFIA DO COMPANHEIRO MAÇOM (PARTE I)

VM (ou Venerabilíssimo Mestre)

Logo de início, poder-se-ia afirmar que, com muita frequência, saltam à imaginação do Homem as seguintes indagações:

O que é a vida?, Para que serve a vida?, e Qual será o fim da vida?;

e a essas perguntas se juntam outras menos transcendentais, tais como:

Por que o Homem não aceita a vida como outros animais?, ou
Por que o Homem também não aceita a vida como se apresenta?;

e, passaria a desfrutar a vida da melhor maneira, com feliz e duradoura despreocupação, e para conseguir tais realizações, não precisaria de nada mais prático ou acertado, pois não deveria torturar seu espírito; e será que o Homem: *Não desejaria penetrar esses mistérios insondáveis?*

1º (ou Venerável 1º) Vigilante

É bem verdade que essas questões não preocupam, em absoluto, a imensa maioria dos Homens, principalmente, daqueles que se permitem viver felizes, só utilizando as satisfações possíveis de serem compreendidas apenas desde a materialidade, nem cogitando em seu fraco entendimento, o que há em todo o material de supérfluo ou inútil.

Entretanto, há indivíduos a quem esses mistérios se transformam em verdadeira obsessão, porque é extremamente preocupado com o enigma que cerca as coisas, assim:

Procura compreender esse enigma por trabalho cerebral; busca conhecer os mundos e seres, por interrogatório à Natureza, desejando arrancar seus segredos; e medita sobre os segredos da Natureza com empenho;

mas, só se satisfaz quando ocorre uma boa ideia, e assim se torna capaz e competente em explicar, racionalmente, tudo quanto até então observou.

E dos esforços intelectuais surgem os sistemas filosóficos e religiosos, propalados e considerados como doutrinas verdadeiras, procurando corresponder a 'necessidade de saber', que também é uma característica inata do Homem.

Mas, mesmo originados com indiscutível sinceridade e honestidade de princípios, esses sistemas não se mostram corretos, pois foram criados de convicções e concepções do Homem, portanto, falíveis como tudo que é humano; então, para formular tais sistemas com os devidos acertos, seria necessário que o Homem possuísse a verdade, o que não foi conseguido totalmente.

Assim, persiste o mistério, apesar dos esforços com que os Homens tentem penetrá-lo, e enquanto isso, seu domínio se alarga e recua na mesma proporção em que avança a Ciência; assim, é pelo avanço científico que os investigadores se aproximam em desvendar esse mistério; entretanto, todos que se iludirem a esse respeito, sob quaisquer aspectos, fatalmente serão possuidores das características peculiares dos espíritos menores ou tacanhos.

2º (ou Venerável 2º) Vigilante

Todo pensador, sábio e verdadeiro Iniciado se sente praticamente humilhado na presença de uma verdade, pois a reconhece superior a sua compreensão, e se esquiva em instruir os demais.

Isso se deve a que jamais poderia, conscientemente, satisfazer suas curiosidades, e sendo impossível fazê-las compreender seus erros, e muito menos conduzi-las ao caminho da verdade, resolve abandoná-las à própria imaginação, que é desprovida de maiores recursos ou informações.

Porém, todo Iniciado deve se predispor a auxiliar os que julgar reunirem possibilidades de Iniciação; ou, os indignados com as arbitrariedades dos conhecidos sistemas utilizados, porque esses indivíduos merecem ser ensinados e procurar a verdade, e ainda cientificados que o sucesso ou triunfo só é alcançado quando sua inteligência está satisfeita e em estado de repouso.

Por isso, a afirmação de que: *Nunca se Saberá!*, é a mais pura verdade, contudo, o Homem quer tudo saber, e assim, busca avidamente 'adivinhar o eterno enigma', cônscio de que esse seria seu mais nobre e elevado destino.

Apesar disso, é de salientar que a verdade é quase um mistério inatingível, mas que atrai o Homem com força irresistível, mesmo sendo caracterizada por ser muito vasta, livre e sutil, para se deixar prender, imobilizar e petrificar, pela rigidez de qualquer sistema em que tenha sido criado.

Os artifícios e roupagens que também podem revestir a verdade, para que a mesma se torne conhecida, somente tendem a deturpá-la, podendo ainda até a tornar irreconhecível.

Por isso, cabe lembrar que:

Tudo o que se procura objetivar com auxílio de subterfúgios será sempre ilusório!, ou seja:

É uma imagem nublada da Verdade real;

mas que, insistentemente, todo Iniciado deve buscar a contemplação de frente, vis-a-vis.

Orador

Então, para isso é que o Integrante passa pelo Cerimonial de Elevação, tornando-se um Companheiro Maçom, quando então é ensinado a:

1º) Olvidar tudo que não é próprio, e
2º) Concentrar-se indo ao íntimo de seus pensamentos;

assim, tornando-se sabedor que os ensinamentos conduzem a aproximação da fonte da verdade, pela instrução, não apenas pelas lições dos Mestres, mas pelo necessário exercício da meditação.

Procedendo desse modo não conseguirá naturalmente aprender tudo, tanto o que há nos livros, quanto o ensinado nas escolas, e se é assim, poderia caber a indagação:

Por que carregar a memória, se há engano na ilusão do que parece verdadeiro?;

pois atesta-se que até o simples ignorante está próximo da verdade, e que o pretensioso se locupleta diante da Ciência enciclopédica, porque pode estar apoiado em falsas noções.

Assim, segue resumo condensando tudo o que foi mostrado, que foi recebido da tradição iniciática pelos séculos, que se conserva intacto aos Integrantes da Maçonaria, para a devida e competente transmissão àqueles que continuarão essa sublime obra:

"Quanto ao 'saber', a qualidade supera a quantidade.

Sabeis pouco, mas esse pouco sabe-o bem.

Aprendeis, principalmente, a distinguir o real do aparente.

Não se deixeis apegar às palavras ou expressões, por mais belas que pareçam.

Esforçai-vos sempre para discernir o que é inexplicável ou intraduzível à ideia.

O princípio, fundo e espírito, quando mostrados mal, são imperfeitamente interpretados nas frases mais buriladas.

É unicamente assim que afastareis as trevas do mundo profano e atingireis a clarividência dos Iniciados; que se distinguem pelo espírito que possuem e sua capacidade de compreensão."

Secretário

Mas, diversos filósofos e sábios permanem profanos, por não compreender por que os que consideram obscuros pensadores, alcançaram por si o discernimento, ao utilizar a força da reflexão em silêncio e recolhimento, tanto que um desses pensadores diz que:

"Para se tornar um verdadeiro Iniciado, mesmo lendo pouco, deve pensar muito, meditar sempre e jamais ter receio de sonhar."

E complementando, explicitar o que revela a tradição sobre os preceitos filosóficos do Segundo (2º) Grau, assim, de início deve-se compreender os ensinamentos proferidos acerca dos resultados conseguidos pela meditação, obtidos pelos obscuros pensadores, apesar de que muitos sábios e filósofos não tiveram sucesso; então, esses pensadores aconselharam que se deve meditar sempre e profundamente; mas, em consequência da afirmativa, podem surgir as indagações:

Qual o principal objetivo da meditação?; e
Sobre o que meditar para fortalecer e engrandecer o espírito?

então, se na condição de Maçom, deve começar a se concentrar no que diz respeito à Maçonaria, observando a singularidade encontrada, o que é devido porque, no mundo profano, é possível imaginar a não existência de outra finalidade que não seja atrair atenção e despertar curiosidade; e ainda lembrar que todos os símbolos maçônicos também devem sempre ser vistos e estudados sob esse prisma, enquanto, além disso, resumidamente, poder-se-ia confirmar que:

Guarda (ou Cobridor)

"O Maçom, quanto mais se aprofunda no estudo do simbolismo maçônico, mais se convencerá que essa simbologia foi arquitetada e alicerçada em:

dados abstratos *ou representações que não correspondem a nenhum outro dado sensorial ou concreto, de compreensão difícil, obscuro ou vago, a ser separados mentalmente, como propriedades que não podem existir fora do real ou intuitivo; ou*
dados ontológicos *que tratam do ser enquanto ser, ou do ser concebido tendo natureza comum, inerente a todos e a cada um dos seres;*

mas, particularmente, ainda ligados às propriedades intrínsecas dos Números, ou seja, a Gnose Numérica, que nos três (3) Graus da Maçonaria simbólica determina, como:

Aprendiz = *A familiaridade com a 'tétrada (4) pitagórica', mostrada pelo quaternário – raiz e fundamento de todas as coisas;*
Companheiro = *Seguir os estudos do quatro (4) para chegar ao cinco (5), seis (6) e sete (7); e*
Mestre = *Depois, apoiado no que descobriu do sete (7), se elevar ao oito (8), nove (9) e, finalmente, ao dez (10)."*

e assim, numericamente, ocorrem as seguintes correspondências, relacionadas ao: Aprendiz = 1 – 2 – 3 – 4; Companheiro = 4 – 5 – 6 – 7; e Mestre = 7 – 8 – 9 – 10.

VM (ou Venerabilíssimo Mestre)

A década (10) aqui é vista como representando 'uma única nova', pois o dez (10) encerra a união completa e o ciclo fechado, não havendo nada a acrescentar; tanto que Pitágoras ensinava que dez (10) 'engendra' quatro (4), pois (1+2+3+4=10), e graficamente pode ser representado pela figura de um 'triângulo' que encerra dez (10) pontos dispostos por 1–2–3–e 4, a saber:

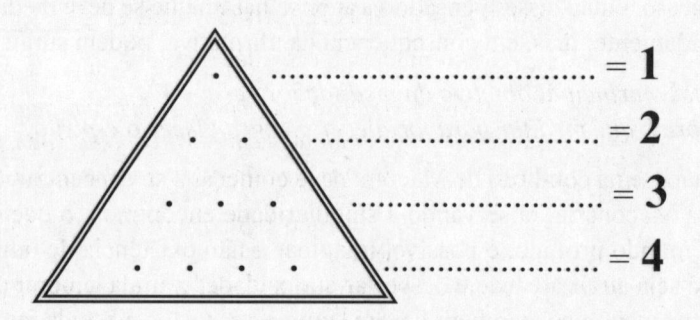

$$
\begin{aligned}
&\cdot \quad\quad\quad\quad\quad\quad = 1\\
&\cdot \ \cdot \quad\quad\quad\quad\quad = 2\\
&\cdot \ \cdot \ \cdot \quad\quad\quad\quad = 3\\
&\cdot \ \cdot \ \cdot \ \cdot \quad\quad\quad = 4
\end{aligned}
$$

E, desde tempos remotos, um traçado do tipo provocava infinita sucessão de ideias, todas lógicas e encadeadas, porém, ao Iniciado moderno cabe formar a cadeia que o servirá como o 'fio de Ariadne', para guiá-lo com segurança no labirinto dos conhecimentos iniciáticos.

Assim, geometricamente um (1) representa o ponto (.); dois (2) a linha (/); três (3) a superfície (☐); e quatro (4) o sólido, cuja medida é o Cubo (⬚); e, resumindo, tem-se:

Um (1) = Ponto, *sem dimensões, gerador de todas as formas; o nada contendo o todo em potência, o criador, o princípio anterior à manifestação, o Arched, o obreiro por excelência;*

Dois (2) = Linha, *nada mais que um, o ponto, em movimento; ação, irradiação, expansão ou emanação criadora; o verbo ou trabalho;*

Três (3) = Superfície, *plano que precisa de intenções, onde o ideal se determina e fixa; domínio da lei que governa a ação, e impõe à Arte suas regras inevitáveis; e*

Quatro (4) = Sólido, *em especial o cubo, revelador da Arte, do trabalho e do Obreiro.*

FILOSOFIA DO COMPANHEIRO MAÇOM (PARTE II)

VM (ou Venerabilíssimo Mestre)

Retomando, a ressaltar que:

Em todas as coisas é preciso descobrir um quaternário (4); desde que as coisas se coloquem em estrita objetividade, pois o ternário (3) bastaria aos Maçons quando nos domínios do abstrato ou subjetivo;

e, o Companheiro não pode, nem deve, se satisfazer-se com a concepção teórica.

Isso porque sua função primordial é realizar, lutar e vencer as dificuldades encontradas no caminho, e como realizador tem no quatro (4) o Número de seu ponto de partida, enquanto o Aprendiz tem no três (3) o Número característico de seu Grau; e assim, o ideograrismo ou expressão de ideia escrita se baseia em quatro (4) sinais fundamentais:

1) CÍRCULO ◯   2) TRIÂNGULO △   3) CRUZ ✚   e 4) QUADRADO ▢

que, respectivamente, referem-se a: *'unidade (1), binário (2), ternário (3) e quaternário (4)'*, e se os sinais forem combinados entre si, produzem uma série de ideogramas, cujo sentido surge pela análise dos elementos; mas trata-se de um complexo estudo muito específico, cujo desenvolvimento não seria de todo adequado demonstrar nesta simples Instrução; porém, àquele que se interessar por esses ensinamentos, deve buscá-los a partir de avançada literatura.

1º (ou Venerável 1º) Vigilante

Entretanto, seria conveniente ao Companheiro se aprofundar no simbolismo hermético, procurando verificar seu intrínseco relacionamento com o simbolismo maçônico; e a concepção maçônica do Tetragrama seria entendida como sendo a do *'ser dos seres, ser em si e aquele que é'*; encontrando-se representado na Bíblia por 'quatro (4) letras' que formam a Palavra Sagrada, cuja 'pronúncia é proibida', e interpretada como sendo (em hebraico da direita para a esquerda):

יהוה

IOD – Primeira letra e menor do alfabeto sagrado. Como um tipo de 'vírgula' que sugere o órgão gerador masculino, ou o sêmen paterno que engendra a criança. Assim, volta-se ao ponto de vista matemático concentrado, no nada, em toda virtude expansiva do que 'deverá nascer e se desenvolver'. IOD é a representação do princípio ativo, da causa agente, e significa o ser que pensa, que quer e que manda. Como a Coluna 'J' simboliza o fogo realizador (archeo) manifestado pelo artista, obreiro, operador, criador ou gerador.

HE – Segunda letra que corresponde ao Sopro que saindo do interior espalha-se ao derredor. Essa letra simboliza o sopro animador, a vida emanando de IOD, para se propagar pelo espaço como irradiação vital. HE representa a vida, a atividade exercida pelo princípio criador e ativo. Sem HE, IOD não seria ativo, não poderia exercer o ato de pensar, querer e mandar, pois HE é a expressão do trabalho, operação ou verbo, tomado no sentido gramatical.

VAU (ou VÔ) – Terceira letra que tem em hebraico a mesma função da conjunção 'E'. Símbolo do que liga o abstrato ao concreto e o indivíduo ao coletivo. O que liga, que estabelece a união, pode também denominar-se meio ambiente, atmosfera e anímica, a relação entre causa e efeito. VAU se refere à Lei, segundo a qual se exerce a atividade, ou a Arte e Regras, ou condições ao trabalho.

HE – Repetida ao final no Tetragrama, exprime o resultado da atividade, trabalho executado e obra em via de execução. Quanto ao princípio pensante que quer e manda (IOD), o segundo HE é o pensamento, ideia concebida, determinação dada ou ordem formulada.

2º (ou Venerável 2º) Vigilante

Os espíritos superiores só se interessam pela Obra Real; mas mesmo ligados são incapazes de cogitar causa e efeito, que implica na manifestação do quaternário (4) resultante da ação, a saber:

1º) Princípio ativo = sujeito; 2º) Atividade desenvolvida por esse Princípio = verbo; 3º) Aplicação da atividade regulada e adaptada conforme o objetivo; e o 4º) Resultado produzido = objeto.

Então, a Quintessência, do ponto de vista hermético, conceitualmente seria: *O ser que se manifesta unicamente pela ação*, desde que haja consciência que: *Não agir equivale a não existir*, porque: *Aquele que existe está em perpétuo trabalho*, pois: *Nada é inerte, nada é morto, porque tudo vive, os minerais, corpos celestes, vegetais e animais*; entretanto, a vida difere nesses reinos da Natureza, pois se hierarquiza das espécies aos indivíduos; é a razão de uns viverem a vida mais elevada e completa que outros.

Orador

Essa vida, desde ordem superior até a comum, é proporcional ao desenvolvimento do princípio da personalidade, pois o ser inferior não é senão um autômato, que mecanicamente reage sob ação de forças, resultando em verdadeiro joguete; então, a vida permanece material ou elementar, pois resulta da luta dos elementos opostos dois-a-dois, como o esquema:

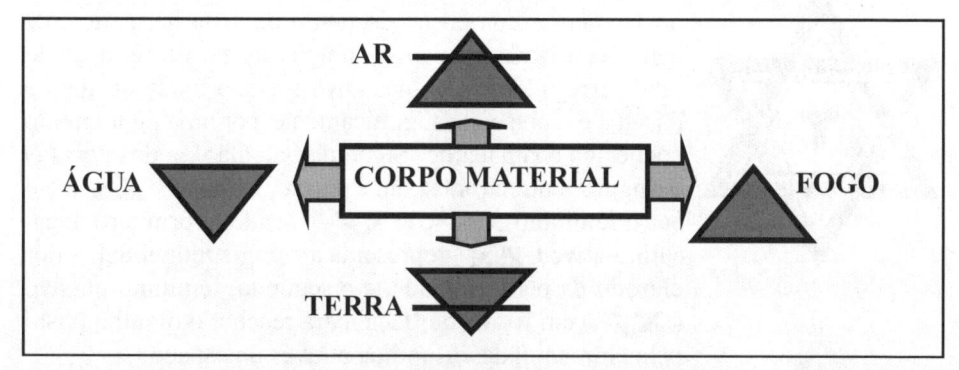

```
        AR ▽
ÁGUA ▽  ⇦ CORPO MATERIAL ⇨  △ FOGO
        TERRA ▽
```

E, sendo assim, é possível inferir que o:

AR = leve e sutil; contrabalança a pesada atração da Terra, que embrutece e materializa;
ÁGUA = fria e úmida; contrai o que o fogo, seco e quente, dilata; esses elementos não podem mais ser considerados corpos simples. Mas segundo a teoria antiga, devem ser tidos como agentes coordenadores da materialidade, sendo por sua ação explicado o caos, por isso, dominam todo o material; e, por serem potentes as forças exteriores, serão dominadas pela energia da personalidade.

É a razão a criar e desenvolver em si um princípio mais forte que os elementos, com que luta as Provas Iniciáticas na Elevação; e ao combater como Aprendiz, e vencer torna-se Companheiro ou Iniciado definitivo; e triunfa o Princípio da Humanidade, o Homem domina o animal, e, quando o cinco (5) se impõe ao quatro (4), a Quintessência sobrepõe-se ao 'quaternário (4) dos elementos', e pela perfeição o Homem-Comum será Exaltado pela cruz.

A razão, *logos* ou verbo, resplandece a remediar no Homem o obscurecer do instinto causado pela queda, e atinge seu estado de espiritualidade e iluminação, e trevas inferiores são dissipadas quando o astro humano, a Estrela Flamígera, brilha em seu esplendor; todavia, essa Estrela sendo o astro central da Loja de Companheiro, 'não' tem o poder de luminescência equivalente ao Sol, sendo suave sua Luz, sem irradiações e facilmente suportada.

Secretário

A Estrela Flamígera se condensa numa nuvem densa, cinza, baixa e sem contornos, e se precipita em chuva ou neve, comparada a uma flor desabrochada, uma rosa de cinco pétalas; assim, é o símbolo da Quintessência, do que o Homem tem de mais puro e elevado, e quando 'a rosa se une à cruz', gera simbolicamente um emblema de pura espiritualidade.

Já o entendimento do hexagrama (6), vem de cinco (5) que nasceu no centro do quatro (4), sendo o seis (6) constituído pelo ambiente sintético emanado do cinco (5).

A atmosfera psíquica que envolve a personalidade do Homem é composta, do ponto de vista hermético, de água vaporizada pelo fogo ou água ígnea, isto é, o fluído vital carregado de energias ativas; e essa união do fogo e da água é representada, graficamente, por uma figura muito conhecida chamada de 'Signo de Salomão', e dos dois (2) triângulos entrelaçados, um é masculino-ativo (△), e o outro feminino-passivo (▽), sendo: o primeiro, masculino-ativo (△) representa a energia individual, ardor elevado da personalidade, e o segundo, feminino-passivo (▽) em forma de 'taça' para receber o orvalho posto pela Humanidade, difundida através do espaço.

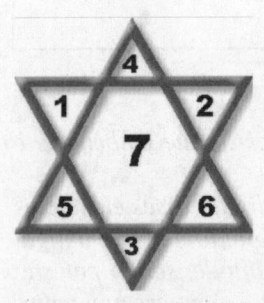

O misterioso Número sete (7) é da harmonia, resultante do equilíbrio estabelecido por elementos não semelhantes, assim, a harmonia também pode ser representada pela figura ao lado.

Essa figura contém o Número sete (7) no centro, e, em ordem no sentido horário, os Números 1, 2 e 3 nos extremos do triângulo em forma de 'taça – passivo – feminino', e do mesmo modo, os Números 4, 5 e 6 no 'triângulo – ativo – masculino', assim, a 'adição' dos Números opostos sempre resulta no Número central sete (7), então: 1 +(mais) 6 = (igual) 7; 2 +(mais) 5 = (igual) 7; 3 +(mais) 4 = (igual) 7; e a última das combinações, 3 +(mais) 4, é a que mais se refere à Maçonaria.

Guarda (ou Cobridor)

A Estrela Flamígera de cinco (5) pontas representa o microcosmo humano, o Homem considerado como o Universo em miniatura; e a figura dos dois (2) triângulos entrelaçados, o 'Signo de Salomão', designa a 'estrela do microcosmo', do Universo em sua infinita extensão.

Além de que, 'três (3) + (mais) quatro (4) triângulos', resultam em:

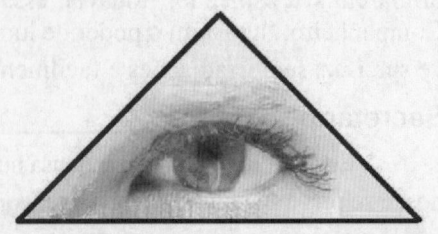

e, como se sabe, é o símbolo do Delta Sagrado, sendo o Tetragrama central muitas vezes substituído pela figura de um Olho Esquerdo denominado 'Olho que Tudo Vê'.

Por enquanto, nada mais conviria ser mostrado com relação ao Número sete (7), pois todas as suas outras referências pertencem mais ao domínio do Grau de Mestre que do Companheiro; assim, somente cabe acrescentar que a Quintessência ao ser sucessivamente elevada ao hexagrama (6) e ao heptagrama (7), representa a essência do ser, isto é, a alma humana purificada e temperada pelas provas da existência, atingindo a realização do que o profano denomina milagre.

VM (ou Venerabilíssimo Mestre)

Por isso, o Companheiro Maçom não pode ignorar que a realização da grande obra está reservada ao iniciado perfeito, ao Mestre; porém, para alcançar essa condição de Mestre é preciso ter, previamente, adquirido as virtudes e conhecimentos que o tornem digno.

Finalmente, é de ressaltar que o exposto mostra simplesmente uma pequena parcela do que ensina a tradição sobre a simbologia numérica do Segundo (2°) Grau da Maçonaria Simbólica – de Companheiro Maçom.

A RITUALÍSTICA DO GRAU – COMENTÁRIOS (PARTE I)

VM (ou Venerabilíssimo Mestre)

Em 1717, na Inglaterra surgiram agrupamentos que foram considerados maçônicos, assim, em todos os Ritos da Ordem conhecidos, em uso ou não, o Grau de Companheiro é o Segundo (2º) na escala hierárquica do simbolismo, e representa a *'segunda (2ª) fase da vida do Homem, a da virilidade'*.

Na época, outro aspecto importante era a 'admissão' nesse Segundo (2º) Grau, ou seja, a Elevação, pois nesse tempo os Integrantes a serem Elevados tinham seus nomes submetidos a rigorosa 'seleção', pois, como atualmente, nem todos os Aprendizes possuíam idêntico nível intelectual.

Assim, no passado possuir 'instrução' era um 'privilégio' de poucos, e tal situação implicou que referente à Ordem, a maioria de seus Integrantes estagnasse no Primeiro (1º) escalão ou degrau como Aprendiz, e dessa maneira, permenecendo na condição de eternos Aprendizes; apesar de serem Homens de bem, Iniciados e com plena capacidade espiritual, mas infelizmente, sem sorver, absorver ou engrandecer-se pela cultura.

Entretanto, até esses dias ocorreram muitas mudanças, porque, pela qualidade e quantidade de informações e estudo postos à disposição dos seres atuais, certamente são mais cultos que os do passado, e por isso detentores de muito mais ensinamentos; assim, se o Segundo (2º) Grau era tido como um 'avanço' na senda maçônica e reservado a poucos, modernamente é considerado 'complementação' na Maçonaria Simbólica, na qual o Integrante atinge sua plenitude apenas ao ser Exaltado a Mestre.

1º (ou Venerável 1º) Vigilante

A relevante importância desse Grau diz respeito à Elevação, pois caso se tratasse de somente galgar mais um simples degrau, não haveria necessidade de Iniciação, tanto que até existem autores maçônicos entendendo, enganosamente, que esteja sendo 'diminuída' a importância da Iniciação ao Segundo (2º) Grau, denominada Cerimônia de Elevação; entretanto, outros estudiosos consideram esse posicionamento de importância diminuta do Cerimonial completamente injustificado, pois o enaltecem e determinam ser absolutamente necessário, significativo e filosófico.

Muito antes da criação dos Ritos praticados na modernidade, quando a Maçonaria era praticada somente em 'três (3) Graus', época não tão antiga assim, a

Instituição estabelecia suas próprias Iniciações, bem como seus 'tempos de estudo', que redundavam num ciclo perfeito.

Por exemplo, quem 'estuda' os 'trinta e três (33) Graus' prticados pelos Ritos Adonhiramita e Escocês Antigo e Aceito, certamente encontrará um perfeito entrosamento entre esses Graus, o que é devido porque os 'três (3) primeiros Graus do simbolismo' sempre constituirão o real fundamento de todos os demais. Atualmente, a Maçonaria tem como objetivos importantes 'três (3) aspectos essenciais':

A Instrução Moral – que abrange a espiritualidade;

A Instrução Física – o conhecimento completo da Natureza; e

A Instrução Intelectual – a Cabalística e Ciências afins.

O Grau 'avança' paralelamente ao futuro, e paradoxalmente ao passado, estudando o pensamento dos filósofos, Maçons ou não, e assim, o 'tempo' no Grau apenas desaparece, estando sempre presente, sendo uma das importantes lições que o Companheiro deve absorver, ou que:

O tempo e o espaço são importantes atributos do Grande Arquiteto do Universo – G∴A∴D∴U∴.

Quando os Integrantes trabalham em Loja, forma-se a 'cobertura esotérica', estando os Iniciados filosóficos em um Templo 'a coberto'; e sendo a Loja uma Oficina trabalhando num Templo, então a mística religiosa se faz presente, logo depois do fechamento da Porta de Entrada.

A Loja surgida da união dos Integrantes atrai a presença do Grande Arquiteto do Universo – G∴A∴D∴U∴; e um de Seus atributos, a Onipresença, não se confunde com a mística da sintonia.

2º (ou Venerável 2º) Vigilante

E o G∴A∴D∴U∴, estando sempre presente se faz pensamento, e desperta no Integrante a sintonia, isto é, a conscientização da existência de um imenso elo entre a 'criatura e o Criador'.

A Loja depois de receber o 'som' das pancadas externas a sua Porta, no 'chamamento' que fará adentrar o *préstito (grupo em marcha, cortejo ou procissão, originado no latim* praestitu*)'*, significando aquele que avança ou está adiante, representa que 'estará a coberto', ou receberá a cobertura ou a presença do Grande Arquiteto do Universo – G∴A∴D∴U∴, e se assim for bem entendido, somente com Sua presença o VM poderá dar início aos trabalhos.

Conforme o Rito adotado, é dever do Vigilante verificar se os presentes são Companheiros, constando até do Ritual; e a verificação é feita pela solicitação do 'sinal' do Grau; evidentemente, esse 'sinal' leva o Integrante a adotar um gesto e postura adequada, necessária aos trabalhos.

Contudo, o Vigilante deverá 'sentir' a presença do Companheiro, pois o Grau reveste-se de muita importância; assim, não basta um mero 'sinal postural', mas é necessária uma perfeita sintonia entre Vigilante e Companheiro, porque se surgir um mistificador, logo seria desmascarado.

Essa 'sensibilidade' do Vigilante deve ser cultivada, pois é o sucessor do VM, tanto que os Landmarks não dispuseram em vão serem os Vigilantes substitutos do VM, e ainda, que esses Vigilantes devem evoluir de modo natural, pela privilegiada posição e proteção.

Tanto que pode constituir um seríssimo risco, e o difícil abrandamento das possíveis não devidas ações tomadas, ser eleito como VM, indiscriminadamente, qualquer Integrante do Quadro de Obreiros da Oficina, sem o cuidado de ser elaborada uma análise profunda de seus Integrantes, independente de todo Maçom ter tal direito, podendo então ser votado; entretanto, a experiência recomenda um estudo muito mais apurado sobre esse assunto, porque, definitivamente, sempre é o VM quem determina os 'destinos' da Loja!
Então, deve ser observado que:

Conhecer e desenvolver os Rituais nunca foi suficiente, pois se faz necessário 'viver' a Liturgia e ter plena consciência do significado de cada 'palavra e/ ou gesto';

e, evidentemente, em Loja trabalhando no Segundo (2º) Grau não são admitidos Aprendizes, mas, é lógico, contar com o comparecimento de Mestres; e o VM de Loja Maçônica no Simbolismo sempre será o VM das Lojas dos 'três (3) Graus' de Aprendiz, Companheiro e Mestre.

Orador

Então, ainda poderia surgir a indagação: *Em Loja de Grau 2 há possibilidade das Luzes serem ocupadas somente por Companheiros?*; é um tema ainda não muito bem definido, pois como foi dito, compõe a Loja Simbólica o conjunto dos três (3) primeiros Graus, mas são desconhecidas Lojas exclusivamente de Aprendizes, ou de Companheiros ou de Mestres; por isso, também como já dito, o VM é 'eleito' para dirigir uma Loja que trabalha nos 'três (3) Graus do Simbolismo'.

Ocorre então que, embora o Companheiro antes fora Aprendiz, em Sessão desse Grau será sempre considerado como Companheiro, e se estiver estabelecido no Regulamento ou Regimento Interno da Loja, as Luzes e Oficiais em Sessão do Segundo (2º) Grau serão Mestres.

Apesar disso, os que ocupam as Colunas, incluindo Vigilantes, em Sessão de Companheiro devem, obrigatoriamente, nivelar-se por esse Grau, até mesmo os Mestres, que também simbolicamente ainda podem ser considerados 'eternos Aprendizes e eternos Companheiros'.

E, desde que seja muito bem entendido e perfeitamente aceito que: *Nem todos os Rituais são idênticos!*; e uma das importantes diferenças entre os Rituais de Aprendiz e Companheiro, ainda dependendo do Rito adotado pela Oficina, no referente à 'presença' dos Integrantes, é quando, já no transcurso da 'Abertura dos Trabalhos', o Primeiro (1º) Vigilante informa a coletividade que:

No Grau 1 = *Todos os presentes são Maçons; testemunho de que também são os ocupantes do Oriente, não especificando que há Aprendizes, Companheiros e Mestres, mas que são Maçons; e*

No Grau 2 = *Já a Loja de Companheiro possui um plano onde os Companheiros se acomodam, e ainda o VM não confirma que no Oriente estejam Companheiros, mas só Mestres.*

Secretário

E: *O que é entendido por uma Loja justa e perfeita de Segundo (2º) Grau?* Uma Loja de Grau de Companheiro se torna 'justa e perfeita', pois, em realidade, é composta por Companheiros e membros de Grau superior; assim, todos se sintonizam num plano idêntico, em que a importante presença é do G∴A∴D∴U∴; tal afirmativa, que é muito conhecida nas hostes maçônicas, deriva do conceito bíblico de que: *"Deus é justo, e sua obra é perfeita."*

Certo também é que: *Numa Loja justa e perfeita, jamais deve haver espaço para falta de respeito, seja por qual motivo for, tanto quanto para a falta de disciplina*; e, para que tais condições estejam perfeitamente sedimentadas nos Integrantes, colados em qualquer dos Graus maçônicos, devem buscar o verdadeiro significado de 'respeito e disciplina'.

Quase contrariamente ao que ocorre no mundo profano, em Maçonaria o 'respeito e a disciplina' não devem ser entendidos como simples componentes de comportamento; sendo devido a que a Loja não deve contar com quem não seja 'bem comportado', pois o Iniciado se obriga a se interessar pela Arte Real, e o conhecimento precisa ser absorvido paulatina e metodicamente.

Assim, o 'respeito' identifica-se com postura, significando o dever de 'cumprir o ensinado'; e, entendido que 'respeitar' também seja sinônimo de venerar, o Maçom deve manter-se em postura adequada, sendo certo então que estará capacitado a venerar os símbolos.

Guarda (ou Cobridor)

São inúmeras essas posturas, podendo ser exemplificadas como:

De Pé e à Ordem; posições ao permanecer sentado; ao ofertar o óbolo; ao interpor sua proposição no Saco respectivo; como ajoelhar, marchar e ocupar lugares destinados;

enfim a 'sistemática ritualística' estabelecida no Ritual; sendo tudo dirigido ao perfeito desenvolvimento da Sessão.

Já a 'disciplina' nunca deve ser entendida como 'ato de submissão', mas de 'acatamento' à hierarquia maçônica, por todos os Integrantes, indistintamente; e, quanto à 'autodisciplina', na Ordem se refere a 'aceitar' a filosofia maçônica;

conceitos válidos até na própria vida, quando se busca a felicidade, que, contudo, nem sempre é conseguida no mundo profano.

Então, dependendo do Rito, pois existem Ritos caracterizados por serem extremamente disciplinadores, e outros são mais liberais ou relevantes, mas os Ritos modernos praticados, sem exceção, em maior ou menor escala, preservam e ensinam a importância da 'disciplina' aos Maçons; porém, isso é devido, principalmente, à ritualística dos Rituais, e dessa maneira, a Ordem deve trabalhar com afinco em prol do 'aspecto disciplinar', como procurar que seus Integrantes a estendam a todas suas 'atitudes e comportamento' no mundo profano.
Então, as 'ações da disciplina' são necessidades da Iniciação, pois ao novo Integrante 'renascido' cabe observar as Regras impostas e aceitá-las, sempre as entendendo como perfeitas.

VM (ou Venerabilíssimo Mestre)

Assim, conclusivamente, todos os Integrantes da Ordem devem 'conservar-se' em Loja com o devido 'respeito e disciplina', o que, consequentemente, implica no dever de estarem em 'atenção permanente', pois a Maçonaria é absolutamente dinâmica, portanto, jamais estática.

E, se essa preceituação é tida como perfeitamente válida aos Componentes do Ocidente, mas podem ter dúvidas se aos do Oriente é possível prescindirem de 'respeito e disciplina'; obviamente, até supondo que no Oriente não haja Companheiros, mas se houver, juntamente com as demais Dignidades e Oficiais que compõem, sem exceção todos deverão manter as mesmas atitudes.

Outro aspecto é o de que jamais deva haver 'distinção' entre Dignidades, sejam Integrantes da Loja ou visitantes, pois Dignidade é o tratamento dado a quem ocupa cargo honorífico; entretanto, os Vigilantes são tidos como Luzes e não Dignidades, portanto, as Dignidades da Loja serão os Integrantes que mereceram posições honoríficas.

Já os Oficiais são os Integrantes que ocupam Cargos em Loja, com exceção dos Vigilantes, porque não devem receber 'ordens', pois devem ser reconhecidos por meio de seus importantes e necessários deslocamentos no espaço do próprio VM.

A RITUALÍSTICA DO GRAU – COMENTÁRIOS (PARTE II)

VM (ou Venerabilíssimo Mestre)

A Ritualística do Grau de Companheiro ainda determina que o VM continue sua busca; a ser feita por meio do Vigilante, e mesmo por fidelidade à identificação da Coluna onde está instalado, para que assim possa manter iguais 'atribuições' que detém desde o Ritual de Aprendiz.

Além disso, há o 'discurso dissertativo' proferido pelos Vigilantes, que sofre 'alterações' no Ritual de Companheiro, pois se refere à nova situação que se apresenta; entretanto, apesar das adequações, a essência ditada pela Maçonaria deve permanecer incólume, sem nenhuma exceção, no contido em todos os Rituais dos diversos Graus.

Quanto aos Ex-VM´s, suas denominações variam conforme a Potência ou Obediência Maçônica à qual a Loja esteja filiada e/ou federada, assim, por exemplo, nos:

Grandes Orientes = intitula-se Mestre Instalado, e nas
Grandes Lojas = intitula-se Past-Master;

e como alerta, mencionar que a tradição, praxe ou usos-e-costumes têm estabelecido que em todas as decisões de maior relevância devam, quase obrigatoriamente, serem ouvidos os Ex-VM´s.

Embora não haja uma referência absolutamente exata, consta que o costume de Instalar Mestres teve início pelos antigos depois de 1750, por meio de um determinado e exclusivo Cerimonial Específico, revestido de excepcional simbologia e inusitada pompa e circunstância, tanto que passou quase a se constituir num outro e determinado Grau.

1º (ou Venerável 1º) Vigilante

Então, cada Potência ou Obediência Maçônica possui seu próprio Ritual de Instalação que, obviamente, não faz parte dos Rituais específicos dos 'três (3) Graus da Maçonaria Simbólica', nem dos Rituais de Adoção, Pompas Fúnebres, Confirmação de Casamento ou Bodas, etc.

Ora, sob tais aspectos, pode-se concluir que a finalidade da reunião dos Companheiros em Loja não difere em quase nada, tanto das metas das Sessões de Aprendizes, quanto dos objetivos das futuras reuniões de todos os demais Graus; dessa maneira, nesse Segundo (2º) Grau a Maçonaria também 'propala e preceitua' que devam ser exercidas as:

Promoção do bem-estar da Humanidade, atualmente podendo ser interpretado como justiça social, à grandiosidade da Pátria, e conservação da tradição familiar; e

Construir e erguer Templos à virtude, e a edificação de masmorras ao vício;

cientes de que o bem-estar é, sem dúvida, das maiores aspirações coletivas dos Homens, ricos ou pobres, e esse imperioso e eufórico estágio humano proporcionaria, certamente, um equilíbrio emocional que seria refletido na própria felicidade, que poderia ser traduzida ainda por bem-estar, conforto, saúde, instrução, desenvolvimento, diversão, etc.

Mas, a denominada 'justiça maçônica' difere em parte da justiça social, pois a Ordem visa sempre atingir algo mais elevado; assim, promove aos seus Iniciados uma visão diferenciada e mais ampla de bem-estar, até porque, esse estágio humanizado de bem-estar também comporta a tão buscada e necessária 'elevação da espiritualidade'.

E, se 'promover' significa proporcionar, impulsionar, dar o primeiro passo, mostrar o caminho, etc., a Maçonaria impele à conscientização de que seus Integrantes devam se preocupar, sobremaneira, com o bem-estar da Humanidade; para isso a Instituição deve preparar seu Iniciado como cidadão, profissional, chefe de família e membro da comunidade.

A Ordem considera seus Integrantes como verdadeiros Iniciados, e assim estende essa conceituação ao prolongamento de vida de seus Membros, isto é, à sua descendência, seus filhos e netos; e, para os que creem, poder-se-ia considerar que o neto de um Maçom herdará a mesma força impulsora recebida por seu avô, quando integrava uma Loja Maçônica.

2º (ou Venerável 2º) Vigilante

Muitos Integrantes entendem que, no desenvolvimento de seus trabalhos, devem planejar e programar variadas realizações sociais, nem que para ser possível realizá-las também implique em se envolver nos múltiplos setores da administração pública, e tomar parte em todas as iniciativas para atender as necessidades sociais; sabedor que essa tarefa cabe ao cidadão, e por isso deve cooperar, mas nesse sentido o Maçom só recebeu impulsos no Templo, para que no mundo profano saiba comportar-se e cumprir seus deveres, enquanto cidadão na comunidade em que vive.

Como síntese do exposto, pode-se afirmar que 'levantar Templos à virtude' torna-se um dos mais importantes e belos objetivos maçônicos, digno do empenho do Companheiro; então deverá erguer um edifício pedra-por-pedra e o adornar e consagrar ao G∴A∴D∴U∴, transformando-o num Templo, e assim o considerando seu maior virtuosismo.

Concordante com o regido pelo Ritual de Aprendiz, logicamente, dependendo do Rito em que a Oficina trabalha, pode-se entender que virtude seria a 'disposição da alma', que induz à prática do bem; e surge a indagação se o Companheiro deverá: *'Levantar Templos a disposição da alma, que será indutora à prática do bem?'*; mas, não é essa a definição de virtude do Grau.

Se os símbolos e os vocábulos utilizados nos Rituais 'não' possuem definições estéticas, poder-se-ia considerar ambos como sendo: Verdadeiros 'elementos' de uma linguagem mística, e em cada Grau adquirir novos aspectos, nuanças e significados; assim, nesse Grau a virtude é um especial sinônimo do G∴A∴D∴U∴, pois só ao Superior é permitido erguer Templos, e que exclusivamente ao Criador é devida a honra, glória, obediência, aplauso e amor!

Orador

Opondo-se há o vício, e conforme o Rito, o Ritual de Aprendiz afirma que vício seria tudo que avilta o Homem, o hábito que desgraça e arrasta o Homem ao mal, oposição e negação da virtude, ou seja, de Deus; então, referente ao vício, o Companheiro Maçom deve *'cavar masmorras e soterrar, em lugar profundo e baixo, a negação, pessimismo, desinteresse, egoísmo, e tudo que contraria sua própria evolução'*.

Assim, devemos relembrar que é necessário longo tempo para dominar as forças contrárias, que se opõem aos ideais; e jamais a virtude permitiria presença paralela tão devastadora como o vício.

Como Recém-Elevado o Companheiro ainda não pode assimilar a perfeição que será transmitida e exposta pelo Grau, então, para essa realização é preciso, teoricamente, longo período de 'cinco (5) anos' de dedicação, estudo e perseverança para alcançar a maturidade.

O Número cinco (5) tem especial significado no Grau, pois reflete, dentre outras tantas representações, também os *'cinco (5) sentidos humanos: visão, audição, olfato, paladar e tato'*; além disso, em Numerologia esse Número representa ainda *'matemática, Estrela de cinco (5) pontas, a quantidade de viagens do Grau, etc.'*.

E sendo o termo 'sentir' raiz da palavra 'sentido', também diz respeito à parcela espiritual do Homem, e com influxos partindo do cérebro e chegando aos nervos motores, o corpo humano estabelece relações próximas com o mundo exterior; então, pode-se concluir que os:

Sentidos Comuns = partem do cérebro, e os

Sentidos Espirituais = partem do convencionado denominar espírito.

Secretário

Então, o Homem poderá enxergar com 'olhos espirituais' e ouvir com 'ouvidos espirituais'; enfim, aplicar os sentidos em dupla função, inclusive o transporte espiritual, a locomoção pelo espaço com a matéria em repouso, ou o transporte vertical, a levitação; em resumo:

1º) Visão = *Possível apreciar a forma de todas as coisas, sendo os 'olhos' seus órgãos;*

2º) Audição = *Percepção de sons, atualmente ampliada pela tecnologia, e empregando instrumentos sofisticados, pode-se ouvir uma pessoa falando num raio de um quilômetro, sem aparelho de transmissão, além das transmissões partidas do cosmos a milhões de quilômetros;*

3º) Olfato = *Percepção de odores a certa distância, e apesar de secundário desempenha funções excitantes, distingue o necessário à alimentação, e ainda tem relação com sexo;*

4º) Paladar = *Restrito às funções orgânicas imediatas, mas o 'olfato e paladar' podem ser requintados, pela educação; e*

Guarda (ou Cobridor)

5º) Tato = *Último sentido que faculta: aproveitar a Natureza, realizar tarefas que agradam, e cumprir deveres e obrigações na profissão; responsável pela dor e prazer, desenvolvendo-se na parte externa do organismo, em especial na pele; e, aparentemente secundário, constitui um dos principais, se não o principal dos sentidos.*

Além dos 'cinco (5) sentidos fisiológicos', o Homem possui os 'sentidos anímicos', 'não' sendo confundidos com 'sentidos espirituais'; em resumo, os 'sentidos anímicos' são sentidos:

Humanitário = *leva ao auxílio do próximo com a solidariedade;*

Moral = *visa ao seu bem-estar social, e do seu semelhante;*

Estético = *distingue a perfeição, diferencia o imperfeito do belo, a deleitar por obras-de-arte, trabalho de artistas ou a Natureza;*

Intelectual = *impulsiona buscar conhecimento dos sábios, se ilustrar pelos ensinamentos dos Mestres, e aos semelhantes, buscar soluções de problemas que parecem sem definição; e*

Religioso = *inclinação a assuntos divinos, estudo do Livro Sagrado, harmonia com o G∴A∴D∴U∴ e compreensão das coisas sutis e espirituais.*

No primeiro (1º) Grau de Aprendiz há a Pedra Bruta, nada mais que um pedaço de Pedra sem forma definida, retirado direto da pedreira, ou com formas irregulares retirada da terra ou de algum rio; entretanto, conforme a localização onde está situada a Loja pode ser de granito, arenito, basalto, mármore, enfim, de qualquer outra substância inorgânica compacta.

Essa interessante Pedra Bruta simboliza o Aprendiz, que ainda traz aspectos informes do mundo profano, isto é, arestas que necessitam ser removidas, pois ocultam sua personalidade, caráter e virtudes, estando representada junto ao altar do Vigilante que comanda sua Coluna.

No Grau de Companheiro, mesmo a Pedra estando junto ao altar do Vigilante que comanda sua Coluna oposta à dos Aprendizes, mas já representada com as arestas removidas, e tendo determinada forma, geralmente de um 'cubo ou pirâmide', simbolizando que o Companheiro ao ingressar no Grau revela sua personalidade e caráter; ainda mostrando que essa Pedra está apta a ser utilizada na construção de seu edifício interior.

VM (ou Venerabilíssimo Mestre)

Trata-se de uma Pedra Burilada, mas ainda não Polida, porque seu necessário e respectivo polimento deve ocorrer durante esse novo período de aprendizado, que deverá conduzi-lo no caminho da plenitude maçônica, ou seja, ao Mestrado.

Entretanto, essa Pedra Burilada não reflete em nada a Luz, como é bem refletida na Pedra Polida que, em si, constitui quase um espelho.

O Companheiro, antes de sua Exaltação ao Mestrado, pode quase contemplar a si próprio refletido na Pedra Polida, e assim se conscientizar da importância e necessidade de sua preparação.

Finalmente, a Pedra Cúbica, com essa denominação simplificada, representa todas as figuras geométricas conhecidas, podendo ter até nove (9) faces, se composta por uma parte superior piramidal, que encerraram uma filosofia peculiar por conter grande variedade de 'signos, figuras e outras gravações'.

EXALTAÇÃO AO TRABALHO NO GRAU DE COMPANHEIRO

VM (ou Venerabilíssimo Mestre) _____

Aos Integrantes da Ordem, sempre é muito importante, esclarecedor e instrutivo citar um dos mais belos trechos da 'Oração dos Moços', de autoria do Am∴ Ir∴ Ruy Barbosa (Trecho extraído de artigo do Ir∴ R.Rodrigues, da obra *Cartilha do Companheiro*, Ed. A Trolha – 1998):

> *"Oração e Trabalho são os recursos mais poderosos à criação moral .... A Oração é o íntimo subliminar-se da alma pelo contato com Deus. O trabalho é o inteirar, o desenvolver, o apurar das energias do corpo e do espírito, mediante a ação contínua de cada um sobre si mesmo e sobre o mundo onde labutamos. ... o Criador começa e a criatura acaba a criação de si própria. Quem quer, pois, que trabalhe, está em Oração ao Senhor."*

1º (ou Venerável 1º) Vigilante _____

E, sendo o Grau de Companheiro essencialmente dedicado à 'exaltação do trabalho', em seu sentido mais amplo, então se torna de muito pouca relevância qual seria o tipo desse trabalho, e, além disso, o próprio Ritual do Grau ministra também lições nesse sentido.

Entretanto, atualmente, nessa época em que os valores inversos sobrepujam a ética, sem o menor pudor ou ressentimento, assim, passa a ser imprescindível que o trabalho seja prestado com respaldo nos nobres princípios da dignidade.

Quanto ao ato de trabalhar, apesar da preocupação de sempre ser praticado com consequente e auspiciada alegria que resulta no crescimento espiritual, infelizmente, o Homem sendo capaz de errar e transgredir, se esmera em arquitetar formas, não recomendáveis nem saudáveis, de executar trabalhos que se mostrem distantes das necessárias qualidades sublimes.

Esses trabalhos são exercidos com exclusivo objetivo da geração rápida de enriquecimento, independente das causas, e voltados unicamente para a meta do maior acúmulo de bens materiais.

Mas, ainda que essas condições também se façam presentes, o Companheiro Maçom deve tanto 'exaltar o trabalho', quanto impor a mais destemida ação aos novos instrumentos que a partir de agora são colocados à disposição, como Alavanca, Régua, Compasso, Esquadro, Prumo e Nível, além dos anteriores Maço e Cinzel.

Para isso, deve ter por obrigação aprender a bem manejar esses instrumentos, o melhor que possa, com habilidade e dedicação incontidas, na busca incessante da almejada transformação pelo desbaste de sua Pedra Bruta que foi anteriormente, em Pedra Polida ou Cúbica na atualidade.

Se essa tarefa for desempenhada a contento, resultará em que o Companheiro conquiste o direito de escalar novos degraus na Escada de Jacó, ou na Escada do aprimoramento espiritual.

Esse direito se concretizará, a partir da conscientização da necessidade em se lançar nas profundezas dos mistérios da sua própria existência, desde que conheça com competência tanto o real significado da Letra G, quanto da Estrela Flamejante, Flamígera ou Rutilante.

2º (ou Venerável 2º) Vigilante

Os Integrantes da Maçonaria devem ter plena consciência que jamais o trabalho deve ser encarado ou considerado como 'castigo', mas ao contrário, entendido como sábio ensinamento, e grande, bom e adequado desafio.

Tanto assim que o *'preceito bíblico da transformação do suor e força do trabalho em alimento'*, suprida por suplício, teve razão de ser, pois Deus num momento de justa fúria, quando o Homem instituiu o 'pecado no paraíso', lançou-lhe a pecha que o seguiu nas trilhas terrenas.

Isso é devido porque, durante séculos, trabalhar foi uma atividade considerada própria apenas de pessoas classificadas como inferiores, ou escravos condenados a suprir, com suor e esforço, alimentos a seus senhores; e assim, permaneceria enraizada aquela visão deformada e turva a respeito do trabalho, ou seja, de ser desonroso e até um verdadeiro estigma social.

O autor e articulista R. Rodrigues, em excelente proposta já antes mencionada, lembra que *'Ora et Labora'*, em versão livre podendo ser entendido como *'Trabalhar é Orar'*; tratava-se de um preceito de incentivo aos religiosos, com intuito precípuo de evitarem, ou até mesmo, vencerem as próprias tentações; mas, a nova visão do trabalho se modificaria ao surgir o humanismo, e mais depois do renascentismo.

E, a mesma sabedoria de Deus que modifica conceitos, mesmo os mais arraigados, também conseguiu incutir nos filósofos a magnífica essência do trabalho, resultando em nascerem apologias e exaltações ao ato de trabalhar; assim, desmistificando a supremacia do conhecimento sobre a ação, e ao demonstrar que o Homem, podendo pensar e conhecer, em realidade estaria muito melhor se passasse a praticar esses seus pensamentos e conhecimentos.

Orador

Então, conclusivamente, ainda pelo texto do Ir∴ Rodrigues, se pode afirmar ser somente pela efetiva ação do trabalho, que as 'obras maravilhosas' são edificadas, pois toda a inércia desaparece, o Universo sofre gigantescas transformações e tudo fica em constante 'movimento'.

E, por tudo isso, o Maçom deve sempre ser um 'trabalhador por excelência', com perfeita e justa razão deter o codinome 'Obreiro', designando o local de sua labuta como 'Oficina'; e mais essa conceituação se torna cabível ao Companheiro Maçom, quando sua qualidade de trabalhador se enaltece, e passa então a compor a essência filosófica do Grau.

Assim que deixa de usar somente a força bruta, arduamente aplicada em seu aprendizado enquanto instalado na Coluna dos Aprendizes, e passa a utilizar com eficácia sua própria inteligência, é lógico que o Companheiro estará mais livre para buscar novos caminhos.

E, nas etapas dessa nova jornada, desde que sempre trabalhe com muito denodo e afinco, em conjunto com todos seus Irmãos, na mais pura essência da fraternidade, ainda assim, é certo que se defrontará com dificuldades e obstáculos; mas objetivando galgar os degraus da Escada que conduzirá à Câmara-do-Meio, ou à sua respectiva exaltação ao Grau de Mestre.

Secretário

Mas seu próprio empenho na edificação do Templo Interior, com utilização das ferramentas desse Grau, e a aplicação dos princípios teóricos e filosóficos que passará a dominar com mais propriedade, deverão auxiliá-lo a aprender e compreender os diferentes sentidos e mensagens transmitidas pelos emblemas, alegorias e símbolos proporcionados pela Maçonaria; além de, definitivamente, entender o que em realidade necessita para alcançar o Mestrado.

O Segundo (2º) Grau ainda demonstra características muito significativas, principalmente quanto à participação individual nas ações e criação de grupo; o que possibilita o real exercício da fraternidade na plenitude, e ampliar em cada Companheiro sua visão espiritualizada da vida.

A Trolha compõe o Painel Simbólico do Grau de determinados Ritos, mesmo 'não' lhe sendo feita referência no Cerimonial de Exaltação.

Ainda assim, certos autores maçônicos entendem a Trolha como sendo a moderna 'colher-de-pedreiro', embora outros a vejam como sendo, a igualmente moderna, 'desempenadeira-de-pedreiro'; mas, dentre tantos significados, também simboliza a indulgência; então, ao Companheiro caberá a nobre tarefa de unir as Pedras já Cúbicas, com a argamassa da irmandade.

E assim, assentar as Pedras para depois lançar o reboco e então corrigir as eventuais arestas restantes; e mais, conforme citação do Ir∴ A.Carvalho, reconhecer que ao Integrante devem ser respeitadas: *"... as qualidades de cada Irmão, perdoando-lhe os defeitos reparáveis ..."*

E, concordante com o Ir∴ Rodrigues no mesmo artigo citado, onde consta que: *"O trabalho evoca a essência da Maçonaria, que por esse meio compõe sua doutrina, filosofia e história"*, alguns importantes aspectos da Ordem podem ser considerados, sobremaneira, como reais evidências a esse respeito, tais como:

Guarda (ou Cobridor)

Na Maçonaria Operativa o trabalho dos construtores era de qualidade e criativos, como provam as magníficas construções, muitas ainda existentes, a deslumbrar os que as visitam;

A Instituição se torna Especulativa, na criação da Grande Loja de Londres em 24/07/1717, data dedicada a S. João Batista, quando a Ordem adquire caráter filosófico, espiritual e social;

O local de reunião dos Maçons como obreiros ou trabalhadores da fraternidade passa a ser conhecido como Templo, e onde trabalham como Loja e/ou Oficina;

A vestimenta obrigatória passa a ser seu Avental, símbolo grandioso do trabalho;

As atividades em Loja passam a denominar-se 'trabalho', com qualidade e sempre desenvolvido 'justo e perfeito', e em obediência às Leis Maçônicas, transcorre em Harmonia, respeitando os princípios de Liberdade, Igualdade e Fraternidade, e sob as bênçãos do G∴A∴D∴U∴.

Entretanto, se considerada a máxima de que:

'O Trabalho é uma das características primordiais da Maçonaria',

efetivamente, mais ainda o é no Grau de Companheiro; condição em que o Integrante deve muito se dedicar; e além disso, ainda cabe igual dedicação às Ciências, filosofia e artes, quando então deve assumir as benéficas atitudes de:

Ouvir sempre – Falar se necessário – e Trabalhar com intensidade e qualidade.

Tudo isso em respeito aos princípios maçônicos, assim, principalmente ao Companheiro: trabalhar é dedicar-se à construção do seu Templo Interior, devendo ocorrer em processo contínuo no qual o sentido de 'vencer paixões e submeter as vontades' mais se acentua e é presente.

Sobretudo, aos poucos, pela pertinácia do trabalho e uso das ferramentas, ao Companheiro irmanado cabe se entregar à edificação, e também objetivar a projeção ao exterior, à sociedade, num processo sociológico que pretenda exteriorizar; e transmitir aos outros suas conquistas espirituais, que compõem a argamassa e demais materiais usados na ação de construir; e, seu Templo Interior se ergue na 'vertical', tendo a cabeça ou espírito, próximo ao G∴A∴D∴U∴., e na obra serão observados os ensinamentos da Maçonaria com:

A construção apoiada em 'Pedras Cúbicas Cinzeladas' suportando sólida estrutura;

Os cálculos do projeto sendo elaborados segundo a melhor utilização da Geometria, e de todas as demais Ciências pertinentes; e

Os serviços apoiados no adequado manuseio do Compasso – Esquadro – e Régua.

VM (ou Venerabilíssimo Mestre) _____

E, esperando sempre que na execução da obra, nas paredes, de *per si*, seja:

A Trolha bem usada no 'aparar arestas' com o poder de indulgência característico;
O Nível seja utilizado de bom grado, assegurando a 'horizontalidade e igualdade' das superfícies, devendo estar todos no mesmo patamar;
O Prumo tendo a manipulação adequada demonstra a 'retidão da construção', visível na perfeita verticalidade das paredes; e que
A Alavanca seja utilizada na melhor acepção de Arquimedes, ao surgir os obstáculos ou exigido esforço maior, facilitando transpor as dificuldades e contribuir na consecução dos serviços.

A alegria e pensamento positivo devem acompanhar o Companheiro na edificação do Templo, e maior será o júbilo quando descobrir, em verdade, que a construção é um processo de transformação, no qual, em cada Pedra assentada as virtudes substituem os vícios.

Então, o espírito substitui a matéria, e jamais devendo ser solitário esse trabalho, a fraternidade se sobrepõe ao individualismo e à vaidade.

Finalmente, o trabalho maçônico exaltado no Grau de Companheiro, se praticado com perseverança e entusiasmo, eliminará a intolerância, ressentimentos, receios e mágoas, bem como outros sentimentos opositores das virtudes, tão perseguidas pelos Maçons, porque as virtudes são necessárias ao aprimoramento da Humanidade, o principal fundamento do verdadeiro Maçom!

O TRABALHO DOS COMPANHEIROS 29

VM (ou Venerabilíssimo Mestre) _____

I) Introdução

O Segundo (2º) Grau de Companheiro também pode ser demonstrado como se fosse uma espécie de período equivalente à 'segunda (2ª) idade ou a idade madura' do Maçom, e nessa idade estaria resumido o intrincado estudo dos deveres ou obrigações para: *Com Deus, consigo próprio e com os semelhantes.*

E esses deveres ou obrigações, em condições igualitárias desde a antiguidade, tornaram-se o lastro ou fundamento da edificação maçônica, e por isso:

Dos mais importantes atributos da Maçonaria sob aspectos histórico e doutrinário;
O embasamento das fases da ascensão do Integrante da Instituição; e
Que os conhecimentos a adquirir no Grau tornam-se fundamentais na sua formação.

Nos primórdios, a Maçonaria era constituída por apenas *'duas (2) divisões (ou Graus)'*, a saber, de: Aprendiz e Companheiro, sendo que o 'mais experiente' dos Companheiros, geralmente, era eleito por escolha para 'dirigir' os trabalhos da Oficina.

1º (ou Venerável 1º) Mestre_____

Dessa maneira, se o ideal do Aprendiz é a liberdade, o do Companheiro é a igualdade, para que o Maçom, até esse ponto de seu desenvolvimento, possa trabalhar com o objetivo de solidificar seu sentimento de fraternidade.

Portanto, a igualdade deve ser a principal característica do Companheiro, que aspira elevar-se interiormente até o mais alto ideal, e em consequência, ao patamar de todos aqueles que se esforçam na senda do mesmo caminho, e voltado para as mesmas finalidades.

Do mesmo modo como nos antigos ofícios maçônicos, o Companheiro já deve estar suficientemente instruído, portanto, com conhecimento recomendado para que um mais elevado possa permitir que acompanhe o Mestre na maioria dos trabalhos.

Em realidade, o que ainda não realizou foi uma 'grande obra' própria, caracterizada como inventiva que garantisse tanto sua condição de Mestre, quanto a faculdade de ensinar os outros.

De início, o simbolismo maçônico procura representar o Homem na juventude espiritual, ou seja, quando sua espiritualidade está apequenada, escondida, recôndita e não burilada ou polida; entretanto, devendo ficar claro que o Integrante deve mostrar robustez, e ser capaz de imensas iniciativas, mesmo estando tímido na execução, e pouco consciente de suas virtudes.

E, como dita a tradição e o costume, afirmar que nessa evolução, da passagem de Aprendiz a Companheiro o Integrante *'passou do fio-de-prumo para o nível'*; ou seja, significa que se tornou capaz de começar a relacionar os elementos do conhecimento com o cosmos em que se insere; e, também considerando esse aspecto, o Companheiro Maçom conhece as:

2º (ou Venerável 2º) Mestre

Estrela Flamejante = *Astro central da Loja de Companheiro, com Luz suave, sem irradiações resplandecentes ou poder iluminativo como do Sol; e*
Letra G = *Simbolizando, dentre outras as: Geometria, Geração, Gravidade, Gênio e Gnose.*

Nesse Grau, ritualisticamente, a *'Marcha, Passo ou Caminhada'*, principia pelos *'três (3) passos retilíneos'* de Aprendiz, aos quais acrescidos mais 'dois (2)', um desviado à direita e outro à esquerda, mostrando os 'vários rumos' que os conhecimentos se permitem trilhar.

Ao recente Companheiro é passada uma nova *'Palavra-de-Passe'*, visto já ter suficiente autonomia e liberdade para poder deslocar-se em certas direções, tanto que, por seus olhos já suportarem a Luz, caminha e se instala em Loja na Coluna oposta à dos Aprendizes.

Além disso, cumpre alertar que a decoração do Templo destinado aos trabalhos em Loja do Grau de Companheiro é a 'mesma' destinada às tarefas no Grau de Aprendiz.

Para realizar seu trabalho o Companheiro também se apresenta revestido com um Avental Branco, o mesmo destinado aos Aprendizes, porém, com a Abeta 'voltada para baixo'.

Isso é devido a que já não necessita de tanta 'proteção' em suas novas tarefas, pois, a partir de agora, trabalhará no Polimento da Pedra Bruta já desbastada como Aprendiz.

E colado no novo Grau, o Integrante recebe o salário junto a Coluna oposta àquela em que recebia como Aprendiz; e também tem sua idade simbólica alterada para 'cinco (5) anos'.

E esse Número faz alusão aos:

Quatro (4) elementos, aos quais é acrescida a 'energia' do Homem (+1); aos cinco (5) sentidos; e às cinco (5) ordens da arquitetura.

Assim, o progresso do Companheiro depende da crescente capacidade de interpretar os elementos fundamentais do simbolismo, aprendendo a vivenciá-los e os colocando em prática com utilidade e proveito, não esquecendo jamais que cada Grau deve se apresentar como *'A mais profunda compreensão das doutrinas da moral maçônica'*.

Orador_____

II) Trabalho Propriamente Dito

O trabalho dos Companheiros é, simultaneamente, também a continuação do trabalho realizado como Aprendiz, mas, entendido que se refere à realização de tarefas diferentes; pois, enquanto o Recém-Iniciado trabalha, geralmente, no aperfeiçoamento, e em particular no lapidar do próprio espírito, e procura conhecer a mais significativa quantidade de símbolos possível, além de buscar descortinar seus significados; tudo simultaneamente, e por isso, também é muito solicitado a se abstrair das mazelas do mundo e da vida, e procurar galgar os altos planos espirituais, principalmente da ética.

Em todo esse intrincado processo, cabe ainda ao Aprendiz sempre recordar que todo Homem 'não' é só matéria (carne+ossos), ou, 'não' é um simples animal sobrevivente, lotado num pequeno planeta situado em determinada trajetória, com centro numa estrela de grandeza não das maiores, e cujo conjunto está em uma das milhares de galáxias que compõem o Universo.

Além disso, o Aprendiz deve relembrar, interiorizando, que todo Homem é também composto de espírito, que é sem dúvida a parcela mais nobre de sua exemplarmente constituída natureza, e assim, deve bem cultivar esse aspecto.

Então, o Maçom Companheiro, sem esquecer nada do que foi exposto e mostrado, e continuando a bem trabalhar nesse sentido, deve retomar seus cuidados e atenção para a Humanidade, ou seja, para a natureza do próprio Homem.

Enquanto na condição de Aprendiz, depois de trabalhar exclusivamente concentrado na sua Elevação e aperfeiçoamento espiritual, ao Companheiro é solicitado que, sem jamais abandonar o trabalho que aprendeu, volte à materialidade.

Secretário_____

Significa que o Integrante deve reassentar os pés na terra, voltando-se tanto ao seu interesse, curiosidade e vontade de aprender / evoluir, quanto agora também aos aspectos importantes da Humanidade, das Ciências Humanas / Exatas, e das Belas Artes.

Isso se deve, principalmente, ao fato de que um ser humano completo não necessita desenvolver somente suas aptidões espirituais, o que, porventura, transformará aquele que optar por esse caminho num 'místico por excelência'.

Entretanto, efetivamente, em realidade o objetivo maçônico não é o misticismo nem tampouco a epifânia, seja por intermédio do caminho escolhido ou de sua metodologia, quando entendida como a busca por aparições ou manifestações divinas.

Quando referido à jornada e métodos, o real objetivo maçônico seria o desenvolvimento integral e harmonioso do Homem global e, consequentemente, de toda a Humanidade.

Por isso, o aperfeiçoamento do Homem não deve ser exclusivamente espiritual, mas antes, essa espiritualidade deve se integrar ao conjunto das capacidades humanas, até porque, tanto o espírito quanto a razão compõem as duas principais características do Homem, e assim, ambas devem ser desenvolvidas com integralidade e harmonia.

Na atualidade, onde impera o materialismo, deve ser imposto o desenvolvimento da espiritualidade do Homem, e abandonado o aspecto material / científico, que:

'Ontem constituiu, hoje constitui e amanhã constituirá', grande parte da Natureza Humana.

Depois de trabalhar constantemente como Aprendiz focado na espiritualidade, o trabalho dos Companheiros será orientado em mirar novamente nessa mesma diretriz, e complementada pelos aspectos mais evidentes e simples do Homem e do conhecimento.

No que se refere aos respectivos trabalhos em condições como:

Aprendiz = Prima pela descoberta do G∴A∴D∴U∴, de Sua influência na vida e no mundo, sob o Plano da Criação, e naquilo que faça se elevar acima das coisas terrenas evidentes; e

Companheiro = Regressar às coisas terrenas evidentes, assim o Maçom será um Homem completo;

e, por tudo isso, o trabalho do Companheiro vem contribuir para o reequilíbrio do Maçom.

Guarda (ou Cobridor)

Exemplificando o descrito, pode-se citar determinado texto do Cristianismo:

Conta-se que certa vez Cristo confirmou, sobre a 'moeda romana', e sendo perguntado dessa moeda, disse que: "Se devia dar a Deus o que é de Deus, e a César o que é de César";

assim, exclamou e chamou a atenção para a dicotomia, ou seja, a distinção lógica conceitual antagônica, entre material e espiritual.

Entretanto, apesar disso, o Maçom deve estar consciente sempre que, contrariamente, precisa se postar a Deus e a César, pois não lhe cabe desenvolver e aperfeiçoar somente seu aspecto espiritual, mas também sua Natureza racional / material, porque seu espírito científico / artístico deve igualmente merecer toda sua atenção e cuidado.

Jamais a Maçonaria visou tornar Homens bons em místicos, mas isso sim, visa transformar *'Homens bons em Homens ainda melhores'*, e, para tanto, deve sempre procurar atender integralmente ao Homem, desde seus conhecimentos até suas realizações.

O trabalho do Companheiro se constitui, essencialmente, num retorno ou regresso ao Homem, às Ciências e às Artes, sendo essa uma volta que nunca deve prescindir ou abandonar; contrariamente, traz de novo tudo que já obteve, aprendeu, viu e intuiu, ao longo de seu transcurso como Aprendiz, e por isso, não substituindo tal trajetória por uma nova, apenas acrescentando à mesma, outras novas exigências.

Em resumo simplista, o Aprendiz estuda o G∴A∴D∴U∴, enquanto o Companheiro prossegue esses estudos, voltando sua atenção para o Homem; pois o Aprendiz se concentrou no Criador, e o Companheiro precisa centrar-se na Criatura, e em suas características e realizações, espirituais e materiais, a saber: *Criador e criatura, Deus e Homem, desconhecido e comum, etc.*

VM (ou Venerabilíssimo Mestre)

Essa dualidade é essencial ao Maçom, pois só assim se torna verdadeiramente completo, porque, até a ave mais livre não pode voar sempre, também precisa regressar para a terra, pousar, e para isso, tem que conhecê-la e saber onde estar segura, quais os perigos que poderá ocorrer, como fazer tudo isso, onde se abrigar, e também onde criar seus filhotes.

Finalmente, em resumo, o importante trabalho do Companheiro seria de *'prover o próprio regresso ao estudo do Homem, de suas Ciências e Artes'*; mas, sem deixar de continuar a aperfeiçoar sua espiritualidade, porque somente assim se completa: *'Assim é que se deve fazer!'*

O VERDADEIRO APRENDIZADO DE MORAL NA MAÇONARIA

VM (ou Venerabilíssimo Mestre)

Sempre foi perfeitamente claro que, antes da admissão na Maçonaria, o profano deve ser submetido a rigoroso interrogatório por uma Comissão de Sindicância que a Loja deve nomear; e ainda, que sua Iniciação depende exclusivamente de aprovação, por votação dos Integrantes na Oficina, pelo democrático processo eleitoral do 'escrutínio secreto'.

Mas, bastará apenas 'um' só voto contrário para impedir a aprovação, e o Presidente ordenar a repetição do ato; e, se persistir o 'único' voto contrário, estará classificado como um 'verdadeiro veto' e o Candidato estará recusado; assim, de indagar:

O que se dirá se forem 'vários' votos contrários?

1º (ou Venerável 1º) Vigilante

Portanto, é absolutamente louvável o *'sistema de aprovação seletiva'* da Maçonaria, pois resguarda a inviolabilidade da origem de votos impeditivos, em explícita e consagrada homenagem à dignidade de caráter dos eleitores, e havendo nisso verdadeiro 'segredo funcional'.

Por isso, nenhum Integrante tem o direito de tentar descobrir de quem partiu o embargo, caso não seja espontaneamente revelado, porque a Moral do votante é a garantia de que agiu com honradez e espírito de justiça, pois:

Em Loja todos são iguais, e na votação prevalece a confiança inquestionável do procedimento, liberto de reservas mentais de quem quer que seja!

O Maçom deve sempre estar em perfeita harmonia com sua consciência, principalmente, ao prover um voto condenatório a quem se propôs participar da Fraternidade; porém, exercer um ato de mesquinha vingança é conduta degradante e indigna do Maçom; assim, caberiam as indagações:

Pode haver um caso desses na Maçonaria?;

Pode um Maçom por ódio, inimizade ou rivalidade, vetar o ingresso de desafeto na vida profana, por não desejar vê-lo numa Oficina onde todos são nivelados pelo sentimento de fraternidade?

Sobre isso, consta do Evangelho que Jesus ao ser censurado por aceitar que uma mulher de conduta transgressiva untasse seus pés com óleo perfumado, respondeu com a mansuetude que caracterizou toda sua vida:

"O médico deve estar entre os enfermos".

então, por analogia, um enfermo, ou o Candidato que deseja renascer para a Luz da Estrela Flamejante, e entre os votantes de sua aprovação haja um ou mais seus desafetos do mundo profano, e por isso os impeçam de ser recebido Maçom, deveria ser aplicada quase à imagem de Jesus:

"O enfermo deve estar entre os médicos";

mas, no caso, o enfermo não seria o Profano proposto, mas o Maçom que impediu seu ingresso.

2º (ou Venerável 2º) Vigilante

A esse respeito seguem relatos, sem citar nomes, datas, locais ou Lojas, de significativos e constrangedores fatos, de Profanos e seu interesse em pertencer à Sublime Ordem:

I) *Apresentada 'Proposta de Iniciação' com toda documentação abonada por Integrante; durante os trâmites e o Profano no aguardo foi ao apoiador, e preocupado, aflito, promoveu o diálogo:*

P (Profano): – *Por favor, diga-me se é possível 'desistir de tudo'?*
A (Apoiador): – *É possível, mas qual o motivo do arrependimento?*
P: – *Não diga nada, mas acabo de saber que Fulano, com quem rompi relações há uns dois anos, é também da Loja, e o que é pior, ocupa cargo de relevância.*
A: – *E que tem isso com seu ingresso?; Porque o mundo está repleto de inimigos.*
P: – *Não lhe sou bem quisto e é vingativo, e conta histórias enlameando meu nome. Você compreende, se tiver tempo de evitar agradeço, não daria condições ao ódio do cretino.*
A: – *Se não for indiscrição, qual o motivo desta inimizade?*
P: – *Um caso de atropelamento. Um dos filhos dele quase matou uma pessoa defronte minha casa. Fui arrolado como testemunha e contei a verdade. O rapaz foi condenado, e daí em diante, toda sua família passou a me odiar.*
A: – *Queriam que você depusesse a favor do atropelador?*
P: – *Justamente, achavam que se testemunhasse a favor, não seria condenado.*
A: – *E Fulano chegou a manifestar-se sobre isso?*
P: – *Pessoalmente a mim não, mas pessoas de nosso relacionamento disseram que concordava com a família; tanto é verdade que ocorreu resfriamento das nossas relações.*
A: – *Eram íntimas e cordiais antes do acidente?*
P: – *Se não íntimas, cordiais eram.*

Orador

então, o apoiador procurou tranquiliza-lo:

A: *– No seu caso não recuaria, aguardaria o 'veredictum' definitivo da Loja, não que Fulano, criterioso e excelente companheiro, vá se prevalecer disso para impedir sua recepção; entretanto, uma particularidade deve ficar sabendo desde já: Caso seja Iniciado não poderão, nenhum de vocês, manter a inimizade na Oficina como no mundo profano; na Ordem serão Irmãos, esquecendo agravos e vendo-se fraternalmente.*
P: *– Por mim estou de acordo, mas não sei se ele pensa assim.*
A: *– Fulano não pensa assim, age assim; é um grande Maçom, e sabe ser Maçom. E, antes da Iniciação, chegaram mais dois Neófitos, e transcorrida a Sessão e enaltecidos os três Recipiendários, houve a fraternização com delegações de outras Lojas, e contando com uma Oração do tal 'inimigo' daquele Candidato, que estava visivelmente sensibilizado pelo que via e sentia, num ambiente de cordialidade; e, desde o memorável dia, esquecido o passado, e a reconciliação de ambos foi exemplar na vida profana, harmonizada pela Fraternidade.*

II) *Além disso, conta-se outro episódio ocorrido num certo Estado Nordestino:*

Num Município do interior, um Chefe Político (dito Coronel) de passado terrível era perigoso, violento, poderoso pela política e riquesa, e acusado de várias mortes e surras aplicadas em desafetos. Então desejou pertencer à Ordem, aceito sem restrições, mas sob censuras, pois para muitos nem sequer imaginavam vê-lo como Candidato, quanto mais aceito e Iniciado.

Secretário

Ao ser recebido, houve a chance de aplicar-lhe proveitosa e providencial lição; nas Provas do Ritual teve que se mostrar humilde, prometer arrependimento do passado, e comportar-se, dali em diante, como verdadeiro Maçom. Ouviu preleções edificantes das Luzes da Loja, e, cabisbaixo, aceitou os Landmarks, as regras da Moral maçônica, o dever de ser criterioso, sensato, refletido e, de emendar-se nos estouvamentos, natureza violenta e velhos hábitos de agressão aos fracos; pois o Maçom não deve ser estabanado ou mal educado, mas justo e reto, impecável na sociedade, de bons-costumes dentro e fora de casa. Fascinado pelo ambiente e aceitando os conselhos, usando a palavra agradeceu a Deus pelo ingresso na Maçonaria e ser um Maçom digno, pois muito de que lhe imputavam, disse, era invenção do povo e inimigos. Durante o ágape, ao ser servida pólvora de vários tons, o Coronel confessou sentir-se como estar nascendo para uma nova encarnação, e fora verdade, porque tornou-se outro, e nunca mais foi inventado nada contra si, e seu procedimento social.

Como tais casos, existem outros constantes da história e anais das Lojas pelo mundo, bem como, registros a admitir que os *'processos de seleção e julgamento'* da Ordem estejam absolutamente certos e lógicos.

Assim, passa a ser um sério dever de cada Oficina, ao menos proporcionar oportunidade a Candidatos pré-julgados, até antecipadamente, devido a informações apressadas e levianas, e que, se observadas com cabível tolerância, não seriam empecilhos para sua aceitação.

Então, é de creditar que seria pelo trabalho efetivo, encontros da fraternidade, balanço operativo dos Irmãos, aplicação doutrinária e ensinamentos abrangentes, que a Maçonaria cumpre, integralmente, sua finalidade na sociedade humana.

Desbastar a Pedra Bruta só encontra analogia e significado no trabalho primitivo dos Pedreiros-Livres, quando na própria Oficina era buscada, e ainda busca-se, anular as arestas dos Integrantes, quais sejam, suas posições, cargos ou títulos, em Loja.

Guarda (ou Cobridor)

Retomando, se:

"O médico deve estar entre os enfermos",

o Homem para ser aconselhado sobre o melhor meio de lutar contra os males físicos, a Maçonaria poderá se tornar em suas Oficinas:

A grande nutriz da alma e aperfeiçoamento moral, e

O arcabouço de doutrinas filosóficas a iluminar os espíritos ainda impuros.

Assim, pode-se afirmar que se um Profano é impedido de adentrar e se aperfeiçoar, não está bem compreendida ou bem praticada a doutrina maçônica; e é preciso ver a Maçonaria também como a grande obra de assistência Moral, aos que trazem em sua respectiva alma as manchas maculadas dos defeitos adquiridos na vida profana, sem que haja possibilidade de regenerar-se.

Definitivamente, a Maçonaria 'não' é uma completa associação de perfeição, mas apenas uma organização de aperfeiçoamentos, buscando incessantemente aperfeiçoar os que estão fora ou dentro dos Templos, porque, independentemente de ser um Iniciado, todos são portadores de muitos defeitos, pois em absoluto: *"Ninguém é perfeito em nada!"*

A doutrina maçônica busca o aperfeiçoamento pela Moralidade, mas, se agora for um Iniciado, mas antes considerado como um Candidato de Moral ilibada, caberia a pergunta:

O que poderia a Maçonaria beneficiar esse ser exemplar?, e como resposta: Em mais nada!

porém, se adentrar a Loja um 'enfermo' necessitando assistência e cura, então a Ordem estará cumprindo sua 'sagrada missão', reduzindo os maus e recuperando-os para a seara do bem.

Não é raro ouvir censuras de Maçons e Profanos, com algum azedume, estranhando e até reprovando a presença de certos indivíduos na Maçonaria, com alegações de que não se adequariam ao perfil exigido pela Ordem, assim, não sendo compreensível ter sido aceitos na Instituição; contudo, o fato de um indivíduo ser visto dessa maneira, e ter adentrado a Maçonaria, não deveria causar tanto impacto, pois realmente o que seria passível de estranheza é a Ordem não conseguir transformá-lo num Homem de bem, um cidadão digno de louvores.

VM (ou Venerabilíssimo Mestre)

É incontestável que o trabalho da comunidade maçônica é o aperfeiçoamento Moral dos Integrantes, pois em Loja todos são iguais, e não permitidas reservas mentais, descrições ou recuos, no cumprimento do dever saneador, quando é preciso aplicar o Regulamento e Código Maçônico.

É falso e indesculpável que a Ordem nada tem a ver com a vida privada dos filiados, mas tem tudo, pois o Maçom que atenta à Moral por extravagâncias pratica atos comprometedores do nome e deslustra a família, não cumpre deveres e obrigações da vida profana; perdulário, leviano, tem vida desregrada, e não é bom marido ou pai, mas, mesmo assíduo em Reuniões da Loja, e contribua com auxílio financeiro aos amparados, não é digno de ser considerado Maçom.

Com efeito, é um 'enfermo' a ser curado de sua incurável moléstia Moral, então, que seja desligado, para que a Ordem não pague pelos pecados desse Integrante.

Finalmente, por infelicidade, a Maçonaria nem sempre pode triunfar sobre um Integrante desviado do caminho do bem, mas se esforça e luta sem cessar, como recomendam suas tradições, que têm a *'Instituição Maçônica como mestra e orientadora do bem!'*

OS PONTOS DE PERFEIÇÃO DO COMPANHEIRO

VM (ou Venerabilíssimo Mestre)

A referência aos *'Pontos de Perfeição'* do Companheiro Maçom, logo de início conduz a uma necessária e inteligente reflexão; assim, o Companheiro necessita bem refletir sobre seu efetivo papel, e que tem o importante dever de desempenhar, principalmente, por ser um eficiente Integrante da Instituição.

Além disso, faz-se necessário estudar o real significado da Cerimônia de Elevação ao Segundo (2º) Grau, da qual acabou de participar, desde o prestimoso desenvolvimento até sua significativa conclusão.

Por isso, os Integrantes da Maçonaria devem estar sempre perfeitamente conscientizados de que o verdadeiro amadurecimento do Maçom não necessita se dar apenas por:

1. *Transcurso dos respectivos 'interstícios' impostos pela Ordem;*

2. *Leitura dos pertinentes Rituais; ou*

3. *Apresentação de trabalhos, ditos do Grau, que muitas vezes são somente protocolares, não refletindo suas experiências e sentimentos individuais.*

1º (ou Venerável 1º) Vigilante

Infelizmente, muitas vezes esses trabalhos, que se destinam aos respectivos 'aumentos de salário', não raros são apresentados como simples 'cópias', quase integrais e exatas da existente e compilada literatura específica.

Isso ocorre sem a menor, ou quase nenhuma, necessária 'contribuição pessoal' daqueles que elaboraram os respectivos trabalhos, e geralmente, com o agravante de não ser indicada com fidelidade a bibliografia utilizada; porém, caso se preocupassem em prover essa sua 'contribuição', poderiam até conseguir algum prestígio frente aos seus demais pares.

Entretanto, definitivamente, sendo ainda certo que tais trabalhos assim executados em nada contribuem para a compreensão do Integrante a respeito dos valores que, da melhor e mais adequada maneira, foram transmitidos à exaustão aos Maçons, apesar do passar dos anos e de toda sua frequência em Loja.

Em realidade, na Sublime Ordem cada Componente deve:

1. *Receber sempre quantidade idêntica de informações;*

2. *Dedicar o mesmo respeito e atenção a todos os Membros mais antigos;*

3. *Estudar os mesmos Rituais; e*

4. *Por vezes, também aprender na mesma literatura de referência;*

entretanto, o devido tratamento interior e o nível de assimilação dessa imensa gama de informações sempre é absolutamente peculiar e única a cada indivíduo de *per si*.

Cada Integrante da Ordem, individualmente, é possuidor de maior ou menor interesse no que se refere a um determinado tema, tanto quanto a respeito de certo Grau, em estrita concordância com suas mais íntimas percepções particulares, mesmo que, até esse tempo, tenha conhecido somente o Grau de Aprendiz.

Essas condições impostas permitem concluir o significado de que:

Cada Integrante da Maçonaria deve trilhar seu próprio caminho, na operosa senda de sua evolução interior.

2º (ou Venerável 2º) Vigilante

No simbolismo maçônico, a Escada de Jacó também representa um dos 'instrumentos de ascensão' do Integrante na Ordem, ou seja, na 'escalada espiritual' que almeja a partir de seu respectivo progresso; assim, essa Escada é composta por degraus em número igual, exatamente, para todos os Membros da Instituição.

Mas, simbolicamente, esses degraus representam 'tamanhos e alturas diferentes' para cada Maçom, de acordo com a vontade e determinação relativas à sua evolução.

Porém, isso jamais deve ser confundido, necessariamente, com o fato de colar novos Graus segundo sua humildade para com o aprendizado, e consoante sua disposição em assimilar e aplicar o que a Maçonaria proporciona, individualmente, a cada um de seus Obreiros.

E, ao serem cumpridas todas as 'obrigações' que são instituídas pelo Grau de Aprendiz, o Integrante tem a oportunidade de vivenciar outra experiência única e inédita, ou seja, de poder participar da Elevação ao respectivo Grau subsequente de Companheiro Maçom, o Segundo (2º) na hierarquia da Maçonaria Simbólica.

Por se constituir no 'primeiro reconhecimento da evolução' do Iniciante, e no 'primeiro degrau' a ser alcançado por seu próprio esforço na Escada de Jacó, a Elevação deve se dar com o devido encorajamento ao ininterrupto e dedicado processo de aprimoramento espiritual, que resulta no seu efetivo progresso na Ordem Maçônica.

Então, o Integrante permitirá que, de maneira absolutamente cordata, se faça deitar sobre seus ombros todo o cabedal de responsabilidades características inerentes aos Companheiros Maçons dedicados, o que deve ocorrer ao reafirmar sua:

Condição de Obreiro útil, voltado à Instituição e fiel a todos os seus 'princípios formadores'.

Na nova Câmara de Segundo (2º) Grau, que ainda se refere ao mais íntimo de cada um, quando estará bem mais fortalecido por sua Elevação, novamente se postará diante das incertezas da vida, da violência, do ódio e do crime injustificado de que será acusado o Companheiro.

Orador

O que deve ocorrer por meio do conhecimento da Lenda do Terceiro (3º) Grau é envidar todos os seus esforços no sentido de minimizar, ou excluir em definitivo, as horrendas mazelas que torna a Humanidade empobrecida, entristecida, desanimada, maculada e muito sofrida.

Além disso, terá ainda a chance única de atuar, literalmente, como protagonista em sua exemplar Cerimônia de Elevação, onde, por alguns breves momentos, passa a ser um partícipe a representar uma espécie de 'reencarnação', como um semelhante aos dedicados Integrantes mais especialistas e graduados nas hostes da Ordem.

Isso é devido porque são considerados Companheiros, e não mais Aprendizes, que também auxiliaram na condução e execução dos exaustivos trabalhos de edificação do Templo de Salomão.

Evidentemente, deverá ocorrer por intermédio do simbolismo, que será apresentado intenso tanto na representação do seu 'reerguimento', quanto em reafirmar, sem nenhuma dúvida, toda sua vontade, inteligência, fraternidade e maturidade, agora pela simbologia dos dois (2) Graus conhecidos, de Aprendiz e de Companheiro.

Em última análise, no transcurso desse Cerimonial de Elevação há referências a:

1. *Conhecimento das 'ordens de arquitetura', por meio de suas Colunatas;*

2. *Vencer os obstáculos da construção, pela cronologia dessas 'ordens';*

3. *Combater a ignorância e o egoísmo; e*

4. *Tudo representado nas 'cinco viagens' percorridas.*

E ainda, todos esses verdadeiros 'desafios' são propostos ao novo Companheiro Maçom, que doravante trabalhará sem esmorecer e com muito empenho, na busca da verdade, exatidão e sinceridade, pelo aprofundamento de seus estudos, e, consequentemente, da compreensão de sua real posição e desempenho na Maçonaria e na sociedade.

Secretário

Assim, o primeiro passo a ser trilhado pelo Companheiro Maçom nesse seu novo caminho, com plena convicção, seria de tornar operacional sua 'busca da verdade', por intermédio do amor real e desinteressado.

E a auxiliá-lo no desenvolvimento dessas atividades, bem como no entendimento dos novos atributos, de vez que já pode ter sido consagrado no Grau de Companheiro, o Integrante tem a si franqueado o conhecimento dos respectivos sinais, palavras, toques, marcha e tempo de trabalho, complementares desse Grau.

Esses novos atributos constituem-se nos *'Pontos de Perfeição'* dos Companheiros, que somente são transmitidos àqueles que alcançaram sua Elevação; tanto a própria espiritualizada, quanto a que envolve o Cerimonial Maçônico do Segundo (2º) Grau do simbolismo; por isso, podendo até serem considerados como a 'Primeira Instrução' oferecida nesse novo Grau.

O significado de cada um desses 'Pontos' pode ser externado de maneira direta, e assim, a verdadeira importância de sua exata compreensão deve se dar menos no campo das letras, e muito mais na intenção do dever de serem entendidos com sinceridade, e por sua prática exaustiva.

Ao longo do tempo, a Maçonaria sempre contou com muitos Integrantes, com os mais diferentes níveis de compreensão a respeito dos verdadeiros e reais valores da vida, até porque, na Ordem, seus Componentes cultuam com liberdade integral as mais variadas religiões.

E nem por isso as exemplares mensagens exaradas pelos 'Pontos', em sua individualidade, deixa, principalmente, de ser transmitida, compreendida e assimilada, por todos aqueles que, em realidade, têm sempre seu intento voltado para o bem, assim buscando a verdade sem cessar, como já mencionado, por intermédio do amor real e desinteressado.

Ainda assim, certo é que cada qual terá plena liberdade, e interpretará esses ensinamentos com sua 'maneira peculiar e única', ao seu modo e da sua forma, mas sempre concordantes com seu próprio referencial; com a condição de serem atendidos todos os seus ditames filosóficos e religiosos, que são os exatos balizadores de sua existência.

Guarda (ou Cobridor)

Porém, não será por isso que as mensagens que cada um desses 'Pontos' venha a transmitir se tornem distorcidas, pois a verdade é que seu conteúdo intrínseco é um só, e se encerra em mensagens de teor único e inconfundível.

Se todos os Integrantes da Sublime Instituição cumprissem cada um desses 'Pontos', dificilmente existiriam, ou se tornariam remanescentes, mágoas, cisões, avenças e desavenças, as mais diversas, que no cotidiano ocorrem no interior ou além-muros da Ordem, além de serem, por vezes e lamentavelmente, protagonizadas pelos próprios Maçons.

Assim, todos devem ter plena consciência de que as lições são verdadeiramente simples, mas, como qualquer ensinamento, é muito importante que o destinatário das mesmas demonstre que deseja de fato aprendê-las, e não simplesmente só ouvi-las.

Enfim, a Elevação a Companheiro Maçom, quanto à sua espiritualidade, demonstra:

1. *O triunfo de saber construir na diversidade das 'ordens de arquitetura';*
2. *A imortalidade de tudo que é bom, justo e virtuoso; e*
3. *A prevalência do espírito sobre a matéria.*

Convém ainda mencionar a conceituação que contribuirá para embasar o posicionamento do Companheiro Maçom, e que principia pela real aplicação ininterrupta dos preceitos elencados anteriormente, significando, em verdade, que esses devem viver com eficácia, no âmago do integrante Elevado ao Segundo (2º) Grau do simbolismo da Maçonaria, em todos os momentos.

Além disso, devendo assim permanecer por seus gestos e conduta, como exemplo e demonstração de retidão, na memória de todos que privarem de seu convívio.

VM (ou Venerabilíssimo Mestre)

E, finalmente, cabe em complemento citar que esse trabalho incessante de aprimoramento e de exemplo encontra-se nos *'Pontos de Perfeição'* do Companheiro Maçom como sendo sua Pedra Fundamental; porque é a partir desses mesmos *'Pontos'*, dos primeiros ensinamentos transmitidos aos Companheiros, que a efetiva consciência dos novos Irmãos Elevados começa a ser formada.

RESUMO FILOSÓFICO DO GRAU DE COMPANHEIRO

VM (ou Venerabilíssimo Mestre) _____

É perfeitamente sabido que o Candidato à Instituição, ao se tornar um Iniciado, um Aprendiz, deixa o mundo profano para adentrar ao mundo maçônico, ou simbolicamente, deve abandonar as trevas da ignorância para vir receber a Luz puríssima da Ciência e virtude.

Se o Aprendiz bem cumpriu os postulados gerados dos ensinamentos recebidos, demonstrou aptidão em cumprir seus deveres e externou desejo em progredir na 'carreira maçônica'. Ele que será guiado pelos Mestres até onde estejam os Companheiros; e, alcançado o Segundo (2º) Grau, é instruído a usar os novos instrumentos de trabalho, material e simbólico, que auxiliam a escolher sobre o material, sua qualidade, natureza, forma e consistência, pois também cabe ao Companheiro auxiliar a dirigir, instruir e vigiar os Aprendizes, tornando-o eficiente colaborador dos Mestres.

Àquele que é Elevado à Segunda (2ª) Câmara, são comunicadas novas 'palavras, sinais, marcha e toque', justamente a que não mais se fará tão somente em 'linha reta'.

1º (ou Venerável 1º) Vigilante _____

O Avental do Companheiro deve estar com a 'abeta caída' e, desde a Iniciação, deve se portar um Integrante laborioso, diligente, progressista, estudioso e prático, partindo das Ciências que o levarão a exercer sua nova arte.

E, concluído seu trabalho manual como Aprendiz, passa da 'prática à teoria', pois está numa faixa 'mais elevada', e seus 'passos' até a perfeição já não são de temor ou vacilação, e seguro o caminho a percorrer, estando mais próximo o ponto a que se dirige.

Nessas circunstâncias tudo deve ser estímulo, ânimo e positivismo, pois desapareceram suas dúvidas, e a esperança descortina novos horizontes de realidade e beleza, porque possui a Ciência das coisas materiais, e está instruído na filosofia Moral das virtudes e altruísmo.

O Companheiro consciente de cumprir sua missão na sociedade passa a usufruir da satisfação de sua convicta razão e ditames da consciência, ambas na prática dos princípios morais, que são dotes que o tornam útil à sociedade a qual deve respeito, carinho e ajuda.

Partindo desses ensinamentos, caso o Maçom se compenetrar do papel que deve representar quanto a vida, preparação, adiantamento e disciplina, principalmente, sendo a última a dignificar em ser distinguido com a nobre denominação de Companheiro; então lhe é permitida outra nova e importante missão, qual seja, seguir sua 'marcha ascendente' pela Escada do Simbolismo, até onde suas possibilidades intelectuais o permitirem.

O Companheiro assim instruído faz uso simbólico da 'marcha', isto é, caminha:

Do Ocidente ao Oriente pelo Norte, do Oriente ao Sul, e do Sul retorna ao Ponto de Partida,

e cumprir os sagrados postulados de instruir o ignorante, ajudar o necessitado e socorrer o indigente; portanto, não haverá quem impeça esse nobre e abnegado trabalho, a desenvolver o Companheiro no limite de suas possibilidades, de ser útil aos semelhantes, pois:

Sua norma de conduta é a equidade; sua divisa, a razão; e a finalidade de seus atos, a justiça.

assim, todo o exposto se deve a que os ensinamentos do Grau detêm profunda filosofia Moral, nos conhecimentos que deve adquirir para lograr o aperfeiçoamento das ações, atos e obras.

2º (ou Venerável 2º) Vigilante

É possível depreender que o estudo maçônico se embasa na mais sã Moral, pois principia pela verdade, cujo conhecimento é o que dignifica e enaltece; então, a qualidade do Companheiro é sua confirmação como Aprendiz, por isso, nesse Grau o Maçom se insere mais no âmago da Ordem, compreendendo melhor as finalidades, e se concientiza corretamente dos deveres maçônicos.

Então, já aceito seu 'aumento de salário', o Aprendiz passa a entender, até por meio de simples relato, mas refletidas as marcantes atividades do novo Grau, que deve reconhecer a dedicação e ensinamentos dos Mestres, que objetivaram a Elevação ao alto estágio de maturação; e, consequentemente, a propiciar sempre atividades cada vez mais úteis aos semelhantes.

O elementar dever do Companheiro é ser 'modelo' aos Aprendizes, demonstrando seu engrandecimento espiritual e instrução maçônica, pela assiduidade e exatidão do mostrado em Loja, que depende da objetividade e valor de seu trabalho, e do trabalho dos demais Maçons da Oficina.

Noutras palavras, na Reunião da Loja completa é possível sentir a intensidade da vibração; como o calor propagado pela Egrégora reinante, demonstrando ser a Ordem a resultante do esforço coletivo e cooperativo dos Integrantes, indistintamente, agrupados em Lojas e que seguem as reciprocidades e afinidades de ideais, que conduzem à frente esse labor comum.

Portanto, cada Integrante deve dar o melhor de si, no sentido mais amplo da expressão, e de acordo com suas forças exercer a função que compete; o que denota, novamente, que as mais nobres atividades maçônicas são decorrentes do equilíbrio, que deve ser gerado em Loja pelos Integrantes dos 'três (3) Graus do simbolismo'; e embora cada um desses Graus represente uma Pedra em diferentes estágios de lapidação, essas Pedras tomam um lugar estável e cumprem sua finalidade na edificação, que naturalmente pertencem os Maçons, ou seja, o Templo.

Orador

E sabedores que os Integrantes se identificam com o Templo, porque a estabilidade desse prédio decorre das atividades serenas e construtivas dos Homens, que num ambiente de perfeita tolerância e cordialidade buscam com intenso esforço o caminho da virtude.

Isso significa que cada Integrante tem a si designada uma tarefa particular, ou seja, que de início consiste em desbastar a Pedra Bruta, adaptando-a à forma relacionada com seu destino; trata-se de um 'trabalho individualizado' do Integrante, segundo a própria visão particular e esforço, em que tem de se desenvolver e manifestar sua 'generalidade artística'.

Porém, a ressaltar que 'não' é indispensável ter inteligência brilhante para ser Maçom, mas a contribuição efetiva nas Reuniões, porque vale mais a presença silenciosa com verdadeiro espírito de fraternidade e cooperação, o desejo de progredir na compreensão das finalidades da Ordem, e se converter num bom Maçom; contudo, jamais deve ser desprezado, mesmo se comparado à outra intelectualidade bem dotada, pois nem sempre é sólida quanto a Moral e/ou filosofia.

Essa Pedra 'não' pode assumir a mesma condição de qualquer outra, que será utilizada na edificação do Templo Interior; portanto o Companheiro, que ao invés de se esforçar e brilhar diante dos demais por conhecimentos e intelectualidade, dirige os esforços na conversão interior em um Maçom exemplar, assistindo a todas as Reuniões e cooperando com vontade e desprendimento, e se tornando numa sólida Coluna tanto de sua Loja, quanto da Maçonaria; em suma:

A Maçonaria é uma Universidade onde os Graus são colados de forma material e espiritual;

entretanto, quanto mais significativa a formação espiritual do Maçom, maior será sua contribuição aos demais, lastreada pelos fundamentos maçônicos, os conhecimentos respaldados em liberdade, fraternidade e justiça, os magníficos pilares de sustentação do edifício social.

Quanto à 'marcha' do Companheiro, aos 'três (3) passos' da marcha de Aprendiz junta mais outros dois (2) passos, sendo que o primeiro será desalinhado à direita com o pé direito, e o segundo também desalinhado para a esquerda com o pé esquerdo.

Secretário

A 'marcha' deve ser executada pelo Companheiro ao adentrar, ritualisticamente, o Templo do Segundo (2º) Grau, e ao completar retorna ao eixo maior do Templo, o caminho dos Mestres; e o acréscimo à 'marcha' de Aprendiz representa, simbolicamente, a experiência praticada à direita, ou seja, do lado volitivo ou consciente; com mais outros dois (2) passos, por um se afasta da 'marcha' de Aprendiz, e com outro retorna recompondo o necessário equilíbrio, como a alcançar um diferente plano de manifestação partindo do mundo elementar tridimensional.

Quem entender esse pormenor apenas como simples formalidade, percebe que o induziriam a caminhar de um plano a outro, do físico ao astral, com o visível sendo análogo ao invisível.

Essa 'marcha' é uma alusão ao significado simbólico da quinta (5ª) viagem do Cerimonial de Elevação, e da peculiar liberdade característica do Grau, cuja conquista é consequência da fidelidade na prática da arte; e as cinco (5) viagens aludidas são recordadas nos: *'cinco (5) passos da marcha, cinco (5) golpes do toque e cinco (5) saudações da bateria'*.

A Estrela Flamígera, dos mais importantes emblemas maçônicos, tem origem no Pentalfa de Pitágoras, palavra derivada do grego *'penta' = cinco e 'alfa' = primeira letra do alfabeto ou o símbolo de um pequeno triângulo*; assim o Pentalfa é a união de cinco (5) triângulos que compõem a Estrela de cinco (5) pontas; e, se do centro da figura forem traçadas linhas até os vértices, resultam outros cinco (5) triângulos, que somados aos anteriores resultam dez (10).

Então, à vista do exposto cabe a indagação:

Qual o fenômeno que se apresentou no centro da Estrela? E a resposta: Outro Pentagrama;

eis por que os pitagóricos consideram a nova figura geométrica como emblema da perfeição e suprema sabedoria; os discípulos de Pitágoras, para completar o simbolismo do Pentalfa, alocaram nos triângulos as letras da palavra grega *'Treia'*, que atualmente foi substituída pela latina *'Sallus'*, ambas significando 'Saúde'.

Guarda (ou Cobridor)

Depois da era Pitágoras, os cristãos primitivos interpretavam a Estrela como *'emblema das cinco (5) chagas'* de Cristo, e também representava o corpo humano em toda sua perfeição.

Motivado pelo simbolismo da Estrela é que na Maçonaria simbólica a maioria dos móveis e utensílios de decoração tem forma triangular, e, conforme o Rito, de salientar os altares em número de sete (7) dos Vigilantes (2), Orador, Secretário, Tesoureiro, Chanceler e dos Juramentos.

E, se entendido que os 'órgãos da geração' devem estar alojados no núcleo da Estrela, ali se insere a Letra G, também de geração; além disso, a Estrela representa também o Homem com braços e pernas estendidos, e as cinco (5) pontas dessa Estrela, os cinco (5) sentidos e cinco (5) elementos naturais dos seres animados, a saber: matéria, espírito, alma, força e vida; e de indagar:

Por que a Letra G vem no centro da Estrela, e representa também a Geração? E a resposta: Como já dito, dentro do Pentalfa pode ser produzido mais um menor, então é gerada outra Estrela;

assim, deu-se o fenômeno genealógico.

Comprova-se que o triângulo do Aprendiz dita as bases do entendimento maçônico, por isso, deve-se receber os conhecimentos e condições desde esse triângulo, quando se formam novas e complicadas figuras geométricas; o que é visível em distintas formas na Natureza, porque sua ação se aplica de modo diferente, pois o meio de reprodução é variado, por vezes desconhecido da Ciência, mas tem mesma origem e igual finalidade, e assim se expressa: *A Natureza é Imortal!*

A verdade espiritual, ainda representada na Estrela Flamígera, se reflete no 'fogo sagrado', indicando que o reflexo de Deus está presente; e a imagem de Deus no Homem é uma expressão Dele mesmo, pois Deus é a Luz que transporta essa imagem, e se o Homem for capaz de receber a reflexão da Luz, será a 'parte consubstancial' e com Deus se identificará.

É pela constante observação, e pela continuada leitura, que haverá a possibilidade de se ter a 'revelação' dos misteriosos emblemas, símbolos e sinais; e, no futuro, com perseverança e zelo será possível conhecer aqueles que por ora não são permitidos de serem desvendados.

VM (ou Venerabilíssimo Mestre)

Então, os obstáculos e dificuldades nas diversas 'viagens' da Iniciação e Elevação anunciam que nada é conseguido sem esforço e tropeço; mas, tudo é superado se o Candidato ao Grau agir com denodo e dedicação, aproximando-se do 'ponto concêntrico' – o princípio da perfeição; e como foi dito, verá a Letra G, e afirmará que realmente nasceu pela 'segunda vez'.

Finalmente, o Companheiro estará apto a adentrar a Câmara-do-Meio, mas só quando tiver condições de participar do 'drama do arquiteto do Templo', e com tranquilidade, fervor e serena esperança, voltados à Entidade Suprema, alcançará então o desejado Grau de Mestre.

COMENTÁRIOS SOBRE ANTIGOS RITUAIS

VM (ou Venerabilíssimo Mestre)

Ao longo do tempo, muitos autores maçônicos têm coletado diversas versões de antigos Rituais, originados das mais diferentes fontes; e chegam até a receberem velhos Rituais surrados, que lhes são passados quando visitam outras Lojas, ao explicitarem sua pretensão de estudá-los, e depois informar o maior número possível de Maçons por meio das várias publicações existentes.

Ao comparar esses Rituais, é possível construir um razoável 'painel comparativo' dos elementos comuns constantes na maioria, considerando ainda que esses elementos fossem estatisticamente os com maior probabilidade de terem sobrevivido dessas antigas fontes.

1º (ou Venerável 1º) Vigilante

Devendo ficar claro que as Lojas escocesas sempre se mostraram reticentes, e sem muita vontade em alterar seus Rituais; resultando disso que, frequentemente, preservam o linguajar maçônico muito próximo do utilizado por James VI, Sir Robert Moray e Alexander Seton, porém, mais recente, os escoceses adotaram o *'sistema inglês com seus três (3) Graus'*.

No final do século XIX o historiador Waite, no livro intitulado *The secret traditions of freemasony*, diz que os Rituais Originais foram modificados, principalmente depois da indicação, em 1813, do Duque de Sussex como Primeiro Grão-Mestre da Grande Loja Unida da Inglaterra; e, para estudar os Rituais que tratavam dos 'mistérios ocultos' da Natureza e da Ciência, no início do século XVII, seria preciso pesquisar os Rituais mais antigos das Lojas escocesas.

O prof. David Stevenson estudou as 'antigas evidências' dos Rituais de Iniciação da Maçonaria escocesa, como por exemplo, seu comentário sobre uma 'palavra maçônica', que segue adaptado:

"Escassas referências à palavra ocorrem de 1630 em diante, e assim podemos discernir como estranhos percebiam os Maçons e seus rumorosos segredos. Pesquisando as referências, chega-se a uma revelação progressiva do conhecido no lado esotérico. E as referências em fontes não maçônicas, não são acompanhadas por similares nas Lojas, sugerindo que um pacto impunha que assuntos de Loja não fossem mencionados ..., mas era permitido intrigar os não Iniciados referindo-se à existência da palavra ... ."

Referida à Ordem, foi de vital importância a ligação dos Stuart com a Maçonaria escocesa, e dizem que Alexander Seton, primeiro Conde de Dunfermline, pertencia à Loja de Aberdeen, e em 1679 seu filho Charles Seton, segundo Conde de Dunfermline, foi um dos monarquistas escoceses que acompanharam o Rei Carlos II em fuga para a França, e que também o acompanhou em 1651 quando foi coroado Rei dos Escoceses, fora registrado como autoridade num Livro de Marcas daquela Loja, que é mantido no Masonic Hall de Aberdeen; tanto que os Estatutos dessa Loja de Aberdeen de 1670, seguindo adaptado, estabelecem:

2º (ou Venerável 2º) Vigilante

"Nós, Mestres Maçons e Aprendizes Admitidos abaixo assinados, fazemos votos e juramentos como já fizemos na admissão, quando recebemos o benefício da palavra ... , que suportaremos a honorável Loja em todas as ocasiões, exceto aos que possam dar uma desculpa legal de doença, ou estiverem fora da cidade."

Assim, a Loja de Aberdeen evidenciava por escrito a utilização de um Ritual durante o reinado de Carlos II, sendo essa a Loja à qual pertenciam todos os cortesãos do Rei em seu exílio, período muito representativo pelo 'excelente cuidado' com os Rituais; portanto, em Aberdeen caberia estudar uma forma de Ritual que haveria preservado os elementos da Ordem, e que motivara os fundadores da Real Sociedade.

Informando que, na cidade de Aberdeen, o Templo Maçônico é um magnífico edifício de granito que abriga a Loja de Aberdeen – Nº 1, da Grande Loja da Escócia, e outras nove (9) Lojas.

Ao comparar o Ritual de Aberdeen com outros, e observar o que é comum ao Segundo (2º) Grau, pode-se elaborar um texto com os 'princípios' do Companheiro, que poderia ser oferecido ao novo Integrante, pelo Maçom mais antigo da Loja, quando então ouviria (seguindo adaptado):

"Irmão, ao passar pela Cerimônia da Iniciação, permita-me congratular-me contigo por ter sido admitido na antiga e honorável 'sociedade antiga', não há dúvida que é, ... e honorável deve ser reconhecida, pois torna honoráveis os que são obedientes aos preceitos. ... nenhuma Instituição pode ostentar uma fundação mais sólida que onde repousa a Maçonaria – A prática das virtudes Morais e sociais. Para tão elevada eminência avançaram suas virtudes, que em todas as épocas monarcas têm sido promotores da Arte, e não hesitaram em patrocinar os mistérios, trocando durante determinado tempo, o 'cetro pela trolha', e participando das Assembleias."

Orador

"Como Maçom, recomendaria ... a sua mais séria contemplação, o volume da Lei Sagrada, é o nome que Maçons usam a identificar qualquer Escrito Sagrado aceito, que pode ser a Bíblia, Tora, Corão, Bagavad, Livro dos Mórmons, etc., alertando-o para considerá-lo como padrão de verdade e justiça, e a regular as ações pelos Divinos Preceitos contidos. Lá serás ensinado dos

deveres para com Deus, seu vizinho e contigo. Nunca mencionando o Nome, a Deus, mas com respeito e reverência, devido ao Criador, implorando-lhe ajuda nas iniciativas, e olhando para Ele nas emergências, para conforto e apoio. Para teu vizinho, agindo com ele no Esquadro, oferecendo-lhe a ajuda gentil que a justiça ou a misericórdia possam requerer, aliviando as suas necessidades e suavizando suas aflições e fazendo o que em circunstâncias similares gostarias que fizessem a ti. E contigo mesmo, pela prudente e regular aplicação da disciplina para preservar as faculdades corpóreas e mentais com energia, capacitando-te a exercer os talentos com os quais Deus te abençoou, para benefício das criaturas, e para Sua glória. Como cidadão do mundo, deve ser exemplar no cumprimento dos deveres civis, nunca te envolvendo em atos que subvertam a Paz e a boa ordem da sociedade, obedecendo as Leis de qualquer Estado em que residas ou te conceda sua proteção. Acima de tudo, nunca perdendo de vista a fidelidade devida à soberania da terra nativa, lembrando que a Natureza implantou a Ligação Sagrada e indissolúvel em relação ao país, onde nasceste e passaste pela nutrição infantil."

Secretário

Entretanto, esse longo trecho do Ritual, depois de explicar e discutir os 'princípios básicos' da Maçonaria, termina com uma exortação final, que segue adaptada:

"E, como recomendação final, deixa-me exortá-lo a que te dedique aos 'propósitos' que te tornem respeitável na vida, útil à Humanidade, e ornamento à sociedade na qual foste admitido. Mais especialmente, que te devotes ao estudo das Artes e Ciências Liberais, para que seja a bússola de tuas conquistas, e que, sem negligenciar os deveres ordinários de tua vida, sejas chamado a fazer avanços diários em teu conhecimento."

Todo Ritual, independentemente do Grau referido, incentiva a estudar e aprender, pois seus sentimentos ao contínuo aprendizado podem ter sido facilmente descritos pelo Bispo Spratt, como disse aos fundadores no livro *History of the Royal Society*, que também adaptado segue:

"Estudaram para fazer não um empreendimento de estação ou oportunidade, mas um negócio de tempo, de trabalho constante, ininterrupto e duradouro. Tentaram libertá-la do jugo, honra e paixões sectárias, para transformá-la em instrumento que a Humanidade obtivesse domínio das coisas, e não apenas dos julgamentos alheios; e, finalmente, estabeleceram reformas na filosofia, nem tanto com Leis Solenes ou Cerimônias de Ostentação, mas por saída prática."

No Grau de Companheiro há referência mais forte à Ciência, pois na Cerimônia de Abertura da Loja, dependendo do Rito adotado pela Oficina, o Venerabilíssimo ou Venerável Mestre diz:

"Irmãos, antes de abrir a Loja no Segundo (2º) Grau, supliquemos ao Grande Geômetra do Universo que os raios do céu possam espalhar sua influência benigna sobre nós, nos iluminar nos caminhos da Natureza e da Ciência."

para depois abrir a Loja, declarando seu propósito, qual seja:

"Para o aperfeiçoamento e instrução dos Companheiros de Ofício da Maçonaria."

Guarda (ou Cobridor)

Depois de instruído e testado nas 'maneiras secretas de identificação', o novo Companheiro recebe outra parte do encorajamento do Ritual; e segue adaptada uma dessas partes:

"No Grau anterior tivestes oportunidade de conhecer os princípios de Moral, verdade e virtude; agora tens permissão de estender pesquisas aos caminhos ocultos da Natureza e da Ciência."

No Cerimonial de Elevação, novamente dependendo do Rito da Oficina, antes do término há uma dissertação sobre estudo das Artes Liberais, que contribuem, sobremaneira, ao polimento e adorno da mente; e, dentre as Artes, recomenda a Ciência da Geometria, a base da Arte Real.

E como Companheiro deve assimilar o mostrado nas Reuniões do Grau, e esse privilégio aperfeiçoa sua intelectualidade e o qualifica como útil à sociedade, caso se esforce em pesquisar os caminhos da Natureza e da Ciência, e se tornar capaz de conhecer melhor seu Criador.

Entretanto, em tempos idos, para ascender do Primeiro (1º) ao Segundo (2º) Grau, era preciso aprender certas 'perguntas e respostas' antes de ser permitido seguir adiante, e que também eram esclarecedoras de dúvidas surgidas no período como Aprendiz, assim:

P *(Pergunta): Quando foi preparado para ser Maçom?*
R *(Resposta): Quando o 'Sol estava no meridiano'.*
P: *Se nesse país as Lojas reúnem-se e iniciam os Candidatos à noite, como reconciliar aquilo que à primeira vista parece um paradoxo?*
R: *O Sol estando no centro, a Terra girando no entorno e no seu eixo, e sendo a Ordem difundida pelo Mundo, segue-se que: 'O Sol está sempre no meridiano', ao referir-se à Maçonaria;*

e, sobre as Instruções ao novo Companheiro, conforme o Rito da Oficina, lhe é dito que:

"As Instruções do Grau são devotadas ao estudo da ciência humana, e a traçar a bondade e a majestade do Criador."

VM (ou Venerabilíssimo Mestre)

Pois, assim se confirma o 'principal objetivo' do Segundo (2º) Grau, que seria de:

'Promover o estudo da Ciência como meio de entender a mente de Deus';

e, à época, havia uma importante referência ao estudo da Ciência no 'terceiro (3º) Grau', pois antes de iniciar a Cerimônia de Exaltação era ministrado um sumário dos Graus anteriores, e referente ao Segundo (2º) Grau, afirmavam:

"No Segundo (2º) Grau devem contemplar as faculdades intelectuais, e traçá-las pelos caminhos da Natureza e a Ciência, até o trono de Deus; e os segredos da Natureza e os princípios da verdade intelectual são então revelados."

Na modernidade a Ordem pode ser excêntrica, vetusta e arcaica, mas os exemplares princípios ainda prevalecem; assim, poderia o antigo Ritual e os princípios inestimáveis ter sido as fontes inspiradoras para que *Sir* R. Moray fundasse a 'Real Sociedade'; e, esclarecendo que o desenvolvimento científico que fluiu dessa Sociedade beneficiou sobremaneira a Humanidade.

Finalmente, augurando explicitar apenas alguns dos 'objetivos e métodos' de ensinamento que a Maçonaria usa no aperfeiçoamento dos Integrantes, e que nada têm de secretos; e, em certa época, foram os motivadores da formação da 'Real Sociedade de Ciências' na Inglaterra.

CONCEITOS SOBRE A 'VERDADE'

PARTE I

VM (ou Venerabilíssimo Mestre) _____

I) O Que é a Verdade?

Ao indagarem Jesus sobre a verdade, se esperassem a resposta, talvez estivessem até agora em busca dessa verdade, que segundo a definição dos filósofos: *'Verdade é a relação ... entre conhecimento e coisas consideradas'*.

Certo é que a verdade 'não' é uma coisa, pois a materialidade como um computador ou esse trabalho 'não' são verdades, mas:
"Pensar ... que o computador existe ou que esse trabalho é ruim, isso sim, é pensar ... verdades.".

1º (ou Venerável 1º) Vigilante _____

Então, a verdade consiste em: *Julgar que as 'coisas são o que são na realidade'*; e o filósofo Aristóteles dizia que: *"Dizer que é o que é, e que não é o que não é, eis a verdade."*; e, definir ainda verdade como: *'A relação de conformidade entre o que o espírito julga, e o que de fato é.'*

II) Verdade Lógica e a Ontológica

A verdade supõe três (3) aspectos intrínsecos:
1) *O objeto que se apresenta à inteligência;*
2) *A inteligência que julga; e*
3) *A relação de conformidade entre o juízo e o objeto.*

pois, àqueles que veem as coisas, o juízo é verdadeiro só enquanto se conforma com os objetos; mas, para Deus, Criador de tudo que existe, são os objetos que se conformam com as ideias, segundo as quais todas as coisas foram criadas; tanto que afirma o estudioso Bossuet:

'Vê-se as coisas porque existem';

mas, para Deus: *'As coisas existem porque Ele as criou, e as vê!'*
dessa maneira, há 'duas espécies' de verdades:

1. Verdade lógica = *verdade dos conhecimentos, a conformidade da inteligência com objeto, e*

2. Verdade ontológica = *verdade das coisas, a conformidade com a Inteligência Divina*;

e concluir que:

'Tudo o que existe é ontologicamente verdadeiro';

pois Deus, criando os seres como Ele, os vê e quer, e que:

'Não há coisa alguma que não seja perfeitamente como Sua Ideia';

e ainda, se a ontológica pertence à metafísica, a lógica está próxima das pessoas, dos Homens.

2º (ou Venerável 2º) Vigilante

III) Verdade Lógica

Assim, a verdade do conhecimento ou lógica é *'a conformidade da inteligência com o que é, ou seja, com o objeto'*; e todo ato que a inteligência se conforma com o objeto será, por isso mesmo, cada um a seu modo, susceptível de 'verdade lógica'; e todo conhecimento intelectual está fundamentado nas intuições infalíveis da consciência; então, naturalmente, a inteligência tende para a verdade, mas, sendo imperfeita nem sempre a atinge, e quando o faz é quase sempre de modo imperfeito; daí existirem diversos estados da inteligência em relação à verdade, a saber, a:

1) Verdade está para a inteligência como se 'não' existisse = Estado de ignorância;

2) Verdade pode entrever-se como simplesmente possível = Estado de dúvida;

3) Verdade se atinge como provável = A inteligência está em Estado de opinião;

4) Verdade se atinge com plena evidência = Estado de certeza;

5) Verdade é desconhecida (negada ou afirmada), diferente do que é = Estado de erro.

Então, ontologicamente, só há coisas verdadeiras; mas, a verdade aparece quase claramente; eis a razão porque o mesmo objeto, que para um é duvidoso, pode parecer certo a outro mais dotado em inteligência; então, conviria por conta disso salientar que o pensador Descartes afirma que:

"A dúvida foi transformada num método de conhecimento".

Orador

E é claro que para a 'inteligência perfeita' que é Deus: *'Toda Verdade é Evidente'*, e nesse caso, perdem o sentido os termos 'duvidoso e provável'.

IV) Probabilidades Matemáticas e Morais da Verdade

A probabilidade matemática consiste em:

Dados casos possíveis de mesma natureza, em número determinado, seu grau de probabilidade pode ser expresso numa fração, que tenha como denominador o número de casos possíveis, e numerador o de casos favoráveis; como por exemplo: Um copo contém 10 bolas, 8 pretas e 2 brancas; a 'probabilidade' de tirar bola branca é de 2/10; e é sabido que a rigorosa probabilidade não garante haver erro, só fixa a média, que é mais exata quanto maior o número de casos.

e, de concluir, por exemplo, que pesquisas de opinião avaliando as 'probabilidades' de candidatos políticos no Brasil, com população de cerca de 190 milhões, sendo a amostragem de apenas 2.000 pessoas, podem não ser totalmente verídicas e ter margem de erro muito superior aos mais ou menos 2% afirmados pelos órgãos de pesquisa.

A probabilidade Moral não permite avaliações matemáticas, pois as 'probabilidades' não são conhecidas ou de mesma natureza; ocorre com eventualidades dependentes do livre-arbítrio.

Secretário

V) Três Espécies de Verdade: Metafísica – Física – e Moral

1) Verdade metafísica: *Não é passível ser contradita; exemplo: O todo é maior que as partes (4=2+2); por serem verdades apreendidas pela razão, a evidência e certeza de que procedem, chamam-se racionais ou metafísicas; certeza metafísica supõe a impossibilidade da dúvida; na verdade metafísica, o espírito sabe que a 'contraditória é absurda'.*

2) Verdade física: *É contingente, 'predicado' combina com 'sujeito': Sol ilumina, leão rosna, etc.; a verdade é apreendida pela experiência, e por evidência e certeza são verdades físicas.*

3) Verdades Morais: *Independe de Lei física ou metafísica, depende da Lei psicológica e Moral, de Lei da natureza humana: Homem tende à felicidade, pois é feito para verdade e dever.*

e, sendo a definição de verdade complexa, cada filósofo a mostra diferentemente, pois a verdade dos conhecimentos é a base da filosofia, e a verdade Moral da vida social.

VI) Quatro (4) Nobres Verdades

O mundo é repleto de sofrimentos: nascimento, velhice, doença e morte, e ainda ódio ou separar-se de ente querido, pois a vida não está livre de desejos e paixões, pois vem sempre envolta em angústia; em última análise, eis a denominada verdade do sofrimento; e a causa do sofrimento está nos desejos do corpo físico e ilusões das paixões mundanas, enraizados nos instintos; e se forte o desejo se manifesta em tudo, mesmo na morte; eis a chamada 'verdade da causa do sofrimento'; e se o desejo, componente da raiz da paixão, for removido, morrerá a paixão e desaparecerá o sofrimento; eis a denominada 'verdade da extinção do sofrimento'.

Guarda (ou Cobridor)

Para atingir a tranquilidade, não havendo desejo nem sofrimento, deve-se disciplinar a mente para desenvolver corretamente a percepção, pensamento, comportamento, meio-de-vida, esforço, atenção e concentração; é a 'verdade para extinção de desejos e paixões'.

Os que buscam a iluminação devem entender as 'quatro (4) nobres verdades', e quem não as entender e praticar, continuará seu ciclo de vidas pela eternidade.

VII) Busca da Verdade

Quando desejos assolam o mundo, não importa saber a composição do Universo ou qual a organização ideal da comunidade humana; importante é saber solucionar os: nascimento, velhice, doença e morte; mas, quem busca a verdade, não deve esperar tarefa fácil, pois antes deve ter em mente a natureza básica do mundo, onde reinam vida, sofrimento e morte; e, adaptado, ao indagar:

A Vida para que serve, se o Homem não faz bom uso de seus múltiplos renascimentos?; A resposta está na mensagem do Mestre, quando Krishna disse a Arjuna: "O Conhecimento da verdade é dado àquele que domina o Eu Pessoal e as impressões dos sentidos; quem atingiu esse conhecimento e essa sabedoria, entra na Paz Suprema, no Nirvana."

VM (ou Venerabilíssimo Mestre)

Como ensinaram os magníficos pensadores Buda, Confúcio e Zaratustra:

'O Amor é a via primordial para a iluminação.'; pois: O Amor é o alfa e o ômega da vida = O Homem nasce com alfa, e ômega só é alcançado pelo trabalho árduo e constante, no aperfeiçoamento espiritual.

Finalmente, para o Maçom a 'busca da verdade' deve ser constante como algo que principia na Iniciação, mas jamais termina, mesmo atingindo os mais altos Graus; e por seus símbolos e alegorias a Maçonaria ensina que:

'A Verdade é Atributo da Divindade';

e que só pelo burilamento do caráter, estudo, meditação e uso da razão e Moral, é alcançada a iluminação, e aproximação da 'grande verdade', ou o Grande Arquiteto do Universo, G∴A∴D∴U∴!

PARTE II

VM (ou Venerabilíssimo Mestre)

VIII) Introdução

Geralmente é difundida a afirmação de ser de conhecimento pleno, que os admiradores das teses bíblicas praticamente não se curvam às evidências, e que autores da Bíblia foram apaixonados pelas valorizações pessoais.

Assim, à posição individual, como exemplo simples, recomenda-se a releitura das 'quatro (4) versões' componentes da Bíblia sobre a História de Jó; estudar, comparar e tirar conclusões.

1º (ou Venerável 1º) Vigilante

E, explicita o autor e estudioso Am∴Ir∴ Florisvaldo Campos Xavier, pseudônimo Reivax, atual Grande Patriarca Regente do Excelso Conselho da Maçonaria Adonhiramita, no livro *Conquiste o mundo superando o medo*, se poderia discutir parte do texto bíblico referente à uma das versões da História de Jó, assim, como exemplo, consta adaptado que:

> *"Diferentes sábios têm opiniões divergentes quanto à idade do aparecimento de Jó; então, cabe a indagação: Com quem está a verdade? Assim, será que no Livro escrito por Inspiração Divina, a Bíblia, como querem muitos: Há margem para tantas dúvidas e divergências tão acentuadas? E em continuidade, poder-se-ia ainda arguir: Por que será que diferentes sábios expressaram opiniões divergentes quanto a idade do aparecimento de Jó? Isso não parece muito estranho?"*

e, sabedor da existência de outras versões da História de Jó, escolher uma e seguir citando-a:

Versão protestante: *"... Jó – o problema do sofrimento do justo (e consequentemente da Justiça Divina), e do comportamento do justo no ... sofrimento do injusto, aparece em todas as religiões e ... escolas filosóficas, porém, sem ser resolvido de forma satisfatória. A solução proposta no Livro de Jó pode satisfazer só aqueles que aceitam o pré-julgamento da fé, isto é, o crente.";*

e, referenciando o primeiro período do parágrafo acima, viria a pergunta:

Deus bom e justo, por que faria um dos mais seus justos e fiéis seguidores sofrer injustamente?

2º (ou Venerável 2º) Vigilante

IX) 'Teoria' do Autor

Com base em teorias como exposto, o autor elaborou sua 'tese de haver cinco (5) verdades':

1ª Verdade = A própria; 2ª Verdade = A sua; 3ª Verdade = A nossa; 4ª Verdade = A dos outros; e 5ª Verdade = A Divina;

que certamente os mortais não alcançarão, entretanto, é óbvio que o autor sabe que poderá ser contestado por muitos pensadores, que de imediato poderão alegar:

A 'inexistência' de mais de uma verdade, já que a verdade 'não' deve ter similar;

mas, textualmente, diz que nada disso em realidade o preocupa, pois cada profeta teve sua própria verdade, e nem assim deixou de ser considerado extremamente verdadeiro, por muitos; e de aperceber que, mesmo divergindo nas próprias verdades, cada profeta acreditava com total convicção, e em consequência, caminhavam para obtenção de resultados positivos; portanto, e se assim é, nada impede que o autor também cultive a própria verdade, ainda que possa ser contestada com muita veemência; então, segue explicitada sua 'teoria das cinco (5) verdades':

> *1ª) A própria verdade: Que se afirma negativa ou positivamente, e enquanto não houver qualquer convencimento do contrário, será de inestimável valor para quem a propõe.*
> *2ª) A sua verdade: Que você afirma ou nega, estando de acordo com sua consciência, e, sendo sempre para você mais importante, até, se for o caso, ser provado o contrário.*
> *3ª) A nossa verdade: Produto consciente das discussões e análises da minha e da sua verdade; e, esse produto, quase final, constitui a 'síntese hegeliana'.*
> *4ª) A verdade dos outros: Que os outros afirmam ou negam, e, não participando da discussão da nossa verdade, e vive-versa, certo é que pensam, negam ou afirmam.*
> *5ª) A verdade Superior – Divina: Como se concebe, é a verdade incontestável para a maioria, pois ainda não acessa os espíritos transcendentais, que disseminam a legítima verdade; e ao terem, se terão, e se auspicia que tudo seja diferente.*

Orador

Há quem afirme que os profetas foram profundos conhecedores da verdade Divina e absoluta, mas, particularmente, o autor demonstra dúvidas, e consubstancia seu crédito na certeza de que cada profeta divergia dos demais, ao menos, em alguma coisa; desse modo, essas divergências poderiam indicar que suas verdades não constituíam a legítima e sublime Inspiração Divina de um Deus único, e caso contrário, deveriam ser bem sintonizadas; mas, no caso particular, caberia indagar: *Se essas verdades merecem crédito absoluto?*; pois, caso tenham credibilidade incontestável, a existência do Deus único pode não corresponder à realidade; isso porque: *Um Deus único, justo, onisciente, perfeito e imutável, deveria deter uma única verdade!*

Assim, Seus ministros não teriam conceitos diferentes das mesmas coisas, caso contrário, o Supremo não seria onisciente, perfeito e imutável; pois a despeito das 'cinco (5) verdades' do autor, com propósito exclusivo de melhoria da capacidade dos leitores, a 'imutabilidade' da verdade é essencial à comprovação do seu valor absoluto; e possível depreender que: *A verdade absoluta do Deus onisciente é a mesma em qualquer lugar, seja quem for que a constate e divulgue.*

Mas, ainda afirmar que a verdade para cada um dos mortais seres humanos será sempre diferente, pois, no mundo em que vive, com cerca de seis (6) bilhões de habitantes, seria impossível discutir todas as verdades particulares ao mesmo tempo; entretanto, se fosse possível, poder-se-ia tirar uma conclusão definitiva, ou elaborar uma síntese válida, mas, reiterando não ser possível, os Homens mantêm a esperança de que tudo mude, e a verdade absoluta não mais seja divergente.

As divergências ocorrem porque o Homem detém concepções, hábitos, costumes, idiomas, políticas e religiões diferentes, sem jamais terem sido sintonizadas as orientações Divinas.

Secretário

Para isso ser plenamente consciente, poder-se-ia afirmar que, se as verdades dos profetas continham divergências e falhas, 'não' eram verdades absolutas, pois se os profetas foram enviados por um Deus único e onisciente, como se acredita, deveriam professar, em absoluto, as mesmas coisas, pois: *A sapiência Divina é ilimitada, e por consequência, imutável!*; e o escritor, por essas divergências, diz crer que há alguém enganando, pois no Egito ouviu alguns seguidores de Maomé dizerem que o profeta veio aperfeiçoar a obra de Cristo, e essa tese é defendida por muitos.

E o autor novamente aproveita para repetir a indagação: *Como pode isso ser possível?* Ora, sendo Deus único e onisciente, e Jesus Seu filho, afirmar que o Cristo não proveria uma obra que necessitasse ser aperfeiçoada por outro enviado do mesmo Deus, caso contrário, como afirmado, o projeto não seria perfeito, pois é inconcebível que: *O Deus perfeito produza uma obra imperfeita.*

O autor É. Schuré em *Os Grandes Iniciados** (mais de 110 edições), afirma que Rama, Krishna, Hermes, Orfeu, Moisés, Pitágoras, Platão e Jesus são *'portadores de mensagens ligeiramente diferentes'*; e, além disso, outras tantas importantes literaturas convergem nesse sentido, e cientes que todos esses magníficos personagens são estraordinárias figuras não só míticas como místicas, e que, indubitavelmente, dispensam quaisquer outros comentários.

Ainda assim, sugere o autor que, se tivessem *'vivido na mesma época, sentados na mesma mesa, discutido suas diferentes verdades, e tirado novas conclusões'*, certamente a verdade que se gostaria de conhecer seria outra, e lógico que as pequenas divergências místicas não existiriam.

---

* N.E.: Obra publicada no Brasil pela Madras Editora.

Guarda (ou Cobridor) _____

Por isso é que o autor insiste que:

A verdade absoluta 'não tem dono nem endereço certo',

porém, exatamente pelo mesmo motivo, é que entende não custar persegui-la, afinal, não se é tão pouco iluminado, que não se possa guiar os próprios passos, apesar de haver, verdadeiramente, plena consciência de que se é muito limitado, mas, deve-se utilizar um pouco da Luz que Deus nos confiou, para que, eternamente, não se viva trôpego às escuras.

Dessa maneira, um químico, físico, médico, botânico, engenheiro, artista, astronauta, etc., em princípio: *Não devem ter a mesma concepção dos assuntos teológicos que um Bispo Católico ou um Pastor Anglicano*; todavia, esses últimos não deveriam ter concepções tão diferentes a respeito de um mesmo tema religioso, a menos que seus interesses, gerais ou particulares, os fizessem divergir sobre os fundamentos filosóficos da Teoria Divina.

Entre Bispos e Pastores, supostamente, verdadeiros e esmerados cientistas das Ciências Divinas, eventuais divergências por más traduções das mensagens sagradas não devem constituir justificativas para tanto, porém, para os demais, sim, pois: *Têm o direito de errar na interpretação do muito que foi distorcido nessas traduções, ao longo do tempo, a respeito da Teologia*; porque, cientistas religiosos não são detentores da descrição de todos os fatos corretamente.

Entretanto, como estudiosos e cientistas, têm o dever de conhecer, ao menos, um pouco da verdade, desde que se julgam tão conhecedores dos 'temas teológicos'; e além disso, a falta desse conhecimento pleno levaria os leigos a absurdos, mas que seriam tolerados por seu grau de ignorância, elevado nível de erros e possíveis interpretações viciadas dos tradudores, mesmo tendo sido traiçoeiras ou não, e/ou, voluntárias ou não.

VM (ou Venerabilíssimo Mestre) _____

X) Busca da Verdade

Finalmente, plagiando a Instrução anterior [Conceitos sobre a Verdade (Parte I)], afirmar que:

Para o Maçom a busca da verdade deve ser constante, como algo que principia na Iniciação mas que jamais termina, ainda que tenha atingido os mais altos Graus;

e além disso, por seus símbolos e alegorias, a Maçonaria ensina que:

"A verdade é um atributo da Divindade";

e ainda que, só pelo burilamento do caráter, estudo, meditação, razão e Moral, o Maçom alcança a iluminação e se aproxima da 'grande verdade', o Grande Arquiteto do Universo – G∴A∴D∴U∴!

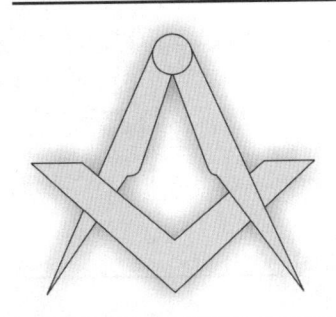

III – Instruções com Teor Prático

HISTÓRIA DOS COMPANHEIROS (PARTE I)

VM (ou Venerabilíssimo Mestre) _____

I) Preâmbulo

De imediato, há necessidade de citação importante que consta do antigo Manuscrito Harleiano de 1600 (ou 1650), onde é informado que:

> "Nenhuma pessoa, de qualquer classe social, será aceita como Maçom, se a Loja em que se apresente não estiver composta por pelo menos cinco (5) Integrantes, dos quais: 'um deve ser Mestre ou Vigilante de área ou divisão, na Loja estabelecida, e outro deve ser da família da Maçonaria Livre."

e, além disso, também não será aceito a conhecer os segredos da Instituição, até que solenemente venha a prestar seu 'juramento', que dentre várias outras redações, segue uma adaptada:

> "Em presença de Deus todo-poderoso, Companheiros e Irmãos, declaro que não publicarei, revelarei ou darei conhecer, direta ou indiretamente, em quaisquer circunstâncias, os segredos ou acordos da fraternidade a mim confiados, ao qual peço auxílio de Deus e do Santo Livro."

1º (ou Venerável 1º) Vigilante _____

II) Introdução

Apesar dos sábios buscarem transmitir a história dos Maçons desde a antiguidade, será tentado aqui expor um pouco mais, mesmo que de maneira breve, sobre sua ética, organização, leis, símbolos e trabalhos das Lojas; e essa tarefa se caracterizará em ser, por vezes, fácil e ao mesmo tempo difícil, pela não existência expressiva de literatura a respeito.

E, sobretudo, porque mesmo podendo parecer natural que, devido ao caráter secreto da Instituição, não tenha sido registrada por escrito a história de muitos atos importantes e significativos, praticados ou com participação da Ordem.

Assim, certamente muito foi perdido, mas sempre existe a salutar pretensão de que, até para os não pertencentes à Ordem, que seja esclarecida a noção definida dos princípios e práticas da antiga Maçonaria, da qual descende a atual, e essa breve exposição servirá, ao menos, para demonstrar o que a Ordem tem ensinado desde a antiguidade, ou seja, moral, benevolência e verdade, de maneira inusitada e única, por seu caráter nobre, espírito benigno e influência.

III) Conceituação Ética

Inicialmente, será tentada exposição sobre a conceituação ética que norteia a Ordem, e para tanto, seria suficiente a leitura atenta das antigas Constituições da Instituição, onde se juntam as elevadas verdades e a legislação da arte, para encontrar a base Moral da Maçonaria Universal.

Esses antigos documentos, componentes do Ritual mais antigo da Ordem, eram recitados a todos os Iniciados, principalmente Aprendizes, relatando as inscrições, leis e ética da arte, insistindo na sua antiguidade e nos serviços prestados à Humanidade, que se constituem nas verdadeiras características da Maçonaria, pois:

'Não há outra Ordem que proclame como sua, essa legendária e tradicional história'.

2º (ou Venerável 2º) Vigilante

Por meio de livros e pesquisas já se conhece o valor histórico desses antigos documentos, restando examinar minusciosamente o Código Moral, ministrado aos Integrantes da época, e, esses Iniciantes, por terem *'jurado lealdade e guarda de segredo'*, eram instruídos sobre os deveres do Aprendiz e sua conduta como Homens.

Mas, nesse antigo Código Moral sobrava simplicidade onde faltava sutileza, podendo ser resumido nas palavras do profeta, de que os Maçons deveriam:

"Realizar com justiça, amar a compaixão e andar humildemente ante Deus";

em plena concordância com a eterna Lei Moral que deve ser fundamentada na fé, colocada à prova pelo tempo e validada por Homens de todas as épocas, crenças e condições.

IV) Guia dos Companheiros

Do antigo Manuscrito Regius constam quinze (15) regras ou pontos, tidas como guia aos Companheiros, e outros tantos para os Mestres Maçons (a); que depois foram reduzidas a nove (9), e mesmo 'não' sendo a síntese do Código original, se constituiu numa nova elaboração deste.

[(a) *Quanto a 'nomenclatura' dos Graus do simbolismo, historiadores afirmam que a 'atual é errônea', pois a antiga Ordem iniciava pelo Aprendiz, seguido de Mestre e depois de Companheiro, pois o magistério 'não' era Grau conferido, mas recompensa pela habilidade como trabalhador e mérito como Homem.*

Sem dúvida, se há confusão atual, é devida a que nas 'guildas alemãs' os Companheiros serviam por dois (2) anos como diaristas, antes de se tornarem Mestres, mas tal restrição não era afeta à Inglaterra, onde, ao contrário, não eram os Companheiros, mas os Aprendizes que deveriam preparar sua denominada 'obra-mestra'.

E, se tal obra fosse aceita, concedia o direito da Exaltação a Mestre Maçom; entretanto, ao receber o magistério já podiam pleitear tornarem-se Companheiros, ou os intitulados Companheiros da Fraternidade, servidores até esse momento; então, desse modo deve haver distinção entre o Mestre e o Mestre de Obras, o Venerável Mestre da atualidade.

Orador

Entre o Mestre e o Mestre de Obras havia uma diferença acidental, pois eram Mestres e Companheiros, e ambos podiam chegar a Mestre de Obras, bastando demonstrar inteligência em Loja, ou por sorte, ser escolhido pelo empregador, fatos que ocorriam isolados ou em conjunto.

À época também surgiram os Manuscritos de Robert e Watson, registrando as necessárias conceituações dedicadas aos Aprendizes, apesar de esses conceitos já estarem em uso muito tempo antes, e contendo igual número de regras que os anteriores.

V) Aos Aprendizes

Se invertida a sequência de apresentação, e caso seja estudado o cargo de Aprendiz, o acima explicitado se torna claro; então, conhece-se o necessário para admissão na Ordem, ou seja, que:

Ninguém era feito Maçom senão por sua absoluta livre vontade;
quando, então, era exigido desse Candidato ser homem-livre, ter idade legal, pertencer a família honrada, ter corpo saudável, agir por bons costumes e gozar boa reputação.

E por um solene juramento se comprometia a servir pelo período de sete (7) anos, como sendo seu necessário período-de-prova, sob declarada e absoluta obediência, pois as antigas Lojas caracterizavam-se por serem verdadeiras escolas, onde era estudada a Arte-da-construção e seu simbolismo, além das Sete (7) Ciências.

Secretário

Ao Aprendiz, que no início era apenas um servidor, executava trabalho menor, mais baixo, menos nobre, e seu período-de-prova servia tanto para atestar seu caráter, quanto para sua educação no trabalho; em contrapartida, deviam ser dignos de confiança e muito trabalhadores, principalmente, quando 'aumentavam seu salário'; mas jamais violando as regras de conduta.

Dessa maneira, a austeridade de sua disciplina pode ser observada pelas regras que seguem, e que seriam estritamente observadas pelos Aprendizes:

1. *Professar a crença em Deus;*
2. *Fazer voto de honra à Igreja, ao Estado e ao Mestre para quem trabalhava;*
3. *Compromisso de não se ausentar do serviço, a menos de licença prévia;*
4. *Ser honrado, verdadeiro e justo;*
5. *Ser fiel em guardar segredos e confidências do Mestre ou qualquer Maçom;*
6. *Ser casto e, sobretudo, jamais cometer adultério;*
7. *Não casar ou comprometer-se com mulher, durante sua aprendizagem;*
8. *Obedecer ao Mestre sem discutir ou murmurar;*
9. *Respeitar, ser cortês, evitar diálogos fortes, escândalos e disputas;*
10. *Não frequentar tabernas ou cervejarias, exceto por recomendação;*
11. *Não jogar cartas, dados e jogos proibidos, exceto no Natal;*
12. *Não roubar, consentir roubo ou amparar ladrão, comunicando ao Mestre.*

Ao final de sete (7) anos (período-de-prova), o Aprendiz apresentava sua 'obra-mestra' à Loja, ou em outra época à Assembleia Anual (b), que era então examinada pelo Mestre, e se a 'qualificasse e aprovasse', declarava esse fato aos Irmãos da Oficina.

[(b) *Consta dos antigos Manuscritos que as Iniciações eram realizadas, em geral, nas Assembleias Anuais ou Corpos Constituídos, semelhantes às atuais Grandes Lojas, presididas por um Presidente ou Grande Mestre; democraticamente governadas como a Ordem, e propunham-se receber Aprendizes, examinar candidatos a Mestre, administrar disputas e regular a Arte, além de acolher Reuniões para celebrar festivais; depois as Assembleias Gerais decaíram e as Iniciações voltaram a ser realizadas nas Lojas.*]

Guarda (ou Cobridor)

VI) Aos Companheiros

O Aprendiz deixava de ser discípulo e servidor, passando às fileiras dos Companheiros e se convertendo em Homem-livre, capaz de ganhar a vida e escolher o trabalho; e o novo Companheiro escolhia a 'marca' que identificava as obras, e aprendia a preparar o desenvolvimento do trabalho.

Passava a viajar como Mestre-na-Arte, recebendo os salários do cargo, mas não sem antes ratificar votos de veracidade, fidelidade, honra, sobriedade e caridade, buscando sempre manter a reputação da Ordem.

E também jurava não revelar ou contar o que ouvia e via na Loja, guardar os segredos como seus, a menos que a Ordem corresse risco, e prometendo ser mediador entre seu Mestre e seus Companheiros, na busca constante da justiça.

Como Mestre, ao observar um Companheiro cortar indevidamente uma Pedra, deve ajudá-lo a não perder a obra; bem como, vendo um Maçom caído em desgraça ou miséria, deve auxiliá-lo na medida de suas forças, ou seja, ser justo e honrado com todos, especialmente com Integrantes da Ordem, para que os laços da caridade mútua continuem sempre crescentes.

Determinados Manuscritos citam que essa Lei-do-Mestre, expressa no 'princípio de conduta', terminaria sendo considerada a Lei-de-ouro, por seu conteúdo e aplicabilidade.

VII) Aos Veneráveis

Os Companheiros, quando Exaltados a Veneráveis da Loja ou da obra, obrigavam-se a prestar votos rígidos, e cabia novamente reiterar o juramento de não profanar os segredos da Ordem; e sendo Venerável ter comportamento leal e verdadeiro, com obrigação de pagar seus pares, subordinados ou companheiros; não se deixar subornar e ser um juiz, exemplar e justo.

Como Venerável se obrigava a comparecer às Assembleias Anuais, se realizadas a distância menor que cinquenta (50) milhas; mas, há variações sobre essa regra nos vários Manuscritos.

VM (ou Venerabilíssimo Mestre)

Devia ser cuidadoso na admissão de Aprendizes, aceitando só aptos física e moralmente, e antes se certificando do pleno atendimento a essas condições, pois permaneceriam sete (7) anos no aprendizado do Ofício.

Além disso, deveria ser paciente com os discípulos, instruindo-os com diligência, animando-os com a perspectiva de aumento de salário; mas jamais permitir trabalho noturno, salvo para que adquirissem maiores conhecimentos; cabedo ainda ser muito sensato e discreto, e nunca empreender obras que não pudesse realizar, tanto em proveito do patrão como do Ofício.

Se o Companheiro se equivocasse, o Mestre de obra era obrigado a corrigi-lo, mas com delicadeza sem o incomodar, ajudando-o sem escândalos e palavras que pudessem ferir; e não devia copiar ou invejar a condução de outros Veneráveis Mestres, nem menosprezar seu próprio trabalho ou obra, mas, ao contrário, recomendá-los aos demais.

Finalmente, se comprometer em ser liberal e caridoso com os necessitados, ajudando quem sucumbiu ao mal, provendo trabalho e salário ao menos para uma quinzena, e se não pudesse auxiliar com dinheiro, devia orientar as realizações pela nobreza do Ofício e da Ordem.

HISTÓRIA DOS COMPANHEIROS (PARTE II)

VM (ou Venerabilíssimo Mestre) _____

VIII) Generalidades

Todos os exemplares 'preceitos maçônicos' expostos até aqui são considerados somente como parte de algumas Leis Morais que eram ministradas pela antiga Maçonaria, a partir dos quais proviam educação de seus Integrantes, objetivando os tornarem honrados, dignos, trabalhadores e prontos para ajudar e servir os Companheiros.

E, segundo o Manuscrito de Rawlinson, a essas Leis acrescentaram vários artigos referentes a livre escolha, ações de bom senso e advertências dos perfeitos e verdadeiros Maçons, Mestres e Irmãos; entretanto, essas Leis podiam parecer simples e rudimentares, mas eram fundamentais, e a única porta a conduzir à Casa do Senhor.

Assim, eram como fundamentos dignos de serem guardados, e a fonte inspiradora das ações, que por si só bastam para que a Maçonaria seja sempre respeitada por todos; e, além disso, essas regras têm duplo aspecto:

1º) *Formação do Homem espiritual alicerçado na Moral imutável, e*

2º) *A crença sublime na paternidade de Deus, na irmandade dos Homens e na vida eterna;*

sendo parte dos ensinamentos da Maçonaria desde os primórdios até a atualidade.

1º (ou Venerável 1º) Vigilante _____

A Maçonaria tem por fundamento e está assentada nas duas Pedras: *Moralidade e Teísmo*, e por bases a espectativa da construção do edifício espiritual da vida, visando chegar ao céu!

IX) Viagens e Caminhos

Imaginando um grupo ou companhia de construtores, unidos por solenes votos e interesses mútuos, que viajasse por caminhos difíceis até chegar ao local escolhido para construir um mosteiro ou catedral, e podendo ser perigosa a viagem, o grupo se precavia portando armas, pois os desígnios políticos da época poderiam provocar tal preocupação.

Para a viagem os utensílios de trabalho e os alimentos seguiam na parte central do comboio, sob a tutela dos guardiões, sendo a companhia constituída por:

Um Mestre Maçom ou Diretor da Obra, Companheiros da Arte e Aprendizes;

e ainda eram acompanhados por obreiros subordinados não pertencentes à Loja, denominados cimentadores, instaladores, pavimentadores, porteiros ou guardiões, etc., conforme a respectiva qualificação e/ou profissão.

Ao formarem a verdadeira companhia, superavam o tédio da viagem cantando e narrando histórias, e acerca dessas condições afirma o escritor Hope em seu *Ensaio sobre la arquitectura*:

"Aonde fossem, ... ora chamados pelos nativos ou por impulso próprio para buscar trabalho, dirigia-lhes um chefe que mandava nas tropas. Nomeava um Vigilante a cada tenda de dez (10) homens, que cuidava dos outros nove (9). Construía cabanas ao redor da obra, abastecia os Irmãos se necessário, e levantava acampamento a outros lugares, para seguir os trabalhos.";

assim, ficam claros seus métodos, organização quase militar e sua vida imigratória.

E, tanto Mestres quanto Companheiros usavam um tipo de vestimenta que os distinguia, o hábito, e essa regra ou costume não sofreu alteração durante pelo menos três (3) séculos (c).

[(c) *Consta do* History of masonry, the steinbrenner, *que o hábito era a curta túnica negra, no verão de linho e no inverno de lã, aberta nos lados, com gola unida ao capuz, e um cinturão de couro donde pendiam espada e bolsa de couro; sobre a túnica um escapulário negro debaixo do cinto no trabalho, e pendente nas festas. Pelo* History of agriculture and prices in England, *de T. Roggers, servia de coberta à noite como era costume na Idade Média, pois só os ricos e titulados usavam lençóis e mantas, usavam grandes chapéus de feltro ou palha, e justas calças de couro e longas botas de montaria.*

2º (ou Venerável 2º) Vigilante

X) Contratos e Convivência

Muitas vezes, nas cidades onde edificariam Igrejas, com os empreendedores firmavam contratos especiais em que estipulavam a instalação de uma Loja, que deveria ficar unicamente à disposição dos Irmãos; e, além disso, determinavam que cada Obreiro portaria uma insígnia branca de couro, e luvas (d) que protegeriam as mãos no trabalho com Pedras e cimento.

[(d) *As luvas eram mais usadas na antiguidade, sendo significativo e até usual transformá-las em presente. À época eram distribuídas luvas aos lavradores nas colheitas (*History of agriculture and price in England, *de T. Roggers). As luvas com ricos bordados eram oferecidas aos príncipes, pois 'mão des-*

nuda' representava hostilidade, e 'enluvada' era sinal de paz e boa vontade. Mas, aos Maçons tinham significado insuspeitável aos profanos, e conservam até hoje seu simbolismo. (Vestimentas e insígnias maçônicas em Things freemanson should know, *de J. W. Crove; Art. de Rylands nas A.Q.C., T-V; e Ensaio sobre luvas em* Simbolism of freemansonry, *de Mackey); as vestimentas e instrumentos dos construtores tinham significado Moral.*]

Outros contratados da obra constituíam uma pequena comunidade ou povoado, com casas modestas e uma Loja no centro, sendo suas tarefas bem definidas e distribuídas, cabendo ao:

1. *Mestre = Os Planos, projetos e cuidados quanto a Arte;*
2. *Companheiro = Esculpir as Pedras para muros, arcos e agulhas; e*
3. *Aprendiz = Levar os utensílios aos demais, cuidar dos doentes e auxiliar nos ofícios.*

A Loja era um centro de interesse e atividade, local de trabalho, estudo e devoção; em resumo, uma espécie de habitação comum que contemplava a vida social da Ordem; iniciavam suas manhãs com 'atos de devoção', depois recebiam instruções do Mestre sobre os trabalhos, que incluíam estudo das Leis da Arte, planos do edifício e significado dos ornamentos e emblemas.

Orador

Somente os Maçons eram admitidos nas Lojas, pois seus 'porteiros ou guarda-templos' (e) 'não' permitiam acesso de estranhos.

[(e) *Guarda-templo é um termo peculiar da Ordem, significa o que 'guarda' a Loja de ouvidos estranhos. Os que trabalhavam com 'tiles' (telhas) eram também imigrantes (*History of agriculture and prices in England, *de T. Roggers), que acompanhavam os Maçons para cobrirem as construções. Um construtor era posto de sentinela, advindo daí que 'tiler – construtor de teto' (palavra inglesa 'tiler' {teto} originada na Idade Média), passou ao Maçom que guardava a Loja. Em português ditos 'guardas, guardiões ou guarda-templos', e no Rito Adonhiramita, 'cobridores'.*]

XI) Vida – Postura – e Trabalho

A construção de uma catedral era considerada um monumento da Ordem, ainda que, infelizmente, estejam 'perdidos e esquecidos' os nomes de quem as edificou; então, apesar disso, não seria de entranhar que os Maçons sentiam verdadeira lealdade pela Ordem, sendo peculiar, perdurável e única, pois trabalhavam e viviam juntos durante muitos anos na mesma obra.

Até a atualidade, pela tradição, chegam notícias aos novos Maçons sobre seu antigo comportamental, referente à diversão e alegria, cânticos de festa e dias de gala, relatando quão genuíno era seu expansivo espírito de alegria; sendo que a vida era vigorosa em amizade, simpatia, serviço, interesses comuns e felicidade pela dedicação à nobre Arte.

O Maçom ao 'deixar' a Loja para trabalhar noutro local, o que lhe era sempre permitido, não tinha dificuldade com os novos Maçons, bastava se identificar por sinais (f), toques e palavras.

[(f) *Sinais = Antigamente parece haver uma linguagem universal de sinais empregados por todos os povos. Os sinais empregados por tribos distantes se parecem, talvez por serem gestos naturais que eram de boas-vindas, sentimentos de angústia, etc. Na Bíblia há vestígios disso, pois Bem-Hadad se salvou fazendo sinal. Também os índios do Norte da América tinham um código de sinal (*Indion masonry*, de R. C. Wright). Se as Lojas maçônicas conservam muitos dos antigos sinais da linguagem, deve-se às exigências da Arte, instinto da Ordem, e à aspiração de se valer das formas para atrair os Homens a se conhecerem e amarem.*]

Secretário

Percorrendo longas distâncias, com incertezas, o Maçom necessitava de seus 'sinais de reconhecimento', em especial, ao não ser possível a identificação dos indivíduos por referências, e assim, pode-se afirmar que tinham um 'código de sinais'; e jamais faltava ajuda às suas súplicas.

Consta do Manuscrito Harleiano, quanto a 'palavras e sinais', que usavam muitos sinais, não cabendo discutir quais eram, bastando dizer que se algum Maçom da Idade Média pudesse 'voltar das sombras', seria reconhecido por seus pares e Lojas por sinais que mostrasse; entretanto, algo lhe pareceria desconcertante, mas, imediatamente reconheceria a Loja, Oficiais, Luzes, Forma do Templo, Emblemas e Verdade Moral, que ensinavam por meio de seus símbolos.

XII) Graus na Antiguidade

Além disso, pela tradição os símbolos poderiam explicar tudo que é desejável conhecer sobre os tempos antigos, detalhando então os mistérios ocultos, Ritos e Rituais, assim como, explicitar os significados desses símbolos quando os 'poetas da edificação' ainda estavam por lá; entretanto, isso originou um dos problemas mais debatidos da história maçônica, ou seja:

O número e a natureza dos Graus conferidos nas antigas Lojas de Ofício.

e seria muito difícil encontrar qualquer outro problema que suscitasse tanto interesse dos arqueólogos da Ordem, pela raridade em conseguir uma conclusão definitiva; assim, apenas caberia a tentativa em resumir o resultado das investigações atuais sobre esse tema.

Então, em tudo que foi pesquisado 'não' parece tão certa a hipótese de que, à época, ter havido somente um 'único Grau', contudo, parece haver dados suficientes para não se permanecer, inteiramente, à mercê apenas de muitas 'conjecturas'; por exemplo, tem-se:

Guarda (ou Cobridor)

O autor C. Cantu afirma que os Mestres Comacinos eram convocados à Loja por um Grande Mestre, para tratar de assuntos comuns à Ordem, receber Neófitos e conferir Graus superiores. Merecem citação as pesquisas da 'Quatour Coronari Lodge', que são, indubitavelmente, as melhores no gênero. Os estudos de Hughan argumentam existir 'um só Grau' nas Lojas antigas. E o escritor Speth defende a existência de Dois Graus, e indícios do Terceiro; suficientes para se ter ideia da complexidade da questão (A.Q.C., tomo X, IX, 47).

Finalmente, ainda é possível adicionar dados que fossem, evidentemente, similares a esses, e acreditar na possibilidade de evitar muitos erros de análise ou interpretação, se for considerado:

1º) No período artesanal, o Ritual era 'menos formal e complexo', pois a vida era uma espécie de Ritual, e no trabalho havia os símbolos. A Ordem não mais era constituída somente por trabalhadores manuais, já admitindo 'não arquitetos', fato que acarretou tornar imperiosa a complexidade dos Ritos, representando por intermédio das Cerimônias, tudo que então era patente nos símbolos e na prática;

2º) Ao decair a arte arquitetônica religiosa, o símbolo perde parcela significativa de seu esplendor, obscurece seu significado e/ou chegando a perder-se, mas, sobrevive na forma. Por exemplo, em The great symbol de klein no tetractys – menores e maiores, *seu autor Pitágoras prova que a simbologia era algo muito maior do que os teoremas matemáticos, e ainda, igualmente, estão velados alguns símbolos da Loja, ou com significados criados depois de terem sumido suas verdadeiras interpretações, que podem ser vagamente vislumbradas, mas, os grandes emblemas ainda conservam suas verdades absolutamente simplistas.*

VM (ou Venerabilíssimo Mestre)

3º) A Ordem convertida numa fraternidade especulativa, simbólica, deixando de ser apenas de verdadeiros arquitetos, o Cerimonial adotado mostrava características de complexidade e imponência; mas, apesar disso, conservava os costumes, hábitos, símbolos e ensinamentos, e, não sendo estranho que a tradição ficasse cada vez mais positiva com o passar do tempo, daí, poder-se-ia citar a reverência de que:

'O Deus encanecido que santifica tudo, e transforma o antigo em religião';

de modo que a Instituição tinha a conservar e desenvolver sua espécie de tesouro simbólico, e cobrir as lacunas existentes.

HISTÓRIA DOS COMPANHEIROS (PARTE III)

VM (ou Venerabilíssimo Mestre)

Da Instrução anterior – Parte II, referente ao item XII, Graus na antiguidade, cabe ainda afirmar que os exemplares preceitos mostrados na Parte I permitem concluir que, por seus feitos e ordenamento da evolução da Ordem, é possível estudar os Graus da antiguidade dividindo-os em dois períodos: Ativo e Especulativo, sendo o ano de 1600 o divisor desses períodos.

Assim, o autor Addison, na obra *Spectator* de 1711, distingue os Integrantes Ativos dos Especulativos na arte ou profissão, afirmando que:

"Vivo no Mundo mais como espectador do que um ser da espécie, e me faço ... governante, soldado, mercador e artesão, sem misturar-me na ... prática da vida.";

então, pode ser depreendido como sendo Maçom:

Especulativo *= Nem arquiteto ou do ofício, teria sido admitido como Integrante da Ordem; e esse gênero de obreiro começou a ingressar pelo ano de 1600, se não antes; e*

Ativo (Artesão) *= Mesmo do ofício, não atribuía significado Moral aos utensílios de trabalho; assim, dessa classe não havia na antiguidade, pois todo Maçom, até das Guildas, se serviam de seus utensílios como Emblemas Morais.*

1º (ou Venerável 1º) Vigilante

Como na atualidade, o antigo Aprendiz ingressava na Ordem inexperiente, mas, na admissão era exigido que se comprometesse com uma espécie de 'contrato de trabalho', para depois, talvez na Assembleia Anual, participar da Cerimônia de Iniciação, que dentre os quesitos, nunca deixaria de conter na Ritualística: *Juramento ou compromisso, relato do Ofício dos antigos Estatutos, Ensinamento dos preceitos Morais, Normas de conduta, e Revelação de certos segredos.*

No princípio parece que o Grau de Aprendiz 'não' era místico, apesar de conter certos segredos, tratando-se então a Iniciação de uma simples Cerimônia, pela qual pretendia gravar na alma dos participantes a alta Moral exigida, e assim, exemplificando, tem-se que:

O escritor Hallam afirma que a Ordem das Guildas celebrava esse Rito Iniciático;

O autor Findel registra uma versão da Cerimônia celebrada na Alemanha, semelhante à do Primeiro Grau atual, mas, dizendo ser essa última muito mais bela.

Até aqui, apesar de não ser encontrado na literatura consultada quem afirmasse o contrário, persiste a dúvida em saber, com certeza, se era conferido ou não outro Grau nas Lojas primitivas; entretanto, esse caminho possibilita crer ter havido um Grau superior ao de Aprendiz.

Isso é devido porque se fossem confiados aos Aprendizes todos os segredos da Ordem, poderiam abandonar as Lojas depois de trabalhar sete (7) anos, quando poderiam se capacitar ao tal Grau superior – de Companheiro, e conseguir salários e trabalhos correspondentes.

Porém, caso o Aprendiz adotasse uma conduta que o levaria a abandonar a Ordem, assim que soubesse a totalidade dos segredos da Instituição, minimamente teria desonrado o Ofício.

2º (ou Venerável 2º) Vigilante

Apesar de que, ao ser conferida a Iniciação, esse ato parecia estar praticamente imune a essa atitude dos Integrantes, até porque, permaneceriam vigentes todos os demais compromissos daquele 'contrato de trabalho' firmado antes, até o final de sua eficácia.

Então, parece ser ainda complicado entender esse aspecto, pois é sabido que na Idade Média os indivíduos eram admiradores da Cerimônia de Iniciação, sendo totalmente inadmissível que, passados sete (7) anos reunindo condições de se tornar Companheiro, ao Aprendiz nesse longo período não fosse comunicado 'nenhum' segredo que o distinguisse nesse Grau.

XIIIS) A Câmara e a Loja

Assim, caberia a indagação se:

Existem 'dados evidentes' que confirmam essa suposição?;

e a resposta obtida seria de que existem muitos dados, mas não tantos quanto desejável, pois ainda persiste uma séria dificuldade em ser conseguida outra interpretação dos antigos Estatutos; e, além disso, porque em quase todos os Manuscritos anteriores ao 'Poema Regius', existem citações a respeito de 'duas habitações ou lugares de reunião', então denominados Câmara e Loja.

Consta ainda, que os Maçons sempre deveriam conservar em segredo todo 'Conselho' que fosse celebrado em cada habitação, individualmente, e então, desse modo também é possível depreender que o Aprendiz acessava a Câmara, mas 'não' a Loja, pelo menos de maneira geral.

Logicamente, há muitos argumentos que isso contesta, afirmando que apesar de constarem 'Outros Conselhos' nos antigos livros, somente seria dado conhecer aos Aprendizes os segredos técnicos; no entanto, essa argumentação carece de maior entendimento e valorização, posto que já fosse admitida a existência dos segredos na totalidade, e não só os caracterizados como técnicos.

Orador

XIV) Outros Graus

Ao tempo em que a Ordem experimentou sua fase de declínio deixando de construir, os segredos técnicos se converteram em segredos de Ritual, mesmo ambos contendo o simbolismo.

E, mesmo a história não relatando mais que um juramento, não significa inexistirem outros, mas, ao se referir aos secretos 'sinais, toques e palavras', sempre deve ser feito no 'plural'.

Se os segredos apresentados aos Aprendizes eram apenas os puramente técnicos, o que muitos estudiosos não acreditam, certo também é que visando progredirem, os Integrantes seriam acompanhados e protegidos pelos respectivos 'sinais, toques e palavras'.

Assim, sem dúvida, pode-se deduzir que o ingresso nas fileiras de Companheiros era de fato um Grau, ou, ao menos conter a 'essência' de um Grau, com sinais e segredos peculiares.

Já no segundo período, isto é, quando da 'admissão dos endinheirados, cultos e estudiosos', mesmo 'não' sendo arquitetos ou do ofício, o fizeram como patrões e mecenas da arte, ou foram atraídos pela cultura e estudo do simbolismo, porém, causaram significativas mudanças na Ordem.

Por isso, a esses 'não' do ofício não era exigido servir por sete (7) anos de aprendizagem, assim seriam considerados por natureza Companheiros, porém, ainda não Mestres, pois faltava conhecimento específico; e então não podiam ser admitidos como Mestres da arte-da-construção; assim, ainda caberia a indagação:

Os Companheiros conheciam todos os segredos do Aprendiz?

e, caso isso fosse admitido, os 'dois Graus' deviam ser conferidos de uma única vez, e como consequência, a probabilidade dos Graus se converterem em 'um único', pois há relatos que alguns Candidatos tornaram-se Maçons em apenas uma Reunião, conforme *Diary*, de E. Asmole, de 1646.

Sem dúvida, as Lojas poderiam ser classificadas como Oficinas de Classes, sendo a:

Primeira (1ª) = *Constituída por arquitetos e do ofício, com costumes particulares, onde se agrupava um pequeno núcleo de não trabalhadores; e*

Segunda (2ª) = *Puramente simbólica, em época remota, como por exemplo em 1645;*

e parecendo natural que na Loja de Primeira (1ª) Classe os 'dois Graus' eram separados, mas, na de Segunda (2ª) se convertia em 'um único', ainda que, simultaneamente, fossem mais complexos.

Secretário

Nas Lojas diminuíam aos poucos os reais arquitetos, até a Ordem se transformar numa Fraternidade apenas Especulativa, infelizmente, sem mais relação com o comércio ou a edificação.

XV) Desempenho dos Mestres

Certo é que não seria apenas por isso, pois restam muitos vestígios do papel desempenhado pelo Mestre em todo o período da tradição.

E, mesmo antes desse tempo, quando tais vestígios passam a aumentar, de modo análogo se transformou o ofício de Mestre de obra pela perda de praticidade, ocorrido ao fim do período das construções das catedrais; e também caberia indagar:

Qual foi o papel tão importante desempenhado pelo Mestre?

Infelizmente o texto é dirigido aos Companheiros, e seria indiscreto comentar sobre Mestres.

Mas, novamente, 'não faria sentido deixar' a Instituição, para encontrar as razões que se formaram os 'três (3) Graus simbólicos' da atualidade; e, mostrando ambas vertentes das questões, seria conveniente mencionar citação sobre o tema, apesar de não tanto adequada, que adaptada diz:

"Há muito tempo, é costume dos autores da Ordem, ou não, tratar a Maçonaria como um 'conglomerado de restos arcaicos e vulgaridades moralizantes'; composto por farrapos da legendária dos pedreiros e arquitetos, e da doutrina oculta."

e ainda se poderia arguir:

Como uma Instituição nobre, de histórico heroico, e rica em símbolos e vestígios da remota antiguidade, poderia ser criada por simples e piedoso engano, ou num momento de bom humor?

certamente, essas conclusões estão além da crível, chegando à beira de verdadeiro absurdo.

Guarda (ou Cobridor)

E, muito antes de 1717, uma Associação denominada 'Companhia francesa ou Filhos de Salomão', ministrava ensinamentos referentes a um 'Conto do terceiro (3º) Grau', que muitos imaginam ter sido a data em que essa Lenda teria sido 'inventada'; mas, anteriores à data, diversos autores ingleses fazem mínimas referências sobre o 'Conto'; e, ainda assim, não se deve crer que esse fato seja suficiente para caracterizar tal 'Conto' como simplesmente 'desconhecido'.

Porém, até 1841 'nada' estava esclarecido sobre o 'Conto' haver se tornado um segredo do *Companionage* francês, tão profundo e ocultamente conservado, conforme as publicações *Livre du compagnonnage*, de A. Perdiguier' e *Lê compagnon du tour de France*, de J. Sand, ambos de 1841, e a *História da Maçonaria*, de Gould.

Como verdadeiro dever, não seria possível 'dogmatizar' tais afirmações com tantas datas imprecisas, mas parece que em 1717 'não' ocorrera a 'adição' de 'terceiro (3º) Grau na hierarquia do simbolismo', mas 'sim' a 'conversão ou transformação dos dois Graus existentes em três'.

XVI) Da Maçonaria

Mas, sendo a Instituição deveras sublime, é improvável ter sido instituída 'num único dia, de única vez ou por pequeno núcleo' de Homens; pois a Maçonaria é produto da evolução do Homem, e nesse processo evolutivo adquiriu sua *'sabedoria, força, beleza e seu desenvolvimento'*.

Semelhante às magníficas catedrais, edificadas pelo esforço de várias gerações, é possível que a Ordem tenha, pelo tempo, se constituído no 'Templo da liberdade e fraternidade', gerando pela história a 'eclosão de sua alma íntima', por processo de transição, desde a arquitetura ao seu objetivo nobre.

VM (ou Venerabilíssimo Mestre)

E, novamente, cabe esclarecer que também não faria o menor sentido 'deixar' a Ordem para encontrar o 'verdadeiro objetivo', pois o formato atual da Instituição é, unicamente, uma expansão inerente à sua própria natureza.

Finalmente, havendo posicionamentos 'não' recomendáveis, como a insistência devotada em que alguns se empenham, buscando conseguir na história estranhas origens para a Maçonaria, quando, inversamente, deveriam dedicar esse empenho em pesquisar com isenção, para em seguida bem informar todos os Integrantes da Ordem com a:

'Sabedoria da honestidade de princípios que o devem nortear, a força acumulada por seu esforço desmedido, e a beleza de todo o conhecimento que poderá transmitir';

é certo, contribuiria ao enriquecimento cultural e espiritual dos Integrantes da Sublime Instituição!

A BÍBLIA E O GRAU DE COMPANHEIRO

VM (ou Venerabilíssimo Mestre)

As Escrituras Sagradas, Textos Sacros ou Bíblia como é mais conhecida, na parte em que é narrada a coletânea dos fatos ocorridos anteriormente à Era do Cristianismo, passaram a formar o que ficou denominado Antigo Testamento.

Na antiguidade, os povos que optaram em adotar esses Textos se limitavam a considerá-los apenas e tão somente como um verdadeiro 'Código de Ensinamentos e Promessas'.

Assim, pressupunham que seriam legados à sua descendência por épocas sem fim, para que todos pudessem se instruir sobre a verdade e vontade do Supremo; e ainda, por serem as Escrituras repletas de magníficas mensagens e conceitos, é possível ali ser aprendida a justa e real aplicação do sentido da Palavra-do-Criador.

1º (ou Venerável 1º) Vigilante

Portanto, foi por isso que a Bíblia, ao longo do tempo, continuou considerada como o melhor 'Livro de sabedoria, de doutrinas religiosas e Morais'; então, no decorrer dos séculos, todos os elogios proferidos a esse respeito têm sido confirmados, pela esplendorosa experiência universalista de quantos a tenham estudado.

Desde sempre, esse Livro tem figurado como 'grande obra', majestosamente mantida como inimitável e inigualável roteiro de excelentes normas espirituais e/ou inspirações, que ultrapassam as regras comuns, ocorrendo mesmo na:

'Crença muito antiga e retrógrada, que na maioria se baseia em concepções menores, tímidas e opiniões contraditórias, afastando-a da boa lógica, ou seitas que conduziam ao obscurantismo o adepto pouco experiente'.

De outra parte, a Ordem Maçônica adotou a Bíblia na condição de associá-la à Ritualística, principalmente, dos primeiros 'três Graus da hierarquia do simbolismo'.

E, dependendo do Rito adotado pela Loja, durante o desenvolvimento dos trabalhos nessas 'três câmaras iniciais', de modo geral, a Bíblia é aberta em determinados trechos, cujos temas de ensinamento são muito similares à filosofia preconizada em cada Grau.

Desde passado remoto, sendo nesses Graus muito bem conservada a tradição, principalmente nos Cerimoniais de Iniciações, a cada um dos Graus do simbolismo foi escolhido um tema 'especial' para estudo; e esse 'tema' mostrado seria composto por uma série de Instruções de Moral e intelectualidade, capazes de sedimentar a base dos fundamentos e educação dos que procuram a Maçonaria.

2º (ou Venerável 2º) Vigilante

Somente como exemplo, pode-se citar que no Cerimonial de Elevação ao Grau de Companheiro, novamente devendo ser considerado o Rito adotado pela Oficina, o Texto Bíblico Tradicional escolhido ficou sendo, nos:

Rito Adonhiramita – (I Reis, Cap.3, vs´s.7a12)=

"E agora, Ó Senhor Deus, vós me fizestes reinar a mim, Vosso servo, em lugar de Davi, meu pai; mas eu sou um menino pequenino, e não sei por onde hei de sair, nem por onde hei de entrar. E o Vosso servo está no meio do povo que escolhestes, povo infinito, que não se pode contar nem se reduzir a número, pela sua multidão. Vós, pois, dareis a Vosso servo um coração dócil, para poder julgar o Vosso povo, e discernir entre o bem e o mal, porque quem poderá julgar este povo tão numeroso? Agradou ao Senhor esta Oração por ter Salomão pedido tal coisa. E o Senhor disse a Salomão: Pois que esta foi a petição que me fizestes, e não pedistes para vós nem muitos dias, nem riquezas, nem a morte de vossos inimigos, mas pediste-me para vós a sabedoria a fim de discernirdes o que é justo, pois Vos fiz o que me pedistes, e Vos dei um coração tão cheio de sabedoria e de inteligência, que nenhum antes de vós foi semelhante, nem se levantará outro depois de vós."

Comentários:

O início dessa passagem se refere a uma excepcional exortação à humildade, que vem demonstrada pelo fato constatado por Salomão, de que o Senhor proveu sua instituição como Rei em substituição a seu pai Davi.

E ainda, com humildade, o Novo Rei aclara não se considerar em condições plenas de substituir seu grande pai, ou seja, aquilata todas as dificuldades em saber e poder realizar sua 'grande obra', e tampouco, de muito bem desempenhar a tão árdua tarefa de conduzir com solidez um próspero reinado, de maneira competente, justa e perfeita!

Orador

E, demonstrando muita sapiência, prefere se posicionar em simplista condição de apenas se considerar um servo de Deus, e assim, estar no meio do povo como sempre esteve.

Foi essa gente escolhida e considerada por Deus como sendo 'Seu povo', que era muito numeroso, constituindo-se numa verdadeira multidão, e assim, essa grandiosidade também dificultaria, sobremaneira, o desenvolvimento da governabilidade, e fatalmente, tal condicionante alçaria nível muito elevado de nova responsabilidade, e pela enormidade da tarefa, se perguntava:

Quem poderá julgar esse povo tão numeroso?

Por verdadeira analogia, pode-se comparar a situação do reino como uma 'Pedra Bruta', mas já quase desprovida de arestas a eliminar, em fase de transição para uma 'Pedra' que culminaria em se apresentar 'Polida e Perfeita' para a edificação, que Salomão se propunha a dar continuidade como era objetivo de seu pai, isto é, as etapas a serem vencidas como Companheiro Maçom!

Então, com exemplar e invejável tirocínio, confessa nem saber por onde começar, tanto quanto nem sabe também como irá terminar.

O Rei Salomão, portanto, solicita ao Senhor que o contemple com inteligência e índole dócil, condições que acredita suficientes para empreender os julgamentos cabíveis a esse 'Povo de Deus', além de ser capaz, para tanto, com competência discernir entre o bem e o mal.

O Senhor se rejubilou com essa espécie de pedido, porque, principalmente, Salomão deixou de solicitar longevidade para si próprio, riqueza e a morte de seus inimigos; em vez disso, requeria muita sabedoria para distinguir o que seria extremamente justo.

Assim, o Senhor atendeu aos pedidos de Salomão, e ofertou características de plena sabedoria e inteligência, que o tornou um Homem-Rei diferenciado e superior a todos os seus precursores, bem como a todos seus demais sucessores.

Secretário

Rito Escocês Antigo e Aceito – *(Amós, Cap.7, vs's.7e 8)=*

"Mostrou-me também isto: Eis que o Senhor estava sobre um muro levantado a prumo; e tinha um prumo na mão. O Senhor me disse: Que vês tu, Amós? Respondi: Um prumo. Então me disse o Senhor: Eis que porei um prumo no meio do meu povo de Israel; e jamais passarei por ele."

Comentários:

Advindo dos pastores das colinas de Tecoa, absolutamente convencido de que agia sob a égide, ordem e vontade do Supremo, não muito distante de Jerusalém, no denominado Templo de Betel, surge naquele tempo um novo profeta de nome Amós.

Na cidade admoestava o povo, tanto nas ruas quanto nas praças e subúrbio, clamando por meio de expressões bem moduladas, contra a malvadez das tribos, ressaltando que era a materialidade que as afastavam da virtude e da fé, por isso, predizia o declínio do reinado de Jeroboão II; e, devido suas ilações que eram esclarecedoras, e os argumentos fartamente inspirados, ficou conhecido como 'profeta camponês' vindo dos morros judaicos.

Então suas palavras se transformaram em verdadeiros oráculos, ou seja, consultas à Divindade que as respondia, tanto que resultaram num Livro que tomou seu nome; e o resumo dessa obra foi considerado uma fulminante exposição contrária aos Ritos sem devoção, e Rituais vazios de significação espiritual; como consequência, seu povo foi alijado de um grande tesouro, ou seja, a justiça.

Desse modo, esse tesouro se constituiu em seu tema principal e predileto, tendo assumido tal propósito, de acordo com o que descreveu em seu Livro no Cap.7, vs´s 7 e 8; assim, a acabada justiça que o empolgou, aplicada em todas as situações da vida, não se amoldava às imperfeições morais, sentimentos vis ou enaltecer mesquinhas ambições.

Guarda (ou Cobridor)

Evidentemente, nessa 'passagem bíblica' é mostrado o objetivo de uma instrução simbólica e filosófica, que certas Potências Maçônicas anglo-saxônicas adotaram no Grau de Companheiro, pois as tendências morais ali encerradas podem ser entendidas como um eloquente demonstrativo da 'significância do prumo', ou seja:

Instrumento aplicável e indicador da perfeição nas obras, e, espiritualmente, sua significação refere-se à elevação, na perpendicular até o alto.
Quanto à Moral, assinala a retidão que o Maçom deve sujeitar suas alegações, conduta, atos e obra, aí subtendida a integridade nos raciocínios, lisura comportamental, bom senso na atuação e atenção no trabalho.
Quanto à intelectualidade, aponta o caminho reto da probidade e da honra, pelo qual deve o Integrante se elevar às concepções humanas que condensem as obras do Criador, poder que as produzem, influências que as mantêm e força que pode destruí-las.
Quanto ao esoterismo filosófico, contempla dois sentidos essenciais, que: 1º) Tende à elevação do espírito; e 2º) Por pesquisas, torne-se observador dos mistérios da Natureza.

Sabedor de que o 'prumo' é um emblema da verdade e exatidão do princípio certo, por isso, o Companheiro Maçom ao dizer 'estar a prumo', indica que vem cumprindo seus deveres para com Deus, seus semelhantes, sua família e consigo próprio; e ainda, expulsa da mente os resquícios que possam recordar injúrias e/ou acusações.

VM (ou Venerabilíssimo Mestre)

Comentários Gerais:

Genericamente, a elevação do espírito equivale ao aprendizado do início, e término das obras que sobrexistem, corresponde ao intelecto que passa a engrandecer os sentimentos e predicados Morais, proporcionando, consequentemente, que se familiarize com as obras, quer materiais ou não, criadas pelo G∴A∴D∴U∴.

Essa verdade enunciada não se enquadra como verdade relativa, convencional ou aparente, tão usual em muitas circunstâncias, mas sim, como verdade absoluta, real, incontestável e uniforme; tudo assiste e se incorpora às coisas, passível de ser descoberta.

Será a verdade sancionada pela razão evoluída, que culminará no discernimento ao Superior, e, ao descrever o Senhor entregando o 'prumo', intui a bela ligação com o Altíssimo, por intermédio de mais um profeta que guiaria todos, simbolicamente, pela verdade no saber, dever e direito, enviando a 'Palavra Divinizante' ao Mundo.

E, todo Homem consciente e culto era considerado credor do respeito e admiração dos que, sem divagação, soubessem apreciar a verdade e a glória.

Essa glória sempre foi e será considerada a centelha aquecedora da vida bem conduzida; mas, de outra parte, a glória é a própria moralidade, ou seja, a norma exata do que quer proceder conforme as mais retas e rígidas exigências, íntimas ou públicas.

Finalmente, caberia comentar que um imenso número de sábios e de filósofos, de almas lúcidas e mentes observadoras, têm nessas verdades o perfeito descortinar do 'Conjunto de Leis Superiores', emanadas do Eterno Criador.

A CONJUGAÇÃO DOS QUINÁRIOS

VM (ou Venerabilíssimo Mestre)

I) O Número Cinco (5)

Os Maçons adeptos da 'corrente ocultista' aventam interpretações diferentes ao Número cinco (5) e, principalmente, ao denominado 'quinário'.

E, caso sejam examinadas as muitas instruções constantes nos diversos Rituais Maçônicos utilizados, pode-se chegar a conclusão decepcionante, porque inexistem significados que concordem entre si a respeito do Número cinco (5).

Em realidade, o que há são somente interpretações pessoais que se tornam mais adequadas à psiquiatria ou psicologia, entretanto, existem muitas lições universalizadas sobre o 'quinário'.

Assim, os Maçons ditos e considerados 'autênticos' tratam de aproveitar as lições como um recurso mnemônico, levando a ética ou filosofia de ação, e a esclarecer seguem os exemplos:

1º) **[5=1+4]** *Na 'igualdade' o um (1) é o princípio de vida, e o quatro (4) a obra, realização e os 'quatro elementos' antigos = ar, água, terra e fogo; se o um (1) é o princípio ou fagulha penetrada no Homem, a soma (1+4) deve ser vista como o espírito dominante dos elementos, ou o Homem disposto a dominar a matéria, sugerido pela Estrela Flamígera do Companheiro.*

2º) **[5=3+2]** *Tem-se o número três (3), o Divino, a dominar o número dois (2), binário e contrário. Entre os Pitagóricos o número três (3) representava amizade, amor, conciliação, união dos contrários e o terceiro (3º) lado do triângulo, pois o número três (3) ligando dois contrários elimina a dúvida.*

1º (ou Venerável 1º) Vigilante

3º) **[5=2+1+2]** *De fato, nessa 'igualdade' o um (1) é o princípio, e intermediário entre os números dois (2) e dois (2).*

4º) **[1, 2, 3, 4, 5 – ou – 5, 4, 3, 2, 1]** *Nessa configuração o número três (3) é intermediário, sugerindo ser o número da suprema perfeição, o triângulo equilátero, como o suporte da balança com que Osíris julgava os mortos, fazendo surgir a ideia da Justiça Divina.*

5º) **[1, 2, 3, 4, 5, 6, 7, 8, 9 – ou – 9, 8, 7, 6, 5, 4, 3, 2, 1]** *Também o número cinco (5) é intermediário, assim, os caldeus e os gregos o consideraram como centro das combinações numéricas. Assim, os mágicos foram levados a considerar esse número cinco (5) como o mais central e o menos visível, ou, o mais oculto e misterioso dos números.*

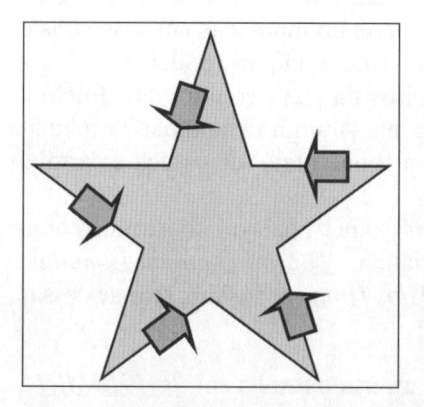

II) A Estrela Flamígera

Para traçar a Estrela Flamígera, devem ser seguidas cinco (5) direções retilíneas como mostrado na figura ao lado.

Cientes que Pentalfa é palavra de origem grega, formada por '*penta* (cinco)+*alfa*', significando então 'cinco (5) letras alfa', sendo alfa a primeira letra do alfabeto grego; e, ainda, equivale a 'aleph' do alfabeto hebraico, que sendo sua primeira letra significa princípio, e assim, ter-se-á cinco (5) princípios.

Além disso, é possível também depreender que a Estrela Flamígera (Pentalfa) pode ser entendida como sendo formada por 'cinco (5) letras A'.

Uma ponta da Estrela deve estar dirigida para o alto, ou na direção do zênite; e, caso se mostre com a ponta para baixo, será entendida como maléfica, podendo lembrar a figura de um 'bode'; a figura retratada em máscaras usadas nos mistérios de Baco ou Dionisíacos.

Os Templários foram acusados de adorar 'Bafomet', figura de barba branca e olhos de carbúnculo, doença infecciosa comum aos caprinos dentre outros animais.

Assim muitos confundiram essa figura com a do 'diabo', à semelhaça de um 'bode'; já na Idade Média a figura do 'bode' era considerada demoníaca, ou representativa do 'diabo', do grego *diabállô*, significando penetrar, dividir, insinuar, caluniar, dissuadir, enganar, etc.

Resumidamente, caberia então discorrer sobre a Ordem Templária, Ordem da Milícia ou Ordem dos Cavaleiros do Templo, fundada em 1118 por S. Bernardo, Hügues de Payns e mais oito Cavaleiros, e se afirma que seus Estatutos foram de autoria de S. Bernardo.

E proclamavam a importância do Templo de Salomão, considerado pelos Templários como símbolo fundamental de sua Ordem; assim, sustentavam que o Templo representava a verdade pacífica da doutrina bíblica desde Abraão, como denominador comum das religiões muçulmana, mosaica e cristã, o que contribuiria em muito para uma conciliação duradoura e definitiva.

2º (ou Venerável 2º) Vigilante

Alguns respeitáveis tratadistas e autores sustentam que o Templo de Salomão, para a Maçonaria, é uma herança trazida dos Templários e Cruzados, o que, aliás, é a tese de certos Ritos; e que nas Missas Negras dos satanistas e luciferianos, que nunca devem ser confundidos com os Templários, o 'diabo alado' figurava no altar principal, com cabeça, pernas e patas de bode.

Ao dizerem que a Maçonaria se origina da Ordem Templária, ou lhe atribuírem práticas demoníacas, os adversários da Instituição chegam a afirmar que nas Iniciações Maçônicas os Neófitos eram obrigados a montar e cavalgar um 'bode preto'; tal atitude também caberia à feiticeira-chefe nas Cerimônias de Magia Negra do Sabat, reunião onde as bruxas compareciam montadas em vassouras e bebiam poções aromáticas, mas nojentas, com vistas a adquirir poderes.

Essas calúnias, longe de irritar os 'obreiros da paz', criaram um 'folclore maçônico', mas, jocosamente, certos Maçons passaram a denominar-se mutuamente de 'bode' e a portarem emblema de um 'bode preto' de casaca e cartola, elegante e sorridente.

No que se refere a 'Ba_ f_omet ou Ba_ph_omet', palavra construída como uma espécie de sigla invertida da expressão latina: *'TEMpli Omnium Hominum Pacis Abbas = Pai do Templo – Paz Universal dos Homens'*; assim, tem-se dessas cinco (5) palavras latinas, as sílabas ou letras:

TEM + *O* + *H* + *P* + *AB* = *TEMOHPAB*', que invertido resulta em *'BAPHOMET'*.

Lembrando que referente a Maçonaria e o reverenciado Templo de Jerusalém, os nomes:

- *Salomão significa 'Pacífico';*
- *Hiram quer dizer 'Via Alta ou Caminho Elevado; e*
- *Abi corresponde às palavras 'Adon+Hiram' que representa 'Senhor Hiram';*

mas, nenhuma denominação traz semelhança com Adonhiram, que pela Bíblia era:

Arrecadador de impostos ou 'preposto às corveias' do Rei Salomão.

III) A Quintessência

A 'quintessência' é concebida como o espírito ou causa universal das coisas, até porque nos antigos estudos de filosofia, a denominada metafísica era a 'quinta (5ª) essência' desses estudos.

E poderiam ser citadas as cinco (5) faces das pirâmides quadrangulares de Gizé, sendo que, simbolicamente, as três pirâmides correspondem às três luzes governantes da Loja, enquanto a esfinge representa o Guarda ou Cobridor do Templo; sem esquecer que as pirâmides representam fogo ou foco de Luz, e que, materialmente, são a 'realização que permanece'.

Então, baseado em que:

'O ser se manifesta pela ação',

o pensador e autor Leibniz afirma que:

"Não agir é o mesmo que não existir";

então, doutrinariamente, pode ser interpretado como sendo:

'Tudo o que em realidade existe, está em perpétuo trabalho',

tanto que os animais, vegetais, minerais e corpos celestes estão em eterna ação.

Orador

E novamente cabe mencionar que a Ciência, há longo tempo, promoveu a distinção entre: *matéria viva ou orgânica, de matéria morta, inerte ou inorgânica*; mas, a descoberta da energia nuclear mudou tais conceitos errôneos e ressuscitou as lições da velha sabedoria iniciática.

Vale ressaltar que a filosofia do segundo (2º) Grau enaltece ação e trabalho, assim, a Ordem estabelece que os Integrantes devam trabalhar até o descanso, ou, *'In labore requies'*.

E, consequentemente, enganam-se os que pretendem que a Maçonaria seja apenas um agrupamento de contemplativos, dedicados apenas ao aperfeiçoamento das qualidades pessoais, pois deve ter o objetivo principal de dedicar-se a aperfeiçoar os costumes sociais integrados à evolução da Moral.

Mas, se a Maçonaria trilhar o caminho da Eubiose, da vida mais perfeita à Humanidade, deve estimular o desenvolvimento das Ciências voltado ao bem-estar das pessoas; e, aos que dizem ser impossível esses desígnios, respondem os Maçons que:

'A via do Absoluto é o caminho certo, embora o mais difícil'.

Há mais, pois a Sublime Ordem procura o caminho mais rápido para a sociedade eubiótica, na qual, além de uma vida melhor, não serão encontrados motivos, ou qualquer proveito, em fazer mal ao semelhante, ou ser diferente, ou mais poderoso que os demais; isso se dará quando *'for fechado o triângulo equilátero da consciência, responsabilidade e justiça'*.

O que será possível com a identificação do *Homem isolado e Homem social*, figuras ainda antagônicas ou não conciliadas, por falta de equilíbrio Moral, ou por não ser ainda acessível a todos o uso das descobertas e meios que tornam a vida mais amena; assim, diz-se que:

"Num triângulo equilátero de lados iguais a cinco (5), que representa o Homem, suas bissetrizes serão medianas e perpendiculares, significando esquadros, com encontros no ponto três (3)."

Aos que atribuem as conquistas da técnica à devassidão do Mundo, a Ordem responde com os seus princípios iniciáticos extraídos dos tempos da antiga sabedoria do Oriente, a demonstrar que o ócio paralisa e dissolve, pois só o cimento moral fortalece nações e Homens.

Não é a técnica causa de vícios, futilidades, orgias, infidelidades e descumprimento de deveres com a pátria e a família; a causa real está nos atos do que se evade da Lei Moral, de quem utiliza o progresso como obra própria e não como dádiva de sábios e cientistas; e que, arrastada de vaidade, racionaliza ilusórios sentimentos de onipotência e irresponsabilidade, não cogitando os males que advirão como tédio (*stress*), neurose, inconformismo e as consequências da vida egoísta e sem sentido Moral ou social.

Querem os Maçons que a técnica acompanhe a ética, e se for somente social, não pode destruir moralmente o ambiente coletivo, pois, caso faça, contribuirá para a própria destruição.

Secretário

IV) Conjugação dos Quinários

A idade simbólica do Companheiro é de 'cinco (5) anos', assim como são 'cinco (5) viagens' que compõem sua Elevação ao Grau, lembrando os mínimos cinco (5) anos exigidos pela Ordem na Alemanha a que o Pedreiro ou Canteiro se tornasse um Gessell ou Companheiro; na Inglaterra, de modo geral, exigia-se o mínimo de sete (7) anos, ou quatro (4) somados a um aprendizado de três (3) anos.

As respectivas 'cinco (5) viagens' do Grau também correspondem à aprendizagem da utilização dos muitos instrumentos apresentados; e, ainda, para conseguir as 'franquias ou cartas de habilitação', completas, que permitissem sua Elevação, o Integrante devia viajar e trabalhar em várias cidades, pois sem as 'cartas', o obreiro não teria privilégios e direitos, ou 'franquias', como não poderia 'dirigir' Oficinas ou Canteiros.

A Estrela Flamígera é construída com 'cinco (5) pontas', que:

'Representa o Homem, pela cabeça, dois (2) braços e duas (2) pernas',

e lembrar ao Companheiro que sua mente deve ser posta em ação e movimento; recordam também os 'cinco (5) sentidos humanos'; lembram ainda os 'cinco (5) princípios'; que 'cinco (5) são os pilares' que sustentam a Loja do Grau, as Colunas Jônica, Dórica, Coríntia, Compósita e Toscana; que, simbolicamente, formam a 'balaustrada da escada caracol', em alegoria que acresce a mesma 'escada' do Templo de Salomão (I Reis 6,8).

E, são 'cinco (5)' os principais e mais comuns significados da Letra G:

1) **Geração** = *Genêse Bêrezith ou Princípio, da Bíblia, com capítulos semelhantes noutros 'códigos religiosos' e até na mitologia;*
2) **Gnose** = *O conhecimento perfeito pela via do Absoluto;*
3) **Gênio** = *Dom do inclinado a criar, renovar e realizar, ou a inquietude dos aderentes ao princípio de Arqueu – paixão realizadora ou chama inventiva/ construtiva; quase equivale ao Djinn dos árabes;*

4) **Geometria** = *Medida de extensão e base da arquitetura; Ciência de origem egípcia levada à antiga Grécia, que os amigos da sabedoria ou filósofos estabeleceram princípios Morais e discutiram a ordem, equilíbrio e harmonia do Universo;*

5) **Gravitação** = *Atração universal – matéria atrai matéria, na razão direta das massas, e inversa do quadrado das distâncias; força que lembra a harmonia do Universo, ou a união a reinar entre Homens, ao ser implantado o amor ao próximo, como desejam os Maçons;*

OBS: Há Rituais e Obras de autores maçônicos que 'substituem' a Letra G pelo caracter hebraico 'IOD' como Princípio Criador – *God*/Deus – *Giott*/Deus – ou Grande Geômetra; entretanto, é certo que esses significados e mudança de denominações pouco importam, pois o que deve prevalecer é que a doutrina maçônica sempre seja a mesma.

Guarda (ou Cobridor)

V) Variações Sobre o Número Cinco (5)

Caso seja inscrita uma figura humana na Estrela Flamígera ou Hominal, com a cabeça e os quatro membros, deve ser devidamente entendida, caso se mostre:

Com a cabeça ou capital 'para cima' em direção ao zênite, sugerindo estar a mente absolutamente equilibrada; o braço esquerdo para o 'alto' simbolizaria o 'domínio da sensibilidade', referido à mão esquerda, e, por conseguinte, a das paixões; e o braço direito 'para cima' revelaria a ação, referida à mão direita, a da materialidade, com sua execução quase inconsciente.

Sobre o número cinco (5), pode-se entender ainda válida a citação de que:

O número dois (2) representa a 'díada ou par', e na Estrela Hominal o dois (2) seria a representação do Homem e Mulher ligados pelo amor, cujo símbolo é o número três (3);

O dois (2) representa o 'par' e o três (3) o 'amor', somando-os resultaria o número cinco (5);

O número cinco (5) designa a Deusa Juno, protetora das núpcias;

Os caldeus e outros povos da Mesopotâmia instituíram o número cinco (5), ou seus múltiplos, a gênios e Deusas referidas à ligação Homem x Mulher – fecundidade e geração;

Corresponde ao número quinze (15)=(3x5) a Deusa Ishtar dos babilônios que significam as Deusas Afrodite dos gregos, Vênus dos romanos e Astarte dos fenícios;

Como curiosidade, na 'quiromancia o quinto (5º) dedo, mínimo ou auricular, representa a união ou matrimônio; havendo linhas transversais na parte inferior e externa da mão esquerda;

Também, por ser esse número intermediário entre o um (1) e o nove (9), é entendido como a intromissão ou objetivação na essência nas coisas, ou o princípio-causa da existência;

VM (ou Venerabilíssimo Mestre)

Finalmente, na velha sabedoria, e principalmente, desde os mais antigos pensadores gregos, era generalizada a noção elementar de que o Universo se compunha de cinco (5) princípios: terra, água, ar, fogo e éter; então essa crença perdurou durante séculos, pelo apoio de grandes pensadores, como por exemplo, Tomás de Aquino.

ASPECTOS GERAIS DO GRAU 2 (PARTE I)

VM (ou Venerabilíssimo Mestre)

O Segundo (2º) Grau da hierarquia maçônica, de Companheiro Maçom, também ensina seu Integrante a trilhar o caminho das:

Ciências naturais, cosmologia, astronomia, filosofia e história,

que por seu intermédio os leva à busca de:

Causa e origem das coisas, conhecer os Homens e a si próprio, explicar diversos símbolos, fazer conhecer a verdade sobre os Homens úteis e a Humanidade, e conceber tudo o que a felicidade pode extrair da Maçonaria;

e todos esses aspectos movidos por: *trabalho, ciência e virtude!*

1º (ou Venerável 1º) Vigilante

Depois que o Candidato conheceu a Luz, agora como Aprendiz foi vestido com o Avental do trabalho intelectual, quando então se tornou um verdadeiro operário da inteligência, exercendo seus préstimos, simbolicamente, ao ruído do Malho, símbolo da força.

E tendo exercido exemplarmente seus encargos como Aprendiz, o véu que recobre os mistérios maçônicos tende a ser erguido um pouco mais; além de que, o Templo fica também mais iluminado, e consequentemente, passará a se elevar e conhecer novos símbolos.

Na Iniciação ao Grau de Aprendiz, procede-se a recepção do Candidato mediante várias provas físicas, a fim de serem conhecidas sua: *firmeza de caráter, franqueza ou dissimulação*; assim como, por intermédio de muitas perguntas e de certas provas Morais, buscar conhecer a: *extensão do espírito, qualidade do coração, justeza dos julgamentos e razão*; enfim, resumidamente, tentar aquilatar todo seu cabedal de: *instrução, estudo e preceitos profanos.*

Enquanto na recepção do Grau de Companheiro cessam as provas físicas, porque o Candidato a essa Elevação deve viajar para aprender o sentido natural e a significação das coisas; apesar disso, somente são feitas perguntas aos Integrantes para ser possível aquilatar o quanto foi seu progresso na Maçonaria.

Depois, é procedida sua Elevação mediante uma instrução simbólica e interpretativa, apropriada a contribuir para o desenvolvimento de suas ideias, que o devem conduzir a estudar a natureza intrínseca dos seres e das coisas.

2º (ou Venerável 2º) Vigilante

Então, desse modo estarão reunidas todas as condições para o desenvolvimento de seu mais apurado conhecimento de si próprio e dos Homens, almejando bem compreender suas relações com tudo que o rodeia, para se conduzir com sabedoria, sempre na tentativa de encontrar a: *cura para os defeitos, guia para as paixões e aperfeiçoamento da razão.*

E a partir de agora, caso seja necessário, auxiliar os Mestres da Ordem na orientação de seus demais Irmãos, e com isso, poder penetrar com muito mais segurança nos aspectos intrínsecos do espírito da Instituição, que se constitui em todo o segredo da Maçonaria.

Essa é a razão por que se procura fornecer ao Candidato a Elevação, resumidamente, uma simples ideia de todas as Ciências que honram o gênio humano, e o conhecimnto dos Homens que se preocuparam com a felicidade humana.

Na Cerimônia de Iniciação, as perguntas feitas ao Candidato são de natureza Moral, e caracterizadas pelos conhecimentos adquiridos nos primeiros anos da vida adulta.

Entretanto, agora chegando à 'segunda idade' do Maçom, com o espírito mais esclarecido, e, portanto, mais desenvolvido, as perguntas a serem feitas ao Candidato a esse Grau no respectivo Cerimonial, como seria natural, serão de ordem mais elevada.

Então, como parte dessa Cerimônia de Exaltação ao Grau de Companheiro, o autor maçônico J. M. Ragon afirma o dever de ser comunicado ao Candidato que:

"A vida é a faculdade de exercer funções que resistem a morte nos seres organizados. Essas funções, como: entendimento, sensações e locomoção, põem o Homem e os animais em relação com os objetos exteriores. A liberdade que preside as suas ações lhes é comum. Mas o caráter distintivo que faz do Homem um ser à parte é a atividade de sua inteligência, que se eleva acima dos sentidos para atingir o infinito, compreender as maravilhas que o rodeiam e mergulhar no futuro. É o único ser que sabe que irá morrer, e quer, quase sempre, agir livremente. Dotado de percepções intelectuais e de ideias morais, conhece seus direitos e deveres, e sabe que depende de conformar-se ou não com isso."

Orador

Então, novamente citando Ragon, depois de obtida do Candidato suas 'livres respostas' às perguntas ritualísticas, cumpriria ainda esclarecer informando-o conceitualmente a respeito de:

Inteligência =

Faz parte da atividade da alma, como a sensibilidade e vontade. É a faculdade de conhecer e pensar, e de onde nascem as ideias, memória e julgamento. Tem sede no sistema nervoso-espino-cerebral, órgão do intelecto e sensibilidade externa. Aciona os nervos dos cinco sentidos, proporciona integração com objetos, e por sensações percebidas pelo cérebro, esclarecido pela Ciência e conhecimento, e levado pelo livre-arbítrio, o Homem pode escolher ou rejeitar.

Instinto =

É uma inteligência totalmente separada da inteligência do cérebro. Precede a forma da organização e a elabora. Dirige os impulsos das ações vitais. Põe o coração em movimento. Vigia, sem interrupção, a conservação dos indivíduos. É mais ativo na infância e nos animais, e aproximando a puberdade revela, secretamente, um futuro de mistério e amor, independendo de vontade, força a pupila a se contrair na Luz e dilatar no escuro. Tem sede no sistema nervoso-ganglionar. Voltado a funções nutritivas e reprodutivas, produz paixões e afeições repentinas, que levam Homens e animais à prática de atos irrefletidos. Vive-se sem inteligência, mas o inteligente não vive sem instinto.

Secretário

Perfectibilidade =

Arte de engrandecer a alma pelo pensamento. Comparar ideias e tirar induções úteis ao bem-estar e aperfeiçoamento da Humanidade. Faculdade que é orgulho do Homem, e o torna superior aos animais. É geralmente mais negativa do que proveitosa nos resultados. O Homem serve-se da mesma, menos para o bem-estar próprio e geral, do que para execer sua supremacia sobre os demais.

Universo =

Substantivo coletivo que signica o mundo inteiro, globo, sistema planetário, astros visíveis e invisíveis, mundos telescópicos e ultratelescópicos até o infinito, e tudo o que essas coisas encerram, enfim, tudo o que existe. Comparado ao Universo, o globo terrestre é um átomo. Diz Condillac: "Se um único corpo é um enigma ao Homem, que enigma não será o Universo!". Disse Buffon: "Tudo está bem, porque no Universo, o mal concorre para o bem, e nada, na verdade, pode causar danos à natureza." O termo Universo refere-se também, em particular, ao Planeta Terra, Parte da Terra, Habitantes da Terra, etc. O Universo era o Deus dos platônicos, chamado: O todo, Grande todo, Imagem de Deus, Estátua de Deus, etc.

Guarda (ou Cobridor)

Mundo =

É o Universo, o céu e a Terra, e tudo o que nela se encontra. A Bíblia remonta a criação do mundo a cerca de 4.000 anos a.C., enquanto anais dos chineses e de outros povos orientais datam sua origem de época bem mais remota, atribuindo antiguidade de várias centenas de anos. Filósofos e eruditos consideram erradas todas essas 'cosmogonias – do grego kosmos = mundo e gonos = geração, sistema da formação do mundo'. A Astronomia e a Geologia fornecem dados mais confiáveis; pela Astronomia o mundo não se limita ao Planeta Terra, como julgou Moisés e os hebreus, informa existirem outros planetas no sistema solar, e um número infinito de outros sistemas no Universo. E, se cada astro pode ser um mundo habitável, o número de mundos é incalculável. As: Astronomia + Geologia + Filosofia, como Lei geral dos astros, descobre épocas de formação e transformação nesses vastos corpos, tanto quanto dos corpos animados que vivem em sua superfície. Não admitem que tenha havido Criação, mas transporte e transformação da matéria. Geologia, particularmente, ensina sobre a Terra verdades que desacreditam completamente as cosmogonias de todos os povos. Afirma que a Terra foi um corpo incandescente e luminoso, com massa fluídica e núcleo líquido, e para chegar ao estado atual, sofreu imensas modificações por milhões de séculos. As duas palavras, Universo e mundo, têm significados diferentes: mundo encerra em seu valor a ideia de único ser, e é o que existe; Univeso apresenta a ideia de vários seres, ou antes, de todas as partes do mundo e dos mundos, é tudo o que existe.

Nesse Grau de Companheiro o número cinco (5) substitui o número três (3) anterior de Aprendiz, indicando que o Candidato avança no árduo caminho que escolheu percorrer; assim, esse número se caracteriza por:

Ser considerado um número misterioso, pois se compõe do binário (2) – símbolo do que é falso e duplo, e do ternário (3) – tão interessante nos resultados já conhecidos;

Por exprimir estados de imperfeição, ordem e desordem, felicidade e infortúnio, vida e morte, vividos na Terra;

Para os antigos é a imagem de 'mau princípio' que lança confusão no mundo, ou do binário que age sobre o ternário; e

Estudar por cinco (5) anos, que prescediam a 'manifestação' do Iniciado.

A Elevação Ritualística ao Grau exige que o Candidato faça 'cinco (5) viagens simbólicas', e que, dentre outros aspectos, pretende que se convença da necessidade de trabalhar eficaz e duplamente, a alcançar instrução e sabedoria recomendadas no Grau, para compreender seus próprios conhecimentos, e os da sociedade.

VM (ou Venerabilíssimo Mestre)

As 'viagens ritualísticas' exigidas dos Recipiendários na ascenção aos diversos degraus da Escada de Jacó – símbolo de progresso dos Integrantes da Ordem, que não devem parecer indiferentes, porque lembram as longas excursões, por vezes perigosas, dos antigos sábios, como: *Mnos, Licurgo, Sólon, Zaleucus, Anaxágora, Tales, Pitágoras, Platão, etc.*; quando se fizeram Iniciar nos diferentes mistérios, e conversar com os sábios de outras regiões.

Essas 'viagens' devem ensinar que o Homem estudioso, nos idos tempos em que não havia imprensa, tinha que viajar muito para se instruir e poder passar conhecimentos aos demais.

E, esse número crescente de 'viagens', conforme os Graus, quer dizer que quanto mais se adianta na Ciência, mais pesquisas e estudos devem ser realizados para se chegar ao saber!

ASPECTOS GERAIS DO GRAU 2 (PARTE II)

VM (ou Venerabilíssimo Mestre)

Na Iniciação moderna esse Grau recebe a denominação de Companheiro, significando *'da mesma região'*; e que essa nominação pode ser substituída por:

Iniciado de segunda Ordem, Neófito do Egito ou Misto nos mistérios de Elêusis.

No Oriente o Candidato, depois das provas mais duras e cruéis, era proclamado 'soldado de Mitra', e podia, tal como os Aprendizes modernos, chamar os Iniciados de 'Companheiros de armas', isto é, de seus verdadeiros Irmãos.

E, alcançando a 'segunda estação do ano', pois o Grau de Companheiro representa a virilidade do Maçom, tornava-se 'Leão da Mitra ou o Sol de verão nesse signo', indicando o ponto culminante de sua força, cujo nome maçônico tem a inicial gravada na respectiva Coluna à qual passa a pertencer, ciente de que os dois primeiros Graus são preparatórios ao terceiro mais sublime!

O Aspirante Companheiro, depois de sua 'última viagem simbólica', começa a andar livremente pelos caminhos orientados pela Elevação de que participou, quando então, percebe que se desdobra à sua frente uma parte importante dos mistérios maçônicos, e, além disso, ainda é revelada uma outra parte da doutrina da Instituição.

1º (ou Venerável 1º) Vigilante

Desse modo, ao novo Companheiro passam a ser confiadas as 'armas', pois é com a ajuda das mesmas que, efetivamente, poderá combater e vencer os inimigos da Maçonaria, ou seja, as más paixões que antagonizam e se contrapõem à sabedoria; assim, tais 'armas' podem ser confundidas e identificadas com os instrumentos do Grau, que em resumo são:

- *Régua, Compasso e Esquadro = símbolos da virtude e das Ciências;*
- *Maço (Malho ou Malhete); e*
- *Cinzel (Escopro ou Formão) = Complementam os cinco (5) instrumentos referentes ao Grau.*

e, as 'armas ou instrumentos', em resumo, podem ser entendidas como:

As 'cinco (5) pontas' da Estrela Flamejante, que representa o Fanal Divino que deve 'guiar e iluminar' todo Iniciado.

Quanto aos principais símbolos apresentados aos Recipiendiários, tem-se que:

No primeiro (1º) Grau de Aprendiz, conhecem o Delta Luminoso, que no centro, além de um Olho (esquerdo) interpretado simbolicamente como 'O Olho Divino que tudo vê', também pode conter o ideograma hebraico YOD, que representa a unidade ou princípio e o fim de tudo;

No segundo (2º) Grau de Companheiro, conhecem as cinco (5) pontas da Estrela Flamejante, que representam a 'variedade e o conjunto das coisas', e a Letra G que brilha no centro, significando também a 'geração universal'.

Por curiosidade, afirma-se que a Legião de Honra teria emprestado da Ordem as 'cinco (5) pontas' da Estrela, quando na França, Napoleão I condecorou os Companheiros de Glória.

Filosoficamente, as 'cinco (5) viagens' que compõem o Cerimonial de Elevação ainda fazem lembrar os 'cinco (5) sentidos' característicos do Homem, que, em última análise, são os seus melhores conselheiros com relação aos julgamentos que deve fazer.

Assim, o Homem deve ter consciência de que, caso se baseie apenas num único dos sentidos, pode se enganar, mas, esse é um fato que jamais ocorreria se partisse por considerar seu conjunto dos 'cinco (5) sentidos', pois: *Toda sensação é uma percepção que supõe a existência da retidão.*

2º (ou Venerável 2º) Vigilante

Em Maçonaria, denomina-se trabalho o tempo de fraternidade das Reuniões em Loja e Assembleias da Ordem, pois o Maçom sabe que nada se consegue sem muito trabalho racional.

Por isso, a Maçonaria quis honrar o trabalho, para o qual a natureza destinou os Homens, porque na labuta se baseia a vida social, constituindo o lastro das sociedades, e a condição indispensável da vida, sendo entendido o trabalho como penhor de: *ordem, inocência e paz.*

Entre os povos mais trabalhadores, encontra-se o maior número de vidas felizes, modestas, sem miséria, isentas de tentações e imunes a opulência, pois o trabalho produz: *bons-costumes, satisfação do espírito e contentamento do coração*, tríade que resulta em bem-estar, tradução da única felicidade; assim, a riqueza, mesmo quando gerada pelo próprio trabalho, perde seus inconvenientes e passa somente a conservar vantagens; então, são as razões dos Templos Maçônicos serem decorados com instrumentos e emblemas, relacionados com trabalhos manual e intelectual; cientes de que quem pratica o trabalho Moral está necessariamente praticando virtudes.

Com base nisso, a Maçonaria propaga as 'ações benéficas' que devem ser levadas a efeito, quando um Irmão se encontra em estado de:

SITUAÇÃO	AÇÃO
Indigência	Seja liberal
Perigo	Socorre-o
Erro	Diga-lhe a Verdade
Sofrimento	Cura-o
Aflição	Dissipa-lhe a aflição

e, em complemento, também deve ser ensinado a ignorar tudo que considera o melhor, e que será virtuoso se praticar as atitudes encimadas, assim, terá 'trabalhado muito bem'!

A respeito da 'remuneração' dos Integrantes da Ordem, afirma o estudioso Ragom que o 'salário maçônico é simbólico', significando que o Iniciado como um Homem-de-bem não espera sua 'recompensa no futuro', mas a 'recebe aqui e agora', ficando satisfeito por isso.

Orador

Essas condições tornam o Maçom um virtuoso, não para que sua conduta o faça feliz, mas porque a virtude, objetivo de seu trabalho, proporciona paz de espírito, satisfação e felicidade.

O Companheiro Maçom está situado entre as 'duas metades ou duas idades', do tempo decorrido da vida, para receber conselhos dos mais antigos e depois transmitir aos mais jovens; por tudo isso, só após ter trabalhado em seu aproveitamento, e de ter servido à Humanidade, é que pode aspirar a recompensa honrosa, traduzida na real possibilidade de poder penetrar no santuário; e, caso o Integrante venha resumir as interpretações da própria Iniciação e Elevação, poderá concluir e reconhecer que:

O aprendizado é a verdadeira 'introdução' na Ordem; que o Grau de Companheiro requer esforço nos estudos; e resta depois conhecer o 'coroamento' da trajetória.

Porque foi demonstrado que o Companheiro, na própria caminhada, representa um símbolo solar, luminoso e iluminado, pois:

A alma do Maçom deve ser 'educada' pelos estudos e a convicção nos preceitos transmitidos;

e é por isso que o juramento na Elevação a esse Grau não mais menciona 'penas corporais', concebendo vínculos mais nobres como honra e sua palavra, que por ser Maçom, são inegavelmente suficientes aos demais, que se encorajam no trabalho e zelo.

Assim, o zelo maçônico se traduz pelo incomparável amor à Humanidade e à verdade, sendo ainda considerado o ardor com que o Integrante deve se entregar ao trablho na Oficina.

Quanto à nomenclatura invertida das 'duas Colunas do Templo', junto às quais se postam os Aprendizes e Companheiros, e que têm instaladas as Letras iniciais – J e B, das respectivas 'palavras sagradas' de cada Grau; cabe ainda salientar que sempre causou admiração essa 'inversão' existente nos diversos Ritos, bem como, a busca de explicações e razões para isso, então:

A Palavra **Jakin** – *estabilidade e/ou firmeza; é pentagramática, isto é, tem cinco (5) letras, e*

A Palavra **Bo[a]oz** – *A força está em Deus; é tetragramática, isto é, tem quatro (4) letras.*

Secretário

E, segundo estudiosos, seria essa a razão principal, porque o Rito Escocês Antigo e Aceito (REAA) adotou uma ordem que é 'inversa' à dos Ritos Moderno ou Francês e Adonhiramita, pois conforme o autor maçônico Ragon, quanto à escolha da denominação das Colunas, que:

O REAA = refere-se ao número de letras da Palavra, e não a seu respectivo sentido e valor;

Enquanto, inversamente, outros Ritos optaram pelo sentido e significado das Palavras; (ambas opções referidas aos dois primeiros Graus do simbolismo maçônico);

e, criada 'discórdia' no sistema simbólico, resultando na 'inverção' dos locais das Colunas 'J e B'.

A Estrela Flamejante brilha no segundo (2º) Grau, pois como foi dito, o Grau de Companheiro representa a 'segunda (2ª) estação do ano', em que a Luz atinge seu ponto mais alto; de onde seriam lançadas línguas de fogo que concorreriam ao ser dado o dom da palavra, ou seja, seria dada a todos os seres vivos a 'capacidade de produzir'; também como já dito, representa a virilidade do Maçom; e ainda, seria o motivo que as 'cinco (5) pontas' da Estrela, como as 'cinco (5) viagens', representam os 'cinco (5) meses de produção' da Natureza; mas depois, infelizmente, a palavra se perde.

Os antigos filósofos tendiam a enxergar o Homem como se, divinamente, fosse entendido como 'resumo' do Universo; por isso, chamavam-no microcosmo ou pequeno mundo, e imagem da Estrela Flamejante, que representavam por uma figura humana inserida na Estrela, em que:

- *Cabeça = Indicação do ângulo superior;*
- *Quatro (4) membros separados extendidos = Nos quatro (4) ângulos restantes; e*
- *Centro = A 'Letra G'.*

Guarda (ou Cobridor)

A 'obliquidade' da 'marcha' do Grau significa que pode se dirigir ao 'ponto cardeal antagônico ou oposto' àquele em que caminhava como Aprendiz, que é permitido passar pelo meio-dia e viajar por toda parte a se instruir; como assume passar seus conhecimentos aos demais.

E, cono foi dito anteriormente, a Pedra do Grau – Polida ou Cúbica, sobre a qual se supõe que os Companheiros afiam os 'instrumentos de trabalho', simbolizam os progressos a fazer na Instituição, ao mesmo tempo em que devem procurar melhorias nas relações com os demais Irmãos.

O cubo, por ser o sólido mais perfeito e com mais superfícies contínuas, pode se destinar a todos os usos, por isso, a Pedra Cúbica, em sua 'interpretação moral', é a *'Pedra angular do Templo imaterial levantado à filosofia – o símbolo da alma que aspira subir até sua fonte'*.

A Pedra Cúbica, segundo alguns estudiosos maçônicos, deve terminar em *'pirâmide – símbolo do fogo'*, a fim de que ali sejam inscritos os 'nomes sagrados'; e considerando ainda que para talhá-la é preciso utilizar o *Compasso, Esquadro, Nível e Prumo*, uma série de Instrumentos que representam as Ciências para o espírito do Maçom, cuja perfeição vem do alto; são as razões dessa Pedra alegórica pertencer ao simbolismo do segundo (2) Grau.

Sendo a filosofia o estudo da: *razão, sabedoria e mistérios da Natureza*, e por isso ninguém, nem ancião ou jovem, jamais deve se furtar a esses estudos, pois:

Nenhum indivíduo é velho demais a ponto da Ciência da felicidade ser fadigante, quanto

Nunca é jovem demais a ponto de hesitar em se iniciar na prática dessa Ciência;

em outros termos, seria o mesmo que dizer:

Ainda não seria tempo de ser feliz, ou, é tarde demais para ser feliz!

VM (ou Venerabilíssimo Mestre)

E, também como foi dito, sendo a *'filosofia – o símbolo da alma que aspira subir até sua fonte'*, por isso deve libertar o espírito de: *'crença vã, preconceito e superstição'*, e concluir que: *Estudar filosofia significa querer, com muita intensidade, ser absolutamente Livre!*

Finalmente, pode-se afirmar que pela filosofia chega-se ao próprio domínio, e quem é iluminado por essa Ciência tem certeza de ser superior às suas paixões, que o leva a aprender que essas 'não' são senhoras da razão; enfim, consegue o conhecimento das causas e efeitos, a revelar o caminho pelo qual pode atingir o maior objetivo da vida, ou seja, a felicidade!

CONSIDERAÇÕES ADICIONAIS SOBRE O GRAU 42

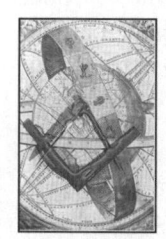

VM (ou Venerabilíssimo Mestre)

As principais razões que motivam os Integrantes da Maçonaria em serem elevados à Câmara de Companheiro são os desejos inerentes de receber novas Luzes e maiores conhecimentos, além de fazer progresso na Ordem; e, nas ocasiões em que os Maçons são indagados se são Companheiros, devem responder:

"Viram a Estrela Rutilante, Flamejante ou Flamígera".

E, para tanto, foram recebidos numa Loja Perfeita composta por sete (7) Integrantes, representados pelas sete (7) Luzes, que dependendo do Rito adotado pela Oficina, podem ser:

O Venerável (Venerabilíssimo) Mestre, os 1º e 2º (Veneráveis 1º e 2º) Vigilantes, demais Luzes que compõem a Loja, e, no mínimo, um Companheiro.

1º (ou Venerável 1º) Vigilante

E, quando os Integrantes decidem ser recebidos Companheiros, passam a conhecer a 'Letra G', que, resumidamente, representa os:

Monograma de uma forma do nome do G∴A∴D∴U∴ – fonte de toda Luz e origem das Ciências; e

Inicial ('G') de Geometria – Ciência cuja base essencial é a aplicação da propriedade dos números às dimensões dos corpos, principalmente do triângulo, figura à qual pode ser reduzida a grande maioria das outras figuras geométricas.

Simbolicamente, os Integrantes são recebidos no segundo (2º) Grau ao passar da *'Perpendicular ao Nível'*, e ao galgar mais *'dois degraus'* aos do primeiro Grau de Aprendiz, totalizando os 'cinco (5) degraus' do Templo, local onde novamente são repassados outros: *'sinal, toque e palavras sagrada e de passe'*, característicos e identificadores do novo Grau.

O novo *'sinal peitoral'* significa que os Companheiros devem *'guardar os segredos e mistérios da Maçonaria'* no fundo do próprio coração, ou simbolicamente, optarem por ser arrancado no caso de revelar qualquer desses segredos e/ou mistérios.

E, que ao ser solicitada a 'palavra sagrada', dependendo do Rito, devem responder que:

'Não posso dar senão silabada, dai a primeira sílaba que darei a segunda';

salientando que a palavra significa: *'A Força está em Deus'*; e, dependendo do Rito, era o nome da Coluna onde os Companheiros recebiam os *'salários'*, alocada no *'pórtico'* à entrada do Templo.

Já a 'palavra de passe' representa a *'senha'* instituída no acampamento de Jephé – General dos israelitas na guerra contra os efrainitas, que não conseguiam pronunciá-la corretamente, e assim sendo eram imediatamente delatados.

2º (ou Venerável 2º) Vigilante

Essa 'palavra de passe' significa *'espiga-de-trigo'*, que para a Maçonaria representa o grande número de seus Integrantes na Ordem, tal como as *'espigas'*, ou seja, os Componentes da Instituição são tão numerosos quanto as *'espigas-de-trigo'*.

Quando os Integrantes trabalham com denodo, ardor e constância, na Coluna dos Aprendizes, reúnem as condições exigidas para Elevação ao Grau de Companheiro, e só passam a esse Grau depois de realizarem 'cinco (5) viagens' iniciáticas, constantes do Cerimonial.

E, complementando, pode-se também afirmar que, ainda dependendo do Rito em que trabalha a Loja, as Colunas são identificadas pelas *'Letras J e B, ou vice-versa, invertidas B e J'*, a partir do mesmo ponto de vista, mas que apesar disso, independentemente, devem sempre manter a obrigatoriedade de sua esplendorosa representatividade e simbolismo!

Nas 'viagens simbólicas' da Elevação, na *'circulação'* em Loja, a trajetória ritualística a ser percorrida tem início entre-Colunas, isto é, no ponto solsticial ali demarcado, e seguindo pelo Sul em direção ao ponto solsticial situado à entrada do Oriente, para depois prosseguir ao Norte de onde regressa ao Ocidente.

E, quanto a essas 'cinco (5) viagens', apenas com intuito de simples menção, até porque há nesse texto outras Instruções muito mais completas e detalhadas a respeito; simbólica e resumidamente, valeria citar que:

1ª (primeira) viagem =

Representa o primeiro ano consagrado à aprendizagem de propriedades, emprego de materiais e perfeição no corte das Pedras, que devem aprender a 'desbastar e esquadrejar' enquanto Aprendizes. E mesmo pelo conhecimento adquirido está longe de concluir sua obra, a qual só o trabalho profícuo do Maço e Cinzel é capaz de conduzir, mas tudo feito desde que recebida a necessária Luz.

2ª (segunda) viagem =

Ensina que nesse segundo ano adquire conhecimento dos elementos da Maçonaria prática, aprendendo a traçar linhas nos materiais desbastados e prontos. E apresentar ao espírito uma ideia primordial, que os primeiros ensaios ressentem-se de fraqueza, mas, por estudos constantes e bem dirigidos, rapidamente alcança elevados ensinamentos.

Orador

3ª (terceira) viagem =

Representa o terceiro ano onde são confiados emprego e colocação de Pedras e materiais prontos, o que supõe instrução para discernir onde se destinam. E, para movê-las e as transportar, necessita da Régua e a força da Alavanca, para ratificar e moderar os excessos dessa força.

4ª (quarta) viagem =

Significa o quarto ano em que deve se ocupar da verificação do assentamento e colocação de Pedras, além do emprego dos materiais.

5ª (quinta) viagem =

Representa o último ano de sua Instrução, e já sendo conhecedor da prática da arte, deve se entregar ao estudo da teoria – o trabalho do espírito, por isso a viagem se faz com mãos livres e desembaraçadas.

O Candidato, para adentrar ao Templo pela porta do Ocidente, sobe os 'cinco (5) degraus' e se deparava com as, já mencionadas, duas (2) grandes Colunas de Bronze junto ao pórtico; apenas para mencionar, porque há no texto Instruções detalhadas a respeito.

E cabe citar que as Colunas tinham cerca de:

Dezoito (18) côvados de altura – doze (12) de circunferência – quatro (4) dedos de espessura na lateral – e eram ocas;

tendo por finalidade, dentre outras, as da:

Guarda das ferramentas dos Companheiros e Aprendizes, e a proteção do tesouro destinado ao pagamento dos salários';

que, para receber, era preciso apresentar os *'sinal, toque e palavra sagrada'* dos respectivos Graus.

Para adornar essas Colunas, em seu cimo havia 'cornijas' em forma de lírios com cinco (5) côvados de altura, tendo ao redor folhagem em ouro que cobria os lírios, e pendente duas (2) fileiras com duzentas (200) romãs.

E, em complemento, citar que as 'romãs' significavam simbolicamente:

Pela divisão interna – os bens produzidos nas estações do ano; e

Pela justaposição das sementes – a fraternidade e íntima união, que devem reinar entre as Lojas e os Maçons espalhados por toda a superfície da Terra.

Secretário

A Loja que abriga os Companheiros também é dedicada a São João, porque durante as Cruzadas, quando os Maçons se uniram aos Cavaleiros de São João de Jerusalém para combater os infiéis, passaram a se colocar sob a proteção de São João, e a se tornarem vitoriosos.

Então, regressando às suas pátrias, concordaram em consagrar-lhe no futuro suas Lojas, por isso, ao serem perguntados:

Onde está situada sua Loja? Respondiam: *Ao Oriente do Vale de Josaphat, num local em que reinam a paz, verdade e união.*

Os Templos destinados à Loja de Companheiros, física e simbolicamente, possuem:

Forma de quadrilongo; comprimento do Oriente ao Ocidente, ou de Leste a Oeste; largura do meio-dia ao setentrião, ou de Norte ao Sul; altura de muitos côvados, ou da superfície da Terra aos recônditos do cosmos; profundidade da mesma superfície ao centro da Terra (ad infera e ad astra); *O Oriente coberto por dossel azul-celeste; e teto do Ocidente marchetado de estrelas. Essa edificação é suportada por três (3) grandes pilares: sabedoria para criar; força para executar; e beleza para adornar. Ainda ornamentada pelo Pavimento Mosaico que decora o limiar do grande pórtico; com Pedras brancas e pretas justapostas, significando a íntima união de Maçons; a orla dentada que guarnece as extremidades do Pavimento, representando a Cadeia de União a unir os Maçons, fazendo-os constituir uma família; a Estrela Rutilante que ilumina os quadrantes do mundo, e o símbolo do G∴A∴D∴U∴ a irradiar Luz própria, Sua exclusiva.*

E as Joias que compõem essa Loja são seis (6), e dependendo do Rito adotado pela Oficina, podem ter as seguintes descrições:

Guarda (ou Cobridor)

Três Joias Móveis – São repassadas na mudança da Administração da Loja:Esquadro para esquadrejar Pedras, unindo-as pelos ângulos retos, assim, simbolicamente, dita ao Venerável (ou Venerabilíssimo) a ilibada conduta que deve ter, e como significado Moral ensina que as ações dos Maçons são reguladas por retidão e justiça; Nível para assentar as Pedras horizontalmente, e como significado Moral, que entre Maçons deve reinar perfeita igualdade; e Prumo para levantar edifícios perpendiculares aos alicerces; e como significado Moral, que os bens procedem do Alto, do G∴A∴D∴U∴; Nível e Prumo decoram os 1º e 2º (Veneráveis 1º e 2º) Vigilantes;

Três Joias Fixas – *São permanentes, e por 'não' serem transitórias, jamais se alteram: Pedra Bruta onde aprendem a trabalhar os Aprendizes; e como significado Moral, é a imagem do Homem grosseiro, que só o estudo profundo de si pode polir e aperfeiçoar; Pedra Cúbica, de Amolar ou Polida, em que os Companheiros afiam suas ferramentas; e como significado Moral, o símbolo do esforço do Homem virtuoso para dominar as paixões, e apagar os vestígios que o vício possa ter deixado; e Prancha de Riscar, Prancheta ou Pedra de Traçar, onde os Mestres projetam os planos da obra; e como significado Moral, símbolo de exemplo que devem aos Irmãos e à Humanidade.*

E a dita Maçonaria teórica é usada para aperfeiçoar costumes, tornando os Integrantes úteis ao Estado e à Humanidade, pela Moral e Princípios, sendo então reconhecido o Iniciado por guardar silêncio, prudência e caridade, e pelo exemplo das virtudes que pratica.

VM (ou Venerabilíssimo Mestre)

Sendo mais 'instruídos' que os Aprendizes, os Companheiros devem se colocar à disposição dos Mestres, procurando servi-los com fervor, prazer e liberdade; e, os verem, simbolicamente, vestidos de ouro como símbolo de riqueza, e azul como a sabedoria; dons que o Criador concedeu ao Rei Salomão; e ainda, devem sentir-se satisfeitos em 'receber o salário' junto a sua Coluna.

Finalmente, esse texto almeja apenas contribuir, com sincera simplicidade, para a Elevação dos próprios conhecimentos dos Integrantes como Companheiros; e assim, ter esperança de que, brevemente, estarão capacitados a participar dos trabalhos como Mestres, por intermédio de suas Exaltações com a ajuda e sob a bênção do G∴A∴D∴U∴.

DIVERSIDADE DO GRAU DE COMPANHEIRO 43

VM (ou Venerabilíssimo Mestre)

O Aprendiz depois de ultrapassar a necessária diversidade em termos de experiências, e ter alcançado os devidos progressos na Instituição, deve procurar ser merecedor de seu respectivo 'aumento de salário', ou seja, de sua Elevação que o tornará um Companheiro Maçom.

Para que isso ocorra, deve ter plena consciência que sua Elevação ao segundo Grau, representará mais que o simples galagar de outro 'degrau na escalada hierárquica' da Maçonaria simbólica, pois significa a tão almejada continuidade de seu aperfeiçoamento.

1º (ou Venerável 1º) Vigilante

O Integrante como Aprendiz, munido do conhecido instrumental que é colocado à sua disposição, ou seja, o Malho e o Cinzel, e que se destina a realização de seu nobre trabalho; e esse Candidato à colação do Grau seguinte deve estar cônscio que em muito já se aperfeiçoou, tanto com relação a sua Pedra Bruta, quanto sua própria personalidade.

Porém, esse estado de coisas não deve isentar o Candidato de perceber que esses dois últimos aspectos mencionados, sua Pedra e personalidade, deve ser alvo de aperfeiçoamento para que alcance as condições de maior perfeição, ou que ainda necessitam ser mais trabalhados.

Para tanto, o Integrante já deve ter refletido bastante, com esmero e dedicação, sobre tudo que compõe o mundo, isto é, tanto a materialidade quanto a espiritualidade; mas, agora esse Maçom chega ao estágio em que deve analisar a necessidade repassada de que precisaria:

"Penetrar em si mesmo, e a partir de séria e severa introspecção, tentar com afinco melhor retocar, intrinsecamente, os contornos de sua personalidade Moral."

Por todo o exposto, poder-se-ia afirmar que o filosofismo do segundo (2º) Grau de Companheiro busca, incessante e ininterruptamente, responder àqueles que assim indagam:

"Por que o Homem é convidado a discernir e a comparar?"

Pressupondo que já seja do conhecimento do Candidato, a polêmica sobre a 'origem do Homem', e o dispondo em seu legítimo espaço e lugar na 'criação'; assim, seria de concluir que tem pleno entendimento: *"Do que é, e do que vale!"*

Então, por ter alcançado tais condições, o Candidato passa a entender que sua inteligência seria seu mais competente instrumento para definir e fornecer a 'chave' do seu próprio destino, e para análise do que tem em comum com os denominados 'destinos coletivos'.

Aos utensílios do Grau de Aprendiz, ou seja, ao Malho representando a vontade, e ao Cinzel significando o julgamento, devem ser acrescidos as: *Alavanca, Régua, Esquadro e Compasso*, pertencentes e apresentados no segundo (2º) Grau, sendo *símbolos das virtudes: perseverança, retidão, medida e circunspeção*, respectivamente, que o Companheiro Maçom deve adquirir e se aprimorar, além de visar sua prática constante.

2º (ou Venerável 2º) Vigilante

E, por esses novos ideais, o recém-Elevado Companheiro se tornará cada vez mais apto ao autoaprimoramento, e, apesar de ter sido aliviado de suas mais visíveis e importunas arestas, deve continuar trabalhando com afinco porque o Bloco (Pedra) representa sua personalidade, que ainda permanece grosseiro necessitando de polimento.

Para conseguir o cumprimento com sucesso dessa importante tarefa, dentre outras novas atribuições advindas juntamente com sua 'admissão' nesse segundo (2º,) Grau, será apresentada uma obra que deve procurar muito bem realizar, ou seja: *Sua obra social*.

Como um tipo de treinamento para que consiga colocar, eficientemente, em prática toda a nova preceituação filosófica, mostrada na Elevação, deverá passar por 'cinco (5) experiências inéditas', ou seja, a representação simbólica de 'cinco (5) viagens' que deve ser realizada como parte do Cerimonial de Iniciação a esse Grau.

Assim, de modo diferente do usual e conhecido, isto é, a partir de uma 'visão complementar dos relatos normativos', passa-se a discorrer sobre essas 'inéditas experiências', porém lembrando que nesse texto constam outras Instruções que tratam do assunto com muito mais pormenores, e:

1ª **Experiência:** *Mostra a quase insuficiência das ferramentas com que trabalharam enquanto Aprendizes – Malho e Cinzel. Durante o percurso, o Adepto também deve tomar conhecimento dos 'cinco (5) sentidos' que a Natureza o dotou: visão, audição, olfato, paladar e tato, quando fica bem entendido que são esses sentidos os maiores responsáveis pela abertura das portas do conhecimento. Somente contando com esses sentidos é que o Homem entra em contato com o mundo exterior, e assim, pode realizar seus julgamentos sobre todas as coisas, e se conscientizar que o verdadeiro discernimento para tanto, depende, apenas e unicamente, do conhecimento de si próprio. Entretanto, existe muita gente que não realiza esses julgamentos de seu próximo com extrema justiça, porque antes não promoveu o necessário julgamento de si próprio. Esse* *princípio psicológico e ético da Maçonaria se enquadra perfeitamente numa das máximas mais conhecidas do Cristianismo, também considerada um preceito doutrinador, cabível em qualquer situação na qual se encontrem os Homens, independente do próprio credo ou pensamento, a saber: "Somente fazei aos outros o que quereis que vos façam!"*

Orador

2ª Experiência: *Depois de realizada a primeira experiência, o Candidato recebe novas ferramentas: Régua e Compasso. Então, como já aprendeu a servir-se de seus importantes sentidos, agora será ensinado a dirigi-los e conservá-los na melhor e retilínea trilha, atribuição essa que será proporcionada pelo segundo (2º) Grau. Sendo considerada a Régua o emblema da retidão, indica ao Companheiro que deve seguir seu rumo sem falar sua 'palavra'. O Compasso ensina a medida, prudência e circunspeção, e que deve estudar o caminho antes de palmilhá-lo.*

3ª Experiência: *Efetua com dois outros emblemas: Régua e Alavanca. Nessa terceira experiência aprende a utilidade de três dentre as sete Artes Liberais: Gramática, Retórica e Lógica, representando, depois de realizada a primeira experiência, o segmento das que significam a Arte da Palavra, ou seja, de falar. Então, deve se compenetrar em pensar e agir com discernimento e justiça, e propalar pela palavra e exemplo as ideias do bem, assim, podendo afirmar quão grande é o poder da palavra. Mas, ainda há as outras Artes Liberais: Aritmética, Geometria, Astronomia e Música, sendo que, evidentemente, devem ser estudadas e conhecidas essas demais Artes, assim: A Aritmética é a 'arte de contar; a Geometria é a 'arte de medir'; a Astronomia é a 'Ciência dos astros'; e a Música é a 'arte dos sons'. A Astronomia – Ciência dos astros, é uma das aplicações da Geometria na medida do céu e estudo do cosmos; outrora, era para o Adepto uma fonte de medição, considerada a mais perfeita, pois presidiam as magníficas obras do G∴A∴D∴U∴. A Música – conhecimento e relação dos sons, tem, dentre outros benefícios, o supremo objetivo de comover corações, aplacar ódios e inspirar grandes ideais.*

Secretário

4ª Experiência: *Ensinar o Adepto a se servir do Esquadro, a submeter suas ações à razão e à Lei Moral. Assim, o Esquadro significa que devem ser reguladas a conduta e ações pela linha e Régua maçônicas, corrigindo-se e procurando se harmonizar na vida, para se tornar digno do Ser Supremo, de cujo Poder tudo emana, e a quem cabe prestar contas por ações, palavras e pensamentos. O Esquadro é o meio de estabelecer figuras geométricas, de perfeita harmonia, e de absoluta e completa retidão.*

5ª Experiência: *Estágio final para admissão ao Grau de Companheiro. Nessa experiência não é conduzido nenhum instrumento, pois já se alcançou a condição de estar suficientemente instruído. Não mais é preciso portar instrumento, porque também já se adquiriu a independência, por meio de aprendizado, conhecimento e materiais, tudo alcançado pelos estudos realizados. Agora, como um hábito, pode e deve praticar ações meritórias, sem nenhum outro auxílio que não seja a razão, porque a prática das virtudes deve ser extremamente familiar. Na última etapa das experiências, ao longe há um ponto luminoso, a Estrela Flamejante, cujas 'cinco (5) pontas' também representam o ser humano.*

Guarda (ou Cobridor)

E, lembrando que os instrumentos pertencentes ao segundo (2º) Grau de Companheiro Maçom são: Alavanca, Régua, Esquadro, Compasso, Malho, Maço ou Malhete, e Cinzel ou Escopro, cujos significados simbólicos constam de outras Instruções específicas contempladas nesse texto.

Com referência ao símbolo da Estrela, assim há citações no Rito Moderno ou Francês:

"A Estrela Flamejante é 'emblema do gênio' que eleva a grandes coisas, e imagem do 'fogo sagrado' que abrasa a alma do Homem que, ... sem vaidade e ambição em baixa, devota a vida à glória e felicidade do gênero humano."

O pensador e autor H. Durville, inicialmente, diz:

"A Estrela Flamejante é a imagem do Homem evolucionado dotado de poderes psíquicos, diferindo nisso, como pelo trabalho de sua inteligência, dos Homens que não tendo recebido o dom Divino, são figurados pelo Pentagrama não iluminado."

E no centro da Estrela a 'Letra G', inicial do vocábulo grego *'gnosis'*, que representa o conhecimento, e esse significado se origina dos 'gnósticos', ramificação dos cabalísticos, com objetivo de adquirir o real conhecimento das coisas, sendo a mais importante meta do Iniciado.

E ainda, antes do Companheiro Maçom pleitear sua Exaltação a Mestre, deve demonstrar que se transformou na Pedra Cúbica, aparelhada e polida para a construção; então, é necessário um estudo retrospectivo, quando o Candidato a Mestre deve partir da Estrela Flamejante em direção às ferramentas do Companheiro, como dito: Alavanca, Régua, Esquadro, Compasso e, finalmente, o Malho, Maço ou Malhete, e o Cinzel ou Escopro, instrumentos iniciais de trabalho conhecidos no primeiro (1º) Grau de Aprendiz; e, além disso, o Candidato deve recordar das 'Provas iniciais do Fogo, Ar, Água e Terra', mas, principalmente, do 'Cálice da Amargura', para depois voltar à Câmara das Reflexões e rever seus princípios de obscuridade.

Somente depois das experiências, por meio da 'linha e Régua maçônicas', corrigindo e procurando harmonizar-se, como dito, é que o Adepto estaria apto a construir o edifício do bem.

VM (ou Venerabilíssimo Mestre)

Então, pode-se afirmar que tanto esses, quanto todos os demais conhecimentos acumulados, ao longo da existência, somam-se e habilitam o Candidato a realizar as gigantescas tarefas que visem construir seu 'edifício interior do bem'.

Finalmente, para se aproximar da perfeição, o Adepto deve fazer sempre o melhor uso dos instrumentos confiados: Régua – retidão e direção moral; e a Alavanca – pelo filósofo e pensador Arquimedes, capaz de erguer o mundo bastando contar com um ponto de apoio, e assim, representando o esforço que jamais se deve desfalecer diante do ideal; em resumo, tem-se que:

"O segundo (2º) Grau de Companheiro é consagrado à 'mocidade maçônica', guiando o Maçom pelas veredas da Virtude, Bem, Ciência e Trabalho Constante."

GENERALIDADES DO GRAU DE COMPANHEIRO

VM (ou Venerabilíssimo Mestre)

Simbolicamente, a velha expressão 'aumento de salário' relembra a Maçonaria Operativa, e parece ter origem francesa, referida às promoções dos Integrantes de um Grau para outro superior; mas, devendo ser justificado pela demonstração e comprovação que o Maçom seja possuidor de:

- *Esmerada e irrepreensível 'conduta' no mundo profano e maçônico;*
- *Detentor de 'profundo conhecimento' do Grau em que se encontra colado; e*
- *Que já transcorreu o necessário 'interstício regular' estabelecido para esse mesmo Grau.*

A esse respeito reza o Artigo 24 – Capítulo II do Regulamento Geral da Federação, conforme a Lei 0026 de 22/01/1995 da E∴V∴, que dispõe:

"O Companheiro que tenha frequentado durante seis (6) meses, e assistido o mínimo de quatro (4) Sessões no seu Grau, poderá pedir pelo Primeiro (1°) Vigilante de sua Coluna, a sua Exaltação ao Grau de Mestre, processando-se tudo de conformidade com o estabelecido no mencionado Artigo e seus Parágrafos ... ".

então, e apesar disso, o Companheiro deve perguntar se:

Estaria preparado para assumir tão grande responsabilidade?;

pois, ensinam os Grandes Mestres que o segundo (2°) Grau do simbolismo exige o estudo das:

Ciências, cosmologia, astronomia, filosofia, história, e a origem e causa de todas as coisas.

1º (ou Venerável 1º) Vigilante

Esse segundo (2°) Grau obriga o Integrante ao estudo dos símbolos e da vida, principalmente dos que foram sempre úteis à Humanidade, pelo próprio *'trabalho, ciência e virtudes'*.

Além disso, caberia também ao Maçom bem conhecer a vida e obra do pensador e filósofo grego Sócrates, cuja 'doutrina filosófica' não se trata somente de Ciência, mas também de Arte; e, de modo análogo, não pode o Companheiro ignorar quem foram *'Pitágoras, Platão, Aristóteles, Kant, Buda, Maomé, Pascal, Darwin, Voltaire, Washington, etc.'*; assim como os grandes pensadores e intelectuais do Brasil, como *'Rui Barbosa, Castro Alves e Rio Branco'*, dentre os inúmeros brasileiros ilustres que glorificaram a pátria e dignificaram a Maçonaria.

Em alguns livros que tratam da 'Origem da Maçonaria', consta que o Grau de Companheiro se originou dos trabalhadores que construíram o Templo de Jerusalém ou de Salomão; e ainda, que exerceram suas funções, sempre dirigidos por Mestres vindos da cidade de Tiro.

Nos trabalhos os operários foram divididos em três (3) classes: *Aprendizes, Companheiros e Mestres*, e que os Aprendizes não podiam saber o que sabiam os Companheiros, e esses por sua vez, não conheciam a Arte da Construção antes de serem Exaltados à condição de Mestre.

De acordo com vários autores maçônicos, o termo Companheiro tem origem no francês *Compagnon* = Camarada, significando o *'operário que trabalha com outro'*; porém, em verdade, remontando à etimológica e histórica, a palavra Companheiro se originou do latim *Companione*, mas, em latim, *Companione* significa testículos, e por analogia, pode ser entendido como 'dois inseparáveis' Companheiros; entretanto, há quem dê outra etimologia latina para Companheiro, a saber, *Cum Painis – com pão – que partilha o mesmo pão – que come do mesmo prato*.

E, mesmo já tendo sido quase perdida essa noção etimológica, atualmente é válido que Companheiro seja entendido como sendo: *camarada, colega, confrade ou Irmão*, que trabalha com outro do ofício e da mesma Oficina.

Permitindo-se entender outros aspectos do segundo (2º) Grau, seria possível afirmar, como já dito, que o Grau de Companheiro representa simbolicamente a 'segunda (2ª) idade' do Homem.

Sendo considerado por muitos tratadistas como *'o mais importante'* Grau da Maçonaria Simbólica, porque exige do Integrante um profundo estudo filosófico e social, compreendendo os deveres do Homem para com Deus, consigo e seus semelhantes.

2º (ou Venerável 2º) Vigilante

É nesse Grau que o Integrante começa a aprofundar-se no conhecimento da Letra G, isto é, das denominações que começam por essa inicial, e que têm o mais vigoroso sentido simbólico.

Assim, a Letra G se transforma no símbolo representativo do Grande Geômetra, outra expressão relativa ao Grande Arquiteto do Universo – G∴A∴D∴U∴; além disso, dá margem a significados especulativos diversos como: *'geração, geometria, gnose, gramática, gravitação, gama, ghimel, gotti, gum, gad, gannes, gomal'*, e quantas outras interpretações o Homem possa conceber, e que assume importância maior ou conhecimento profundo no Grau; mas, ainda referente à Letra G, o Integrante deve saber que a verdadeira interpretação seria:

"A Letra G – sendo a terceira (3ª) letra do alfabeto primitivo, e tendo a forma que lembra uma mão semicerrada no ato de 'colher' algo, lembra o gesto dos Maçons ao encostar essa 'mão na garganta'; então, não deve ser visto nesse gesto apenas o simbolismo ensinado aos Integrantes da Ordem, mas, também a 'significação de que é na garganta que a mente consegue corporificar-se na 'palavra', isto é, no 'verbo'."

e é possível verificar a materialização da mente imaterial, ou noutras palavras:

"A união do espírito com a carne, o mistério da geração e a transformação do Divino em humano, aquilo que os Evangelhos ensinam: E o verbo se fez carne!"

Porém, merece destaque a informação de que não pode o Companheiro desconhecer uma dessas várias interpretações da Letra G, que seria relativa à palavra **GOD** – Deus, cuja origem está ligada à cultura maçônica pelos termos: **G**omer = *Beleza;* **O**z = *Força* e **D**abar = *Sabedoria.*

E essas iniciais formam a palavra **GOD** – o sustentáculo da Maçonaria, pois **GOD** constitui a *'trindade na unidade'*, onde: *Pai, Filho e Espírito Santo manifestam Sabedoria, Força e Beleza.*; e essa *'trindade'* deu origem aos *três (3) pontos* que o Maçom apõe à sua assinatura, cuidando em não errar na disposição, para produzir resultados benéficos pelo real significado de cada um.

Orador

Como todo Maçom, o Companheiro não deve esquecer que a Ordem também recomenda:

Amor ao próximo, prática da virtude, igualdade e beneficência, horror ao vício, mentira e hipocrisia, tolerância a todas as opiniões, submissão e respeito às Leis, respeito aos direitos dos semelhantes, benevolência universal, e aperfeiçoamento por fraternidade e instrução;

assim, o Companheiro não pode, nem deve, ignorar que é reservada a responsabilidade transmitida pela tradução conceitual das palavras que simbolizam a 'conquista da imortalidade':

Minha força está em Deus, e na perseverança no bem!

Na entrada do Templo, as duas (2) Colunas designadas pelas Letras 'J e B' – símbolos idênticos da unidade de Deus, que se traduzem no mistério da imortalidade da alma, constituem as duas (2) grandes bases em que se assenta a Maçonaria, em qualquer Rito adotado pela Loja; portanto, deve o Companheiro instruir-se mais no simbolismo das Colunas 'J e B', que também determinam limites do mundo criado ou profano, em que vida e a morte são antinomias extremas, ou, a contradição de dois princípios e fatos inquestionáveis, cujo simbolismo tende ao equilíbrio.

As forças construtivas somente podem agir depois que as forças destrutivas terminam sua tarefa, assim, essas forças opostas são 'necessárias' reciprocamente, tanto que não é possível conceber as: *Coluna J sem a Coluna B – calor sem frio – Luz sem trevas – etc.*; e, ainda que todo ser vivo se encontra, constantemente, em estado de equilíbrio instável, motivado pela criação de novas células e a correspondente eliminação de células mortas, podendo-se então concluir que:

As novas gerações somente podem se afirmar, quando as antigas cederem o lugar.

Secretário

Se a representatividade das 'Colunas J e B' puder ser também entendida como realmente sendo 'a imagem do mundo', então seria conveniente deixá-las 'fora' do Templo; e a mesma conceituação também poderia ser considerada quando da edificação do Templo de Salomão.

O Templo Maçônico é sustentado por 'pilares do mundo dos arquétipos', a se fundir numa única Luz, cuja resplandecência é inascescível, ou seja, nunca esmorece, diminui ou murcha.

Pela literatura consultada, pode-se ainda afirmar que, simbolicamente, as Colunas também seriam utilizadas como: *Canais voltados para 'descida' das benesses do G∴A∴D∴U∴, e 'subida' das puras aspirações dos Homens*, e o constante 'sobe e desce' constitui a Lei Divina de involução e evolução, cuja magnificência rege a Iniciação, sendo ainda o motivo das 'Colunas J e B' simbolizarem a Lei da Iniciação.

Por isso, cabe mencionar que o Companheiro estando *'À Ordem'*, incontinenti leva sua mão direita em direção ao próprio coração, demonstrando que passivo e humildade apela às *'forças benéficas'* do Universo.

O Homem sendo dotado de 'cinco (5) sentidos físicos', efetivamente, para alcançar o conhecimento chegou aos demais 'sentidos internos', pois necessitava desenvolvê-los; mas sem perder o sustentáculo fisiológico, pois no Maçom tudo deve se equilibrar, principalmente, quando amplia razão e consciência, raciocina com justeza para a ciência e justiça para a consciência; assim, conclusivamente, é possível afirmar que o Grau de Companheiro é, portanto, do trabalho, estudo e aperfeiçoamento intelectual e moral.

Porém, cientes de que só contam com o verdadeiro trabalho e seu esforço íntimo, pois cabe a indagação se: *Não é esse o significado da Alavanca?*; e que das ferramentas e instrumentos que o Companheiro aprendeu a utilizar é a mais significativa, simbolizando poder, perseverança, esforço e vontade, tudo voltado para a meta a atingir, que para o Maçom é o conhecimento.

Guarda (ou Cobridor)

Mas, para alcançá-lo o Integrante precisa de perseverança e coragem, e superar as forças psíquicas e mentais para chegar à espiritualidade conhecendo a Letra G, e então afirmar que: *Nasceu, realmente, uma segunda vez!*

Então, o Companheiro nessa fase estará apto a poder adentrar a Câmara-do-Meio, ou seja, em conhecer e assistir à dramatização da Lenda do Mestre-Maior, e alcançar o Mestrado.

Ainda cabe salientar que o Maçom, na condição de Aprendiz, Companheiro ou Mestre, se encontra perfeitamente apto a desfrutar aquela curta mensagem, e então passa a usufruir de participação e serviço, sem outro intuito que não seja o indescritível *prazer de servir!*; e, deixando de lado, efetivamente, cogitações sobre fama, notoriedade ou enriquecimento, mantendo o *prazer de servir*, em consonância com o ensinamento máximo do Divino Mestre:

"Eu não vim para ser servido, mas para servir!",

e assim, onde houver:

Uma árvore para plantar, plante-a; Um erro para corrigir, corrija-o; Um esforço a que todos se esquivam, aceite-o;

ciente que todo aquele que 'afasta' torna-se:

'A pedra do caminho, o ódio dos corações e as dificuldades do problema'.

VM (ou Venerabilíssimo Mestre)

E, jamais apenas ser atraído por serviços fáceis, e se enganar que só há mérito nos grandes trabalhos, pois quase todos os pequenos encargos também são tão nobres quanto os outros; mas, se há quem critica ou destrói, felizmente há quem constrói; então, deve-se escolher o caminho.

Finalmente, caberia relembrar um magnífico pensamento do Ir∴ José M. Jurado:

"Irmãos Companheiros, que não passe um só dia sem que busquem o saber, e sempre se indagando: Que fiz hoje? Que esqueci hoje? E, se tiver sido o mal, abster-se, mas se foi o bem, deve preservá-lo!"

NOÇÕES BÁSICAS AO COMPANHEIRO MAÇOM

VM (ou Venerabilíssimo Mestre) _____

Apesar de já ter sido muito mencionado, inclusive, por vezes, neste mesmo texto, ainda assim é possível afirmar que a etimologia mais comumente admitida para a origem da palavra 'Companheiro' seria que:

O termo Companheiro deriva do latim 'Cumpanis' *que significa: 'Com pão ou que partilham do mesmo pão'.*

Em tempos idos, na antiguidade, essa palavra na França foi alterada para *'Compaim'*, porém, por corruptela, o linguajar simplista do povo, por natural precipitação, manteve a forma dita do termo *'Copain'*, significando 'Colega'.

Também como dito, o Aprendiz tornando-se Companheiro, em linguagem maçônica diz-se:

"Passa da 'Perpendicular ao Nível', isto é, por absorver suficientemente os elementos do conhecimento mostrados no Grau anterior, agora é capaz de visualizar esses elementos e aprender suas relações com o mundo, então se tornando apto a receber e estudar, em complemento, os conhecimentos do novo Grau de Companheiro."

1º (ou Venerável 1º) Vigilante _____

Enquanto Aprendiz recebeu importante tarefa que executou com desenvoltura, que era de buscar com insistência a *'purificação do espírito'*, que ocorreria pelo intenso trabalho interior.

Depois da tarefa realizada, o Integrante deve fugir do isolamento, e sem imaginar perigo, criar coragem e contatar o mundo exterior, devendo buscar esses contatos para refazer e enriquecer o próprio conhecimento, que ocorrerá por muita observação, raciocínio e meditação.

E certo é que o modo de ver as coisas do novo Companheiro se modificou rapidamente, pois também passa a não mais vê-las da mesma forma análoga de quando ainda era profano.

Porque sua Elevação ao segundo (2º) Grau de Companheiro ainda trouxe o exemplar conhecimento de um *'novo método de trabalho fecundo'*, que permitirá acesso à sabedoria.

Entretanto, esse sistema somente será valorizado na medida em que a sabedoria encontrar condições a serem providas pelo Companheiro, para poder depois ser bem aplicada na prática.

E, conforme o Rito da Oficina, o Painel da Loja do Companheiro Maçom é, no conjunto, muito semelhante ao da Loja de Aprendiz, sendo que naquele:

- *As romãs que encimam as Colunas são substituídas por esferas;*
- *A Pedra Bruta é substituída pela régua e nível; e*
- *A Corda apresenta cinco (5) nós, em vez dos três (3) anteriores;*

e explicitando essas alterações, segue:

Esfera = *Uma com representação terrestre e outra celeste, ambas demonstrando que o Universo inteiro é oferecido às investigações do Companheiro.*
E que, daí em diante, representam o domínio onde trabalhará, caso queira conseguir realizar sua Pedra Cúbica.

2º (ou Venerável 2º) Vigilante

Régua = *Representa o instrumento de trabalho e medida do tempo, em não serem gastas horas na ociosidade e egoísmo, mas parte das mesmas dedicadas à meditação e ao estudo, outra parte ao trabalho, e o restante ao merecido e necessário repouso.*
Mas, sempre todas as horas voltadas a serviço da Humanidade.
Estudioso da Maçonaria, o autor Ragon afirma que: "A Régua simboliza o aperfeiçoamento, pois sem, a indústria seria uma aventura, as artes seriam defeituosas, e as Ciências só ofereceriam sistemas incoerentes e perderiam sua lucidez."

Nível = *Constituído por um triângulo, que no ápice tem atado um fio-de-prumo, e, simbolicamente, é formado por um esquadro justo cujo ângulo no ápice é de 90º.*
É o símbolo da igualdade, mas apesar disso, jamais deve ser visto com o dever de representar o nivelamento dos valores.
E quanto ao simbolismo, procura mostrar a necessidade premente de considerar as coisas com igual serenidade, pois o verdadeiro conceito de Moral é sempre relativo, variando de acordo com os diversos locais, épocas e agrupamentos que compõem o mundo ao longo do tempo.

Orador

Número Cinco (5) = *Número do Companheiro, que para os antigos designava a 'quintessência universal', e simbolizado pela forma a essência vital, ou o espírito animador que serpenteia por toda Natureza. Esse número engenhoso é composto pela união dos 'dois acentos' da linguagem grega, alocados sobre as vogais, a saber, os:*

Primeiro (1º) sinal = chamado espírito forte, significa o espírito superior e o espírito de Deus aspirado (spiritus), *respirado pelo Homem;*

Segundo (2º) sinal = chamado espírito doce, representa o espírito secundário ou puramente humano.

Esse número era considerado tão importante, que, como já dito, o matemático e filósofo Pitágoras afirmava que os Homens somente deveriam guerrear contra 'cinco (5) coisas, ou seja: doenças do corpo, paixões do coração, ignorâncias do espírito, sedições ou agitação, revolta e motim das cidades, e discórdia das famílias'.

Além disso, ainda existem outros dois (2) símbolos muito importantes referidos ao Grau de Companheiro, ou seja, a Estrela Flamejante e a Letra G; cumprindo ressaltar que nesse contexto existem diversas dissertações específicas sobre a Estrela Flamejante e a Letra G.

Porém, ainda assim, passam a ser descritos alguns 'conceitos' que complementariam as narrativas apresentadas; assim, a esse respeito o autor e estudioso Ragon, afirma que (adaptado):

"A Estrela Flamejante, entre os egípcios, era a imagem do 'filho de Ísis e do Sol', autor das estações, emblema do movimento, disse Hórus.

E, símbolo dessa matéria-prima, fonte inesgotável de vida dessa fagulha de fogo-sagrado, e semente universal dos seres.

Para os Maçons, ... é o emblema do gênio, que eleva a alma a grandes coisas, ... é iluminada, porque, como já dito, um ilustre iniciado (Pitágoras) recomendou que não se falasse de coisas divinas sem uma 'tocha acesa'."

e outro estudioso, Guillemain de Saint-Victor, afirma que (adaptado):

"A Estrela Flamejante é o centro de onde parte a verdadeira Luz."

Secretário

Assim, conforme determinados Ritos Maçônicos que a adotam, a Estrela Flamejante, ao ser 'iluminada' mesmo que artificialmente, e até inserida no Delta Luminoso, significa que o Maçom voluntário fica prostrado diante de seu 'resplendor divino', e recebe a Luz interior para libertar em definitivo seu espírito.

A Estrela Flamejante representa ainda a 'segunda (2ª) estação do ano', na qual o 'Pai da Luz' atinge seu ponto mais elevado, e então lança 'línguas-de-fogo', quando passa a dar o dom da 'palavra' a todos os seres vivos.

Já a Letra G, em sua grafia atual, é de origem recente, mas, primitivamente, a Letra G tinha o mesmo valor fonético da Letra C, tanto que em latim são encontradas as formas: *Cains ou Gains, e Cnoes ou Gnoes.*

Quando a Letra C se tornou quase um homófono da Letra K, vocábulo com mesmo som de outro, mas grafia e sentido diferentes, ocorreu a necessidade de representar o som da Letra G por uma nova Letra.

Assim, na segunda metade do século V em Roma, foi 'inventada' essa 'Letra'.

Para os anglo-saxões, cuja grande maioria é constituída por 'deístas', a Letra G não poderia ser outra senão a inicial da palavra *God* – Deus.

E ainda assim, a Letra G é a inicial da 'quinta' Ciência, a Geometria, por isso, será nessa Ciência e na Matemática que o Companheiro Maçom deve buscar todo o brilho dessa verdade luminosa, para dever e poder se espalhar sobre as operações do espírito; significando também, dentre outros, Gerador ou Geração Universal.

O mundo gravita em torno de duas (2) forças principais, *atração e repulsão*, que ainda podem ser entendidas como *concentração e expansão*.

E então, também estar cientes de que para a geração são precisos dois sexos, quase imperiosamente, que podem ser representados pela:

Lua = como Ísis, a Natureza, e

Sol = como Osíris.

Outro autor e estudioso maçônico, Whirth, em sua obra *Livre du Compagnom ou Livro do Companheiro*, observa que (adaptado):

"Não se falou da 'Estrela Flamejante' ou 'Letra G' em nenhum Ritual anterior a 1737, época aproximada em que esses emblemas foram 'adotados' pelas Lojas francesas."

Guarda (ou Cobridor)

Importante registrar que Companheiro era também a denominação dos Obreiros de origem muito antiga que constituíam três (3) organizações, mas, em guerra permanente entre si, detendo cada qual uma história tradicional interessante, além de reivindicarem sua importante procedência.

Se considerados os três (3) Graus que compõem o simbolismo das Lojas da Maçonaria atual, da modernidade, como sendo verdadeiras *'divisões'*, poder-se-ia citar:

Primeira (1ª) divisão = *mais antiga de que se tem notícia, era a constante da Bíblia e referida ao Rei Salomão, ou mais especificamente, a seus Filhos, que de início era constituída apenas pelos Canteiros, para, mais tarde, também serem compostas de Marceneiros e Serralheiros;*

Segunda (2ª) divisão = *dos Filhos do Mestre Jaques, que igualmente admitia Membros das mesmas 'três (3) profissões', e depois de outras, principalmente Seleiros, Sapateiros, Alfaiates, Cuteleiros e Chapeleiros;*

Terceira (3ª) divisão = *seguia o Mestre Soubise, e originalmente composta somente por Carpinteiros, embora depois admitisse Educadores e Trabalhadores.*

E, geralmente, se concebia que os *'Filhos de Salomão'* eram os mais antigos de todos, e para distingui-los dos Canteiros, foi o motivo por que os Pedreiros não eram admitidos, o que torna esse fato digno de nota.

As 'três (3) divisões' conservavam, respectivamente, lendas concernentes ao Rei Salomão, e ao seu magnífico Templo erigido em honra e homenagem ao Senhor.

Porém, muito pouco é sabido a respeito da lenda corrente entre os *'Filhos de Salomão'*, mas há indicações de que conheciam a história da morte do Arquiteto, ou do Encarregado pelos serviços, do Templo, a qual, todavia, *'não'* consta da Bíblia.

Desse modo, ficaram também conhecidos como Maçons Operativos, para destacá-los dos Maçons Especulativos.

VM (ou Venerabilíssimo Mestre)

E essas Corporações e a Maçonaria parecem ter a *'mesma origem'*.

Finalmente, à medida que a Instituição Maçônica se desenvolvia, as Corporações Obreiras diminuíam, cabendo informar que ainda subsistem na atualidade, mas já perderam qualquer importância ou maior influência.

O COMPANHEIRO DE OFÍCIO

VM (ou Venerabilíssimo Mestre)

Todos devem ter plena consciência de que, é tanto pela ação no plano físico, quanto pela emoção e sentimento, que se manifesta a vida humana; assim, seria caracterizada a energia que o novo Integrante do Segundo Grau deve tomar para início dos trabalhos como Companheiro.

E, por analogia às três (3) fases cronológicas da vida dos Homens, o Integrante Maçom passa da sua fase de 'juventude despreocupada', para assumir as maiores responsabilidades inerentes da 'idade adulta'.

Nesse segundo (2°) degrau da escada evolutiva da Maçonaria Simbólica, poder-se-ia entender que no Templo estivesse um soldado munido de:

- *Uma armadura brilhante;*
- *Uma espada embainhada; e*
- *Um livro na mão;*

esse conjunto simboliza a força ou energia de Marte; e além, todo sentido em ter dado esse esplendoroso passo em seu próprio desenvolvimento espiritual, que já é conseguido e reconhecido no Grau de Companheiro.

1º (ou Venerável 1º) Vigilante

Todos os Homens possuem os raios flamejantes da emoção, que ao se acumularem geram muito poder em cada expressão da energia humana.

De modo figurativo, aos cavalos que se irritam com o freio, e aos cães que ficam ansiosos pelo passeio diário, é possível comparar os poderes emocionais, entretanto, mesmo não podendo manter-se, ao eliminar as restrições surge como expressões flamejantes de energia dinâmica.

Já maçonicamente, esse avassalador princípio da emoção pode ser entendido como o principal motivador dos maus Companheiros assassinos do Mestre ou do Encarregado pelos Serviços do Templo de Salomão.

Por intermédio da perversão das emoções humanas sempre sobrevêm as enormes tristezas, que, por reação, se manifestam física e mentalmente nos Homens; porém, causa estranheza que essas emoções, consideradas também as verdadeiras manifestações dos poderes divinos inatos nos Homens, podem sofrer perversão e distorção, e por isso, o indivíduo pode até se tornar assassino.

Entretanto, a compaixão divina se manifesta na Terra de modo diferente de como o faz nos Reinos de Luz; e essa característica se energiza pelos mesmos influxos das paixões mortais, denominada Princesa de Fogo do Alvorecer, ou seja, o Raio da Luz Espiritual do Cosmos.

Assim, surge mais frequentemente no Homem não regenerado, que se transforma no responsável pelos impulsos que pervertem esse indivíduo, chegando ao ódio, ou de modo extremado, até a matar.

Mas, quando o caos se instala, seu poder se torna incessante, e se energiza pelo mesmo poder utilizado pelo Homem que procura destruir o mais alto e o melhor, ou seja, os mesmos poder místico e energia, que mantém: *Os Planetas em suas respectivas órbitas em tomo do Sol, e todos os elétrons em movimento.*

E ficam então iguais os poder e energia, que devem consubstanciar a construção do Templo de Deus, e se tornarem características fora de domínio e contenção.

Desse modo, o Homem passa a não mais perceber e ouvir a voz que o aconselha sempre amorosa e suavemente, voz que se expressa pela paz e orienta na melhor aplicação construtiva da energia que precisa dominar, caso opte por tornar-se um Mestre dos Poderes da Criação.

2º (ou Venerável 2º) Vigilante

Então, também figuradamente, poder-se-ia indagar:

Quanto tempo levaria o Rei Hirão de Tiro, considerado como sendo o guerreiro do segundo (2º) degrau na hierarquia e símbolo do Companheiro na Loja cósmica, para ensinar as lições do autoaprendizado?

e, enquanto isso, deve-se estar cônscio de que a força dada ao Homem não o foi para destruir, mas para ser possível construir um Templo em homenagem e graça ao G∴A∴D∴U∴.

E complementando, os Companheiros devem bem compreender que a Divindade glorifica-se por intermédio de individuais porções de si próprio, ensinando aos poucos que essas porções devem ser unidas para a glorificação do todo.

Então, por esse entendimento assimilado ao longo do tempo, chega-se a que os Companheiros devem bem perceber e aplicar todos os conhecimentos disponibilizados pela Divindade, que dentre outros, também incluem:

• *Conhecimento da chave perdida do Grau;*
• *Princípio que levará ao mestrado da emoção; e*
• *Que esses conceitos colocam a energia do Universo à sua disposição.*

Assim, o Homem pode esperar ser investido nesse grande poder, ao conseguir provar que esteja de posse de perfeita habilidade em utilizá-lo de forma construtiva e abnegada.

Então, desse mesmo modo, quando o Companheiro aprender sobre a 'Chave do guerreiro e o Poder da dinâmica da vida', realmente aprendeu o mistério do ofício do segundo (2º) Grau.

O conjunto dessas energias, benéficas e maléficas, está disponível aos Companheiros, e antes que possa avançar ou retroceder, precisa provar sua habilidade em bem aplicar tais energias.

Para tanto, deve seguir os passos de seu antepassado Tubalcaim, que por intermédio da força poderosa do Deus da Guerra, houve por bem transformar sua espada num simples arado.

Sendo o Grau de Companheiro considerado da transmutação, é necessária a incessante e ininterrupta vigilância sobre seus próprios pensamentos, ações e desejos.

Orador

A vigilância a tais características é indispensável aos que auspiciam, efetivamente, incrementar e progredir no desenvolvimento de si próprios, e para tanto, devem bem compreender e colocar em prática os preceitos de que:

- *A mesma mão que mata, deve erguer os caídos;*
- *Os mesmos lábios que amaldiçoam, devem ser ensinados a rezar; e*
- *O mesmo coração que odeia, deve aprender o mistério da compaixão;*

sendo o resultado do profundo e perfeito entendimento das relações do Homem com seu próximo, pois a firmeza e a generosidade do espírito indicam que deva conter os poderes flamejantes da emoção com rígidas determinação e segurança.

Em realidade, é na realização e aplicação desses princípios que se encontra assentada, lastreada e embasada, a 'chave' do Companheiro Maçom.

Assim, é nesse Grau que os dois (2) pontos do compasso simbolizam o coração e a mente, e pela expressão das elevadas emoções, o ponto central desse compasso, o coração, é liberado do esquadro, instrumento de medição do bloco de matéria, e por isso simboliza a forma.

E como afirma o pensador e autor Manly P. Hall em *As Chaves Perdidas da Maçonaria*,* na atualidade parte da Humanidade sofre, principalmente, quanto à espiritualidade, o que ocorre de modo análogo entre os Integrantes desse Grau, expresso por seus 'cinco (5) sentidos'.

Enquanto as percepções dos sentidos surgem, sob o controle das energias emocionais, o desenvolvimento dos sentidos é necessário à expressão construtiva do poder do Companheiro.

Entretanto, o Homem deve perceber que seus poderes, conseguidos por suas necessidades surgidas ao longo de muitos anos, se apresentam para que, por seu intermédio, esse Homem possa liberar por completo o prisioneiro existente em si.

Secretário

Por ser esse Grau de Companheiro *'intermediário, central, do meio ou da metade'*, com relação aos 'três (3) Graus' da Maçonaria Simbólica, é dever espiritual de seus Integrantes sempre buscar o ponto de equilíbrio, que se encontra localizado entre os extremos.

Além disso, também nesse Grau é enaltecida e cultuada a maestria da expressão, ou seja, o dom da palavra ou a perfeita exposição do verbo; e, as palavras-chave

---

*N.E.: Obra publicada no Brasil pela Madras Editora.

do Companheiro Maçom podem ser resumidas em estabilidade, compaixão e transmutação.

Estando nesse segundo (2°) Grau velada a dinâmica da vida, o Companheiro se caracteriza em ser trabalhador do fogo elemental; assim, torna-se dever o transmutar em Luz espiritual.

Por isso, o coração é o centro de suas atividades, sendo que durante esse Grau o lado humano do Integrante, ou seja, suas emoções construtivas podem ser despertadas e enfatizadas.

Então, o Candidato à Elevação ao segundo (2º) Grau percebe ter alcançado sua capacidade em manifestar toda sua energia e fogo, de modo equilibrado e construtivo.

E, em consequência disso, tenha resgatado espiritualmente os sentimentos do coração místico da matéria; então pode com eficácia compreender que o Grau de Mestre Maçom não está longe, e assim, aguarda para breve sua ordenação espiritual naquele Grau mais elevado.

Agora, o Companheiro Maçom deveria se estudar melhor e com mais afinco, para perceber que não pode receber a promoção na Loja espiritual, até que esteja sintonizado a um influxo de espiritualidade superior dos planos causais da sua consciência.

Então, pelo exposto, seguem listados os requisitos necessários, antes que o Integrante possa afirmar que seja, espiritualmente, um efetivo membro da Instituição Maçônica colado no segundo (2°) Grau de Companheiro Maçom, assim:

Guarda (ou Cobridor)

1) *Condições mostram que o Adepto merece ser ensinado por um Companheiro:*
    - *Domínio e controle de todas as emoções;*
    - *Estabilidade frente a condições desesperadoras; e*
    - *Gentileza frente à simplicidade de seus poderes.*
2) *Condições que marcam a fidelidade do Adepto ser merecedor do Grau de Companheiro:*
    - *Competência frente às energias animalescas;*
    - *Contenção das paixões e desejos; e*
    - *Controle das coisas inferiores.*

3) *Condições que são como verdadeiros degraus precisos ao crescimento do Integrante:*
    - *O entendimento e controle sobre as forças criativas;*
    - *A consagração dessas forças ao desenvolvimento da espiritualidade; e*
    - *A compreensão apropriada de sua aplicação física.*

4) *Transmutação de afeição pessoal em compaixão impessoal demonstra que o Companheiro entende em verdade seus deveres, e vive de modo que o torna merecedor da Ordem.*
As personalidades não podem representar os Integrantes do segundo (2) Grau, pois, ao levantar um ponto do compasso, percebe que as manifestações pessoais se baseiam em princípios impessoais.

5) *Consagrar os 'cinco (5) sentidos' ao estudo dos problemas humanos, desenvolvendo também seus centros ao perceber que os cinco (5) são 'chaves', e sua aplicação resulta na transmutação espiritual, quando efetivada por analogia.*

VM (ou Venerabilíssimo Mestre)

E, o Integrante considera que como Aprendiz concluiu um Grau materialista; agora o Grau de Companheiro é religioso e místico; e o Grau de Mestre se caracteriza como oculto e filosófico; tudo devido a cada um ser Grau ou degrau, na evolução e progresso espiritual dos Integrantes.

Finalmente, o Grau representa o desenvolvimento de uma vida conectada e inteligente, contribuindo para que no caso do Grau seguinte, de Mestre, seja revelada a libertação do Mestre, ou da cela triangular da negação tríplice, marca característica do estágio anterior de individualização.

POSIÇÃO E DESTINO DO COMPANHEIRO

VM (ou Venerabilíssimo Mestre) _____

I) Introdução

Conscientes de que o Candidato a Integrante da Sublime Instituição, ao ser Iniciado, quando então se torna um Aprendiz Maçom, deixa o mundo profano para adentrar ao mundo maçônico, ou simbolicamente:

'Abandona as trevas da ignorância, e recebe a Luz pura da Ciência e da virtude';

e, ao longo de seu aprendizado, caso o Aprendiz tenha cumprido e/ou mostrado que:

- *Colocou em prática esses ensinamentos recebidos;*
- *Demonstrou e manifestou aptidões no cumprimento de seus deveres; e*
- *Desejou progredir na carreira maçônica;*

indubitavelmente, será guindado pelos Mestres ao lugar onde se assentam os Companheiros.

1º (ou Venerável 1º) Vigilante _____

Uma vez Elevado ao segundo (2º) Grau de Companheiro, passa a ser instruído no:

- *Uso dos novos instrumentos de trabalho;*
- *Sentidos materiais e simbólicos; e*
- *Escolha dos materiais em qualidade, natureza, forma e consistência; pois é o Companheiro quem dirige, instrui e vigia os Aprendizes, tornando-se o eficaz auxiliar dos Mestres;*

assim, aos Elevados à segunda (2ª) Câmara são comunicadas as novas *'palavras, sinais e toques'*; e, complementando, relativo a esse Grau tem-se que:

- *A 'marcha' já não é mais tão somente em linha reta até o túmulo;*
- *O Avental se mostra com a abeta caída;*
- *Principia como um obreiro laborioso, diligente e progressista; e*
- *Deve estudar com entusiasmo as Ciências e prática da nova Arte.*

Terminados os trabalhos manuais como Aprendiz, então da prática passa a teoria, pois agora está em estágio mais elevado, e sua jornada até a perfeição já não é de temor ou vacilação, portanto torna-se seguro o caminho a ser percorrido, e por isso sua meta está muito próxima.

Nessas circunstâncias, suas ações serão dirigidas por estímulo, ânimo e positivismo, pois já desapareceram as dúvidas, e a esperança marca os novos horizontes de realidade e beleza, porque possui a ciência da coisa material, e se instruiu na filosofia moral da virtude.

E o Companheiro consciente de cumprir a missão na sociedade, satisfaz-se convicto da razão e ditames da consciência na prática dos princípios morais, ideais a sustentar para sua apreciação como admitido e útil a essa mesma sociedade, a quem deve respeito, carinho e ajuda.

2º (ou Venerável 2º) Vigilante

O Maçom deve compenetrar-se do que os ensinamentos representam em sua preparação, adiantamento e principalmente disciplina, que o fará digno da distinção como Companheiro.

E então, será permitida outra nova e nobre missão, de seguir sua 'marcha ascendente pela escada do simbolismo', até onde as possibilidades intelectuais o permitirem.

E em complemento, o Companheiro assim instruído faz uso simbólico de sua 'marcha', ou seja, cumpre com os sagrados postulados maçônicos de: *'istruir o ignorante; ajudar o necessitado; e socorrer o indigente'*.

Portanto, não deverá haver qualquer impedimento a esse nobre e abnegado trabalho, principalmente, dentro do limite das possibilidades de ser útil aos semelhantes, pois: *'sua norma de conduta é a equidade, sua divisa é a razão, e a finalidade de seus atos é a justiça'*.

Os ensinamentos do Grau têm uma filosofia Moral profunda, inserida nos conhecimentos que o Companheiro deve adquirir para lograr o aperfeiçoamento das ações, atos e obras; e ainda verificar que os estudos maçônicos se embasam na sã Moral partindo da verdade, cujo conhecimento é que dignifica e enaltece, e apoiado nessa afirmação pode-se concluir que:

> "A maior qualidade do Companheiro é, realmente, sua confirmação como Aprendiz; assim, nesse Grau pode penetrar mais intimamente na Instituição, e melhor compreende suas finalidades."

II) Posição

Permitindo-se parafrasear o Ir∴ Francisco Glicério, em texto afirmar que, por exemplo:

> "A alforria concedida aos escravos não é nada, se comparada com a alforria que pode ser concedida a si mesmo, quando se descobre o conhecimento.";

então, pode-se entender ser pelo conhecimento, certamente qualificado como a porta da sabedoria, que é possível galgar o degrau ao nível dos demais Integrantes, que dividem consigo o orbe.

Orador

Esse conhecimento também será responsável pela abertura da porta da sabedoria, e por esforço individual e luta íntima, poderá avançar muito em seu crescimento evolutivo.

Lembrando ainda que, mesmo nas piores condições físicas ou espirituais, é possível alcançar o aprendizado e o crescimento, de vez que o Adepto se apresente predisposto, ou seja, estejam literalmente abertas as pontas do Compasso espiritual, e voltadas ao G∴A∴D∴U∴.

Por não haver, em absoluto, desperdício de tempo na Natureza, por analogia, mesmo os Maçons que estejam estacionados, é certo que esse estágio possa ser só aparente, pois ainda têm a chance de aprender, principalmente, pela nulidade do ócio; mas, deve estar consciente que, pela Maçonaria e suas responsabilidades, e seus deveres, podem extravasar suas capacidades mentais, e voltar as energias ao aproveitamento do aprendizado em qualquer situação.

III) Destino

Desde que o Grau de Companheiro se consagra à exaltação ao trabalho intelectual, manual ou técnico, e por meio de seu Cerimonial, torna-se possível conseguir e depreender que:

- *Com os instrumentos do trabalho, obtém a abundância, simbolizada pela 'espiga-de-trigo';*
- *Pelo trabalho criam-se condições de transformar a Pedra Bruta em Cúbica;*
- *Por isso, pode-se galgar a escada do aprimoramento por 3, 5 e 7 degraus;*
- *Conhece o real significado da Letra G;*
- *Alcança e progride na visão da Estrela Flamígera de 'cinco (5) pontas'; e*
- *Consegue também o aprofundamento nos mistérios da existência;*

Secretário

E em consequência, de modo igualitário, tornam-se seus deveres a sua:

- *Dedicação ao estudo dos 'novos símbolos' agora conhecidos;*
- *Procura em reconhecer o próprio Homem como um ser útil à sociedade;*
- *Busca pelo encaminhamento desse Homem na direção de bem servir a Humanidade; e*
- *Direção em semear bem-estar por meio do trabalho, ciência e virtude;*

mas, o novo caminho mostra a necessária dedicação aos estudos com precisão, praticidade e filosofismo, sem exigir profundos conhecimentos da Ordem, que serão repassados depois da Exaltação ao Mestrado, ao 'terceiro (3º) Grau'.

Pelo exposto, conclui-se que o segundo (2º) Grau de Companheiro, por ser um Grau intermediário no simbolismo maçônico, significando o laço de união entre os Graus de Aprendiz e Mestre, assume relevante posição na premente necessidade de estudos, que certamente serão o melhor embasamento na caminhada futura no filosofismo da Instituição.

Entretanto, nesse estágio, não sendo Aprendiz nem tampouco Mestre, o Adepto do segundo (2º) Grau deve ser como o fiel de uma balança imaginária, isto é, ocupar posição centralizadora, assumindo o dever de se postar como mediador, tentando equilibrar as posições, aspirações e tendências, de seus pares.

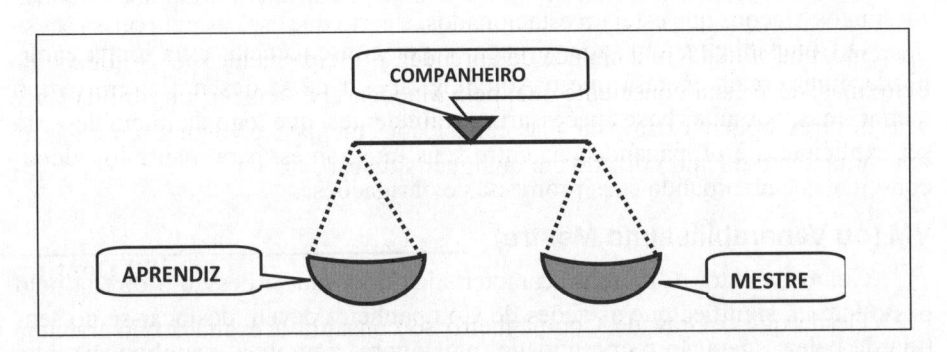

Tendo cumprido seu interstício ou período regulamentar do Grau, caracterizado também por ser longo, precioso e denotando paciência e constância, sua real fidelidade poderá culminar em valiosa recompensa, a possibilidade de ser aceito como Mestre, que na Maçonaria simbólica é o último Grau; então alcançará sua plenitude maçônica, com os intrínsecos direitos e deveres.

Assim, tornar-se um Companheiro Maçom significa um avanço no caminho reservado a poucos, e logicamente, constitui uma complementação na escalada da Maçonaria simbólica, pois como já dito, o Integrante só atinge a plenitude simbólica sendo Exaltado a Mestre.

Guarda (ou Cobridor)

Então, como Companheiro já deve ter o necessário conhecimento de si próprio, e assim torna-se possível dar ou pedir a palavra da estabilidade e firmeza, pois adquiriu tal condição ao:

Conhecer a 'Estrela Flamejante'; ter 'cinco (5) anos' de idade simbólica; passar da Coluna de Aprendiz para de Companheiro; ser reconhecido por sinais, toque e palavras (fartura e abundância, estabilidade e firmeza); e receber as necessárias Instruções na sua Coluna.

E, já sendo capaz de descobrir por si os princípios e elementos da Ciência Iniciática, por falta de Instruções, não podem mais considerar-se ignaros, ignorantes ou inábeis; assim, o Integrante desse Grau está apto a identificar as relações entre Colunas e salários, tanto os recebidos pelo Aprendiz como pelo Companheiro; porque estando as Colunas erguidas de cada lado da entrada do Templo de Salomão, correspondiam a 'obeliscos egípcios' cobertos de hieróglifos ou ideogramas, e que em suas proximidades eram pagos os respectivos salários, passando a indicar que os *'princípios da Iniciação são imutáveis'*; e as Colunas sendo ocas, poderiam ainda abrigar:

Instrumentos e ferramentas da edificação; Leis e Regulamentos que regiam a Corporação; e a doutrina iniciática dos que se aprofundaram nos estudos.

O Companheiro tem uma jornada, e por consequência, uma longa caminhada, muito mais extensa que o Aprendiz, apesar de se desenrolar em tempo menor; mas, possui as bases necessárias e suficientes, que logo de início deverão ser explicitadas e propagandeadas entre seus Integrantes, para mantê-los alerta, conscientes e recordando suas promessas e obrigações.

VM (ou Venerabilíssimo Mestre)

Como foi dito, a 'marcha' característica do Grau, o desvio à direita pelo passo lateral, significa que as ações do Companheiro devem deslocar-se no sentido da beleza, geração e criatividade; pois agora, figurativa e simbolicamente, deixa a infância gerada pelo renascimento e atinge a puberdade, estando apto a exercer sua real missão no mundo, que seria, estando acompanhado por Vênus, representação da mulher no mundo profano, deve por obrigação contribuir ao aperfeiçoamento do próximo, em todos os sentidos.

Também como instrução, a Estrela de 'cinco (5) pontas', símbolo conhecido só a partir da Loja de Companheiro, torna mais minuscioso o conhecimento do Integrante; pois a Estrela é considerada o pentagrama que ainda é tido como a representação do número cinco (5), sendo esses ícones geradores de estudos específicos do segundo (2º) Grau.

Finalmente, a Estrela Flamígera é ainda considerada como o ponto de partida, ou seja, a semente universal de todos os seres, e para a Maçonaria também constitui o emblema do gênio, que eleva a alma humana em direção à efetiva realização de supremas tarefas!

QUALIFICAÇÕES DO VERDADEIRO COMPANHEIRO

VM (ou Venerabilíssimo Mestre)

O verdadeiro Companheiro percebe que existe apenas uma Loja, o Universo, e uma fraternidade, composta pelo que existe em qualquer plano da Natureza; e ainda que o Templo de Salomão é o Templo do Homem Solar (SOL–OM–ON), o Rei do Universo manifestado pelos construtores.

E, se atém que são universais seus votos de irmandade e fraternidade, e que os reinos mineral, vegetal e animal, e o Homem, estão incluídos na verdadeira Instituição Maçônica.

Dos novos deveres do Grau, o da responsabilidade pelo reino da Natureza é compreendido pelo verdadeiro Companheiro, que pelo compromisso da Elevação, prefere sucumbir a falhar na grande obrigação; porque se dedica no altar de seu Deus, sentindo-se feliz e recompensado, e querendo servir os melhores pelos poderes recebidos do Maior.

Assim é um místico o Integrante que desenvolve acurada visão além dos Rituais, e reconhece a unicidade da vida manifestada, que se apresenta em muitas formas; e já tendo grande percepção entende que seu posicionamento sobre assuntos materiais não são tão importantes, se comparado com sua evolução e vida interior.

O Adepto ao permitir que aparências ou expressões mundanas tenham o cumprimento das tarefas, são fracassados para a Ordem, pois é a Ciência abstrata do desenvolvimento espiritual.

1º (ou Venerável 1º) Vigilante

A prosperidade material não pode ser a medida do crescimento da alma, e o Companheiro percebe que apoiando muitas almas há um princípio da vida e a fagulha de Deus em todas as coisas vivas; portanto, essa é a vida a ser considerada quando medir o merecimento de outro Membro; e deve recorrer ao reconhecimento da unidade espiritual; e ao descobrir a fagulha de unidade o conscientiza da Loja cósmica; e entende que a fagulha brilha no inimigo como no amigo.

O Companheiro passa a ser divinamente impessoal ao próprio pensamento, ação e desejo, e demonstra não estar só vinculado a seu credo, e que a Ordem nada preceitua ou impõe a respeito, mesmo com a iluminação Divina componente da Loja; e entende ser possível até que sua religião, adotada livremente, seja vista como universal, pois sendo Cristo, Buda, Maomé, etc., não importando o nome, porque o Adepto deve só reconhecer a Luz, e não quem a oferece.

Assim, o Companheiro pode prestar culto a qualquer santuário, e curvar-se ante qualquer altar, independentemente de ser Templo, Mesquita, Catedral, etc., mas, sem deixar de entender a unicidade da verdade espiritual; e há possibilidade de os Maçons se conscientizarem de que podem até ser como pagãos com imensos ideais, não se sujeitando a única e isolada visão.

Podem ainda compreender que quase todas as religiões se formaram de uma mesma história contada de muitas maneiras, por indivíduos com ideais diferentes, mas cujo grande propósito sempre é se mostrarem em harmonia com todos os ideais maçônicos.

Sem limites à diversidade do pensamento, mesmo diferindo os ideais humanos, tudo é dito e a forma fica de lado por falsos conceitos, mas uma verdade permanece:

'Os Adeptos da Ordem são construtores de Templos e trabalham a um fim único';

e nenhum Integrante deve se sentir estreito, pois a Loja é a divina expressão da amplidão, pois não há lugar para mentes pequenas em grandes trabalhos.

Das atribuições do Grau, o Companheiro deve desenvolver a observação; na Natureza buscar o que perdeu; estudar o ser humano, e ver as expressões da inteligência espiritual conectada; pois o Ritual espiritualizado da Loja interpreta todas as ações do Companheiro.

2º (ou Venerável 2º) Vigilante

A Iniciação a qualquer Grau deve ser um segredo, nenhum profano pode presenciar; e os Integrantes extraem da vida as próprias mensagens, com que constroem o Templo de seu Deus.

O Companheiro busca aprender o que o torne melhor construtor no plano Divino, ou o melhor instrumento de auxílio ao G∴A∴D∴U∴, a trabalhar no desenvolvimento da vida; então, o Adepto percebe que seus votos livres o tornam a ferramenta viva do Mestre dos trabalhadores.

O Companheiro adentra a Loja indagando-se como poder individualmente:

Ser mais útil ao plano universal?; Merecer compreender os mistérios ali ocultos?; e Melhorar a visão do velado àqueles com pouco entendimento espiritual?

O Companheiro é altruísta, ou adepto da doutrina, com objetivo da conduta humana, interesse pelos outros, amor ao próximo, e desprendimento e abnegação ao aplicar os deveres confiados; e o Integrante não almeja nada a si, mas trabalha sem interesse para o bem geral.

Outro preceito a compreender e praticar, é que ao assumir obrigação espiritual e desistir, não merece confiança; a verdadeira Luz só chega àquele que, sem nada pedir, está pronto a doar.

O Adepto reconhece que um voto não cumprido acarreta severa pena, pois percebe que fracassando em viver nas adequadas condições de mentalidade, espiritualidade e moralidade, concordante com elevados ideais, incorre no rompimento desses importantes votos; então, o verdadeiro Maçom ao se dedicar todo dia na árdua batalha pela própria melhoria física, mental e espiritual, não fará dos desejos objetivo do trabalho, nem pelo dever de colaborar.

Além de estar à disposição dia e noite, deixar os afazeres ao ser convocado pelo construtor, pois o trabalho deve ser feito, dedicará a vida aos sem amarras de tempo; mas, precisa estar alerta e pronto, dedicando-se a essa preparação, pois há o chamamento quando menos esperar, além do Adepto saber que mais úteis ao plano são os que bem absorveram as experiências práticas da vida; porém, 'não' acontece na Loja limitada, na base de sua grandeza, mas nos problemas do dia a dia, e assim o estudioso da Ordem é conhecido por suas ações fraternas e senso comum.

Orador

Quando o Integrante jura e promete devotar a vida à Construção da Casa do Pai, e depois viola o 'templo vivo' pela perversão do poder mental, força emocional e/ou energia ativa, estará quebrando o voto, causando sérias implicações; entretanto, tornando-se merecedor de ser Maçom, deve se agigantar e ser capaz de restringir o que impele a agir por condições ou linguagem inadequadas, ao impor referências ao Grande Mestre; mas, obriga-se a bem compreender que na ocorrência das situações: *uma vida mal dirigida, e/ou um voto quebrado ou rompido*, sua reconstrução só se fará pela purificação e aplicação construtiva de energia, que, se executada todo dia, se torna a única invocação viva capaz de construir e projetar o poder do Criador.

Assim, será entendida e praticada a condicionante que: *Sua vida é a única prece aceitável pelo Altíssimo!*; e vida impura ou compromisso rompido gera mente estreita e desajuste a Deus.

Os verdadeiros Companheiros têm consciência de que seu trabalho não é secreto, mas que deve permanecer desconhecido, principalmente, ao que não vive a verdadeira vida maçônica.

Se os segredos da Ordem fossem propalados, ainda é certo que os preceitos da fraternidade seriam preservados, pois é precisa a qualidade espiritual até antes que esses verdadeiros segredos sejam compreendidos pelos próprios Integrantes; eis a razão de haver tão extensa literatura contra a Maçonaria, impressa desde 1730 até a atualidade; contudo, não foram capazes ou suficientes para atingir a Ordem, pois essas publicações apenas revelam as Cerimônias e as formas.

Só os considerados honestos, corretos e verdadeiros pelo próprio crescimento se prepararam dignamente para apreciar os significados íntimos da Ordem; e aos demais Adeptos os Rituais Sagrados são tidos, segundo Shakespeare, apenas como palavras – palavras – e palavras; pois o Maçom detém interiormente o poder, que ao ser exarado institui a 'palavra do construtor', por isso, sua vida é a única condição a permitir ou não, ser admitido na verdadeira Loja; mas, seu anseio espiritual, representado pela acácia e ignorância, mostra pelo fogo espiritual estar bem vivo.

Secretário

Deve bem instruir a qualidade espiritual que resulta no verdadeiro entender da Ordem; mesmo mostrando que nada significam, pois a vida interior está oculta até revelar-se pelo espírito.

O Maçom pratica caridade, com as peculiaridades dos Integrantes antigos, o que não significa só socorrer o necessitado, mas praticar caridade de pensamento e ações; pois o Companheiro conclui que os Maçons não se dispõem em um mesmo patamar ou degrau, maçônico ou cultural, mas onde se posicionam realizam o melhor, conforme seu nível de iluminação.

O Integrante deve trabalhar com as ferramentas disponíveis, enquanto os de Grau Superior jamais devem criticar, mas prover e melhorar as ferramentas, contribuindo em elevar a qualidade dos resultados; e o Obreiro, em vez de maldizer os instrumentos tidos como inadequados, seus superiores devem sentir-se culpados por ainda tê-los; por isso, não deve procurar falhas nos trabalhos dos demais, não tecer crítica ou reclamação, mas ter caridade com todos, buscando merecer a confiança do Supremo; e, trabalhando em silêncio com paciência, sofrendo se os construtores tentarem trabalhar ao lado, e sua última palavra será uma prece a todos.

A contribuição do Integrante será tanto maior, quanto mais elevado e avançado no ofício, e trabalhar em sua ampliação até abrigar as coisas vivas do próprio interior; porque, trabalhando com poucos deve procurar assistir todos, mas insistir em manter correto e qualificado o resultado das tarefas, não devendo se orgulhar de sua posição, mas permanecer e demonstrar humildade.

O Companheiro não deve adotar postura de soberba e orgulho, mas de puros sentimentos, sensibilidade, humildade e gratidão; mas, caso se sinta diminuído no cargo ou lugar que ocupa, deve perceber que precisa trabalhar mais, pois está abaixo do padrão requerido, pois o Maçom dedicado ao tempo de estudos pode dar mais de si; e, quanto mais longe estiver, mais entende que se está em local escorregadio, e se perder a simplicidade e humildade, ocorrerá queda inevitável.

O Maçom jamais deve se sentir merecedor da Ordem, pois deve trabalhar, estudar e auxiliar; e o indivíduo se destaca e sente-se satisfeito com sua posição frente aos pares, porém, o verdadeiro Integrante será mais notado pela simplicidade; e, não evoluir na hierarquia por eleição ou escolha, mas Elevado por seu desenvolvimento, crescimento, autopurificação e mudanças espirituais.

Guarda (ou Cobridor)

Infelizmente, há muitos que só compõem a Ordem sem compromisso, que não frequenta, geralmente uma única vez por semana ou menos; assim, torna-se notório seu fracasso relativo ao conhecimento, prática, exemplo, auxílio à sociedade e aos ideais da Maçonaria; e figurativamente, é possível afirmar que esse fracasso aos ideais da Ordem faz com que esses Adeptos se tornem indiferentes aos ensinamentos e propósitos da Instituição.

A vida, conforme os ditames da Maçonaria, é a primeira 'chave' do Templo, e sem a mesma nenhuma das portas da Instituição podem ser abertas; além disso, esse fato ao ser percebido a Ordem será despertada, e poderá comunicar a 'palavra' há tanto tempo oculta.

E a Instituição Especulativa momentaneamente volta a Operativa, e a antiga sabedoria oculta por tanto tempo ressurgirá das ruínas de seu Templo, como a mais importante verdade revelada; pois o Maçom reconhece o valor da busca dessa verdade onde estiver, não importando estar entre indivíduos incapacitados, e sendo a verdade deve-se lutar para encontrá-la.

A Loja sendo universal, ao Maçom cabe buscar os extremos da Criação por Sua Luz, pois conhece e aplica um paradoxo, ou seja:

Deve procurar por coisas superiores em lugares inferiores, e encontrar as coisas inferiores em lugares superiores!;

e muitos incorrem no erro de construir uma barreira frente a seus segredos, pois quando assim procedem privam-se da própria Luz; mas, a oportunidade divina está à disposição, pois precisa-se da antiga sabedoria, devendo viver as doutrinas que prega e mostrar a glória do trabalho.

VM (ou Venerabilíssimo Mestre)

Finalmente, sendo o Maçom o portador das 'chaves' da verdade, cabe deixá-lo abrir a Porta, e, com sua vida, e não com palavras, pregar a doutrina que professa há tempos; assim, foram unidas as paternidades de Deus e fraternidade do Homem para concluir o Templo Eterno, ou seja, o Grande Trabalho, gerador de todas as coisas pelas quais é Glorificado o Criador!

OS COMPANHEIROS E OS QUASE-MAÇONS

VM (ou Venerabilíssimo Mestre)

Os Integrantes da Maçonaria em que se incluem os Companheiros, ao longo do tempo, por vezes, ouvem, estudam e refletem a respeito de determinados conceitos referentes ao explicitado 'contexto maçônico'.

De modo análogo, como todos os demais Maçons, os Companheiros, em particular, falam, filosofam, teorizam e imaginam a Instituição das mais diversas formas, por exemplo, como sendo:

'Oficial ou profana, teísta ou deísta, masculina ou mista, suas origens, Ritos, influências, etc.';

proposições que nem os mais eruditos Adeptos chegaram a um consenso, pois infelizmente, nem reuniram condições para tanto, pela quase inexistência de registros e/ou literatura específica; mas, afinal: *O que é Maçonaria?* E, ao responder, pode-se sintetizar num único ponto elementar:

Maçonaria é também um estado de espírito, seria como: *beber de fonte limpa e segura, respirar o ar mais puro, ser dia e nunca noite, ser a Luz que controla paixões, etc.*

1º (ou Venerável 1º) Vigilante

Se considerada a Maçonaria como: *'Instituição, Organização ou Associação'*, dentre muitas há uma condição histórica que a afeta diretamente, podendo destacar que:

Modernamente, como Organização se originou em 1717 pela criação da Grande Loja de Londres, regulamentada em 1723 pela dedicação dos Maçons J. Anderson, Payne e Desaguilliers.

e depois houve a fusão das Grandes Lojas de Londres e de York, culminando na Grande Loja Unida da Inglaterra (1813), ao terminar o 'cisma' entre os Maçons – Antigos e Modernos.

Agora organizada, a Instituição logo depois desse episódio percorreu um caminho bem definido por toda Europa, instalando-se na Alemanha, França, Bélgica, Suécia e outros países; e na França ocorre um fato gerador de muitos conflitos, isto é, a *'Releitura Maçônica de Ritos, Rituais, Preceitos, Trabalhos, etc.'*, elaborado pelo Grande Oriente da França, que transformou o que era um único e consensado entendimento da Ordem em uma nova proposta de conhecimento.

Por essa atitude francesa, os países europeus envolvidos resolveram 'dividir' a Maçonaria em diversas 'potências regulares', e até em algumas 'irregulares', mas, ao menos buscando minimizar os efeitos danosos da divisão, tentaram mantê-las sob a égide oficial da Grande Loja Inglesa; então, surgem divergências entre as Grandes Lojas e os Grandes Orientes, como se cada um detivesse total 'poder político' e pudesse determinar nos países que tipo de 'regime de governo' devesse imperar, se monarquia ou república!

Com isso o 'espírito universal maçônico' se perdeu em discussões e pendengas não resolvidas, que infelizmente, algumas perduram até a atualidade; assim, nas Lojas Maçônicas permanecia a dificuldade em saber: *Quem reconheceria quem?*; o que se tornou um dilema, e então, ainda se concluiria que:

"A Maçonaria não pode ser 'medida', nem 'regulada', porque se autorregula por bom senso, lógica e razão, dos seus Iniciados que sempre devem atuar sem outras intenções."

2º (ou Venerável 2º) Vigilante

Mas, a moderna Maçonaria foi sendo composta a partir da 'sociedade dos Pedreiros-livres' da antiguidade, sendo por isso considerada sua fiel sucessora, e também pela absorção de diversas outras culturas, no todo ou em parte; e então, muito bem instituída se espalhou por todo o mundo, aglutinando em suas fileiras Homens de todas as naturezas.

Em resumo, essa é praticamente a considerada magia secreta da Instituição, que perdura até a atualidade; e, por isso, rompe a barreira do tempo e sobrevive às mais duras provas de resistência, é a Maçonaria demonstrando tolerância, até a suportar a arrogância de alguns Integrantes, que se autodeclaram seus 'donos', mas que, em realidade, não passam de simples 'pseudo-maçons'.

Em verdade, pelas mazelas por que passa a Humanidade nessa época, deve ser registrado o fato dos Integrantes que praticam os preceitos exarados pela Ordem, terem esperança na denominada verdadeira Maçonaria, mas que somente se concretizará anos à frente, ou seja:

"Quando ocorrer a vital e necessária 'distinção' entre Real-Arte e Arte-Real!"

e, ainda cientes que, na modernidade, a Maçonaria praticada toma posição um tanto distante da perfeição, a mesma que é emanada dos seus apregoados:

"Princípios e conceitos de liberdade, fraternidade, igualdade, racionalidade, harmonia, dominar paixões, confiança, sabedoria, cultura, dedicação, disciplina, respeito, etc."

Obviamente, essa afirmativa é comprovada pelos que têm avidez por conhecimentos, além de serem bons observadores; e, em consequência, resulta o dever de manter plena consciência da Grande Obra que estará por terminar, como se referia o filósofo grego Sófocles:

"Tenho o hábito de não falar do que ignoro, pois tudo o que se ignora se despreza."

Verdadeiramente, os Companheiros e os demais Integrantes da Ordem passaram a utilizar com competência a filosofia e liturgia maçônica, resultando que ao longo do tempo passou a ser formado o contingente de Maçons; então, foram sendo absorvidas outras culturas, crenças, lendas e conhecimentos; assim, em realidade, se consistiu sua forma atual.

Orador

Afora a destacada interpretação da simbologia, composta por características ritualísticas únicas, pouco há de novo ou diferente que, na atual conjuntura, seja passível de ser um segredo.

Essa prática de interpretar símbolos gerou diversas estruturas administrativas na organização, com a finalidade principal de tanto doutrinar a Ordem, quanto a necessidade de trabalho, se entendidos como compensação ou resposta pelos Integrantes serem Maçons; e ainda, chegando ao extremo de ser propalado que os Componentes da Instituição deveriam segregar-se do próprio mundo profano; e tal posicionamento transformou-se numa espécie de rótulo:

"Como se o fato de ser Maçom o tornasse 'diferente' de qualquer outra pessoa."

E, sabedores de que isso 'não' se trata só de retórica, mas 'sim' o que torna válida a Moral maçônica; mas, infelizmente, na atualidade parte dos Companheiros não demonstra razões para que a sociedade acredite em seu trabalho, voltado para melhoria qualitativa da Humanidade.

Os Maçons, regulares ou não, no todo ou em parte, utilizaram esse espírito da Maçonaria para compor a Ordem Maçônica, e organizá-la segundo a política do Esquadro e Compasso; assim, produziram Leis, Regimentos e Regulamentos, para os Maçons alinharem suas direções e ações, e apesar de surgirem exigências, a Ordem sobreviveu por uma força energética, vibrante e crescente, presente há muito tempo, mesmo quando provocada por determinados 'quase-maçons'.

E, como se todo o exposto fosse apenas considerado como uma simples teoria, alguns dos autores e estudiosos da Ordem poderiam até buscar estabelecer um tipo de diferenciação entre a Maçonaria e a Ordem Maçônica; que definindo poderia ser:

Maçonaria = *Força energética invasora de Homens livres e de bons costumes;* e
Ordem Maçônica = *Organização institucional administrada por Maçons, que sob o espírito maçônico realiza obras;*

porém, por contemplarem razão e lógica imaterial, definitivamente haverá um único caminho.

Secretário

Mas, mesmo assim, jamais foi tarefa simples dominar o que arrasta o Homem ao que há de pior em emoções e sentimentos, que é fato recorrente desde a antiguidade; entretanto, os Integrantes devem ter consciência de que a tecnologia vem evoluindo muito, como também ocorre com parte da consciência humana; mas não ocorreu com as fraquezas e emoções; assim, tornou-se dos principais objetivos da Ordem, se eliminado tudo que desgraça o Homem, no aspecto mundano, pois:

O Maçom 'não' é um fraco, é um forte, e deve lutar pela eternidade;

então, o restante seria apenas política do ego e/ou uso indevido da marca Maçonaria.

Caso a Instituição apenas se volte para a materialidade, ou seja, como dito apenas para a Ordem Maçônica, só tímida e lentamente seguiria na direção da suposta verdade, e que, muitas vezes, passa a se perder na imaginação e vontade de seus próprios Integrantes; mas, incrivelmente, certos Maçons dos dias atuais demonstram até certo receio da verdade, quando exposta nua e crua, por sua responsabilidade intrínseca, mesmo buscando entender o que é a Ordem.

Tal ocorrência é devida à possibilidade do Integrante não se sentir tão bem ou à vontade, chegando mesmo a pensar que esteja sendo ludibriado, em parte pela oferta litúrgica na Loja, e pelo ágape fraternal ao final dos trabalhos; assim, não consegue desenvolver seus conhecimentos, nem tampouco obter os resultados esperados, e então, passa a se reconfortar com uma situação social cômoda, inerte e, aparentemente, perene, mesmo porque:

"A Maçonaria quase nada ensina, mas mostra o verdadeiro caminho; ou efetivamente: Na Maçonaria, por também ser entendida como escola, há necessidade da busca da sabedoria."

Guarda (ou Cobridor)

Portanto, cabe ao Companheiro e demais Integrantes, o célere dever do cumprimento da sua senda, munido ainda das informações que conseguiu acumular ao longo da vida, e das ofertadas que pode conhecer em sua trajetória pela imensidão do mundo, e perguntar:

Por que o Maçom, se não estando em constante investigação, é considerado vazio?

Para isso, minimamente, sempre é exigido que detenha conhecimento material e extrafísico, além de contar com *sensibilidade, dedicação e estudo*.

E importa ressaltar que a verdadeira compreensão maçônica a respeito da Divindade, logicamente, não é passível de ser tateada ou agarrada, mas sim de ser absorvida na alma e no espírito, porque se encontra no éter, estando disponível a todo aquele que se mostra sensível, e que tenha a excepcional capacidade de captar o elixir emanado pelo G∴A∴D∴U∴.

O início desse processo deve ser interior, por meio da limpeza ou faxina que ao ser Iniciado nos mistérios da Ordem esteve referida em V.I.T.R.I.O.L.; e, concordante com os pensamentos do filósofo grego Sócrates, pode ser traduzido pela máxima: *"Conhece-te a ti mesmo!"*

Há muitas opiniões de que a instituição oficializada, gerida por Maçons em busca do *'alargamento de horizontes, necessária verdade e melhoria de posição frente aos Integrantes'*, necessita urgentemente:

Rever conceitos, refletir sobre a original doutrina da Ordem perdida no tempo, e repensar o humano instinto natural de amor e solidariedade';

pois, esse espírito humanitário deve prevalecer sobre a matéria, que nesses dias, por vezes, é conceituado equivocadamente nos novos paradigmas da Humanidade, em que a modernidade é exigida pela sociedade, que clama por atitudes coerentes e dignas de uma Instituição Progressista, como a Sublime Instituição Maçônica.

A consciência humana estando comprometida, lúcida, sensata, responsável e clara, com ideais puros e honestos conduzirá ao caminho da retidão, equilíbrio, paz e harmonia, o que é devido porque com acomodação e letargia não há conquistas, mas estagnação, pois é o pensamento questionador que produz a energia que move a Ordem.

VM (ou Venerabilíssimo Mestre)

Assim, se deveria auspiciar por uma Maçonaria forte e unida, em:

Pensamentos, atitudes, na sociedade e ações a melhorar e equacionaro as diferenças econômicas, que resultam nas atuais discrepâncias no mundo';

e deve ser buscada a amadurecida consciência maçônica, com objetivos firmes e claros, a ampliar formas e contextos, e aproveitar as iniciativas de organização que a Ordem oferece à sociedade.

Finalmente, para que ocorra, deve romper as barreiras da segregação, até inerentes à Ordem, e os Integrantes se reconhecerem só pelos olhos e aperto de mão, sem precisar de complemento.

RECOMENDAÇÕES AOS COMPANHEIROS 50

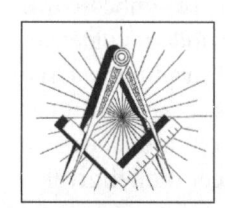

VM (ou Venerabilíssimo Mestre) _____

I) Aspectos Gerais do Companheiro

Caso seja permitido, humildemente, recorrer-se-á a extraordinária exposição de motivos do estudioso e autor Ir∴ Theobaldo Varoli Filho, em seu *Curso de Maçonaria Simbólica – Companheiro*, acerca dos muitos cuidados a serem adotados pelos Integrantes colados em todos os Graus.

Isso se deve porque, felizmente, há uma minoria de Integrantes que expõem suas ideias por Instruções ministradas, com objetivo do aperfeiçoamento dos Obreiros.

Infelizmente, constam de alguns Rituais, como são apresentadas em Lojas, muitas Instruções aos Companheiros que mostram ideias muito arcaicas, objetivando apenas enaltecer o Número cinco (5) e estabelecer mistérios em seu entorno; então, diversos Integrantes passam a 'ensinar' isso do mesmo modo, e para tanto, até criando uma atmosfera lúgubre e não recomendável.

Mas, se entendido que a Maçonaria sempre deve seguir o verdadeiro caminho da verdade, propalar que a Instituição se restrinja em ser considerada simplesmente uma herdeira conservadora da velha magia e do ocultismo arcaico, seria condená-la ao desaparecimento.

1º (ou Venerável 1º) Vigilante _____

Quanto às ideias, o Maçom deve compreendê-las considerando suas respectivas épocas, bem como, ser receptivo às 'ideias-mestras' do passado até a atualidade.

Isso constitui o denominado ecletismo maçônico, isto é, seria a metodologia de reunir teses de diversos sistemas, ora simplesmente justapondo-as, ora unindo-as numa unidade superior nova e criadora, que faz da Maçonaria:

"Uma Instituição descomprometida de quaisquer doutrinas, crenças e dogmas";

e referente à ética é afirmativa, no mais expositiva e evolucinista; assim, valeria a indagação se:

Na atualidade, uma época de muito progresso científico, caberia ao Maçom pregar uma filosofia fundada nos cinco (5) princípios?

Há dois séculos passados não seria possível fazer essas pregações, muito menos nesse século das comunicações; mas, foi o que faltou efetivamente aos tratadistas maçônicos do passado; de outra parte, sem busca trabalhosa, a realização de simples exame dos clássicos gregos e romanos serviria para desmistificar a especulação desses mistérios, propalados por Maçons guiados pela tradição, mas em verdade, por puro desconhecimento.

Exemplificando, quem prega o arcaísmo ou coisas antigas, se soubesse que o sincronismo ou reunião de ideias ou teses disparatadas, do período pós-alexandrino e medieval, onde reuniam a Cabala e as ideias gregas, até invadindo o Cristianismo, jamais se atreveria a inserir nenhuma assertiva menos séria nos Rituais e Instruções; e, se quisesse tergiversar ou usar subterfúgios, com a dialética do Hermetismo a infundir perplexidade, também não lograria vencer o inteligível.

2º (ou Venerável 2º) Vigilante

Tanto que nem os gregos concordavam com 'cinco (5) elementos'; pois, comprovadamente, suas ideias de pensamento e inteligência eram transmitidas por uma única palavra: *Nous*.

A Cosmogonia, Ciência próxima a Astronomia, tratando da origem e evolução do Universo pelas 'lendas mitológicas', parte de construções fantasiosas antes que Eros misturasse as coisas; porque para os órficos ou adeptos de Orfeu, por seus *dogmas, mistérios e filosofia*, o primeiro ser Divino era a Noite, com a função de unificador Eros, contrariada pelo separador Anteros.

Consequentemente, seguem transcritas algumas situações e/ou exemplos de afirmações de ilustres pensadores da antiguidade sobre esse tema, a saber:

- **Aristófanes** – *Em Aves a 693, por exemplo, conta que: No princípio existiam os caos e noite, negro érebo e abismal tártaro; e não existiam Deuses antes que Eros misturasse todas as coisas, para que primeiro nascessem Urano/Céu e Oceano, e Géa/Terra.*
- **Órficos** – *De outro modo, exprimiram por um hino dedicado a Zeus, de acordo com testemunho suspeito de neoplatônicos, porque Zeus era o princípio, meio e origem das coisas; o Um (1) era o todo, e o todo o um (1), segundo o Panteísmo. Nos 'mistérios órficos' foi introduzida a ideia da Imortalidade da Alma dos Mistérios de Elêusis.*
- **Cícero** – *Em Tusculanae (I, 16/38) atribuiu a ideia original da Imortalidade da Alma.*
- **Ferécides de Siros** – *No século V a.C., de quem Pitágoras foi discípulo, era um Iniciado órfico.*
- **Tales de Mileto** – *(640-548 a.C.) afirmava que o princípio das coisas era a água.*
- **Anaximandro de Mileto** – *(falecido a 481 a.C.), discípulo de Tales de Mileto, de outro modo, atribuiu ao infinito o princípio das coisas, e pela primeira vez, empregou o termo APXH (Arquê) = Princípio, primeiro ou primário, para designar a origem do Universo.*

Orador

- **Heráclito de Éfeso, o Obscuro** – *(576-480 a.C.) tido como o pensador das contradições: O que é agora, não é mais – e – Ninguém passa duas vezes pelo mesmo caminho ao atravessar um rio; aventou a identidade do Uno Eterno, e o vir-a-ser universal; ainda, pensava que o Uno Eterno era o fogo, e o que não se poderia contraditar, era o Uno em todas as coisas; enquanto a realidade do existir estaria em opostos e harmonia de contrários, que era também uma afirmativa de Platão ao se referir a Heraclito em Sofista – 242,E.*
- **Xenófanes** – *No século IV a.C., em Eleata de Eleia, cidade grega na Itália (Magna Grécia), afirmava que todas as coisas derivam da Terra, e na Terra vão terminar.*

Assim, é possível crer que o exposto é suficiente o bastante para demonstrar que os Hermetistas da Idade Média, ou seja, da cultura Pedra Bruta, também eram copistas de certas transcrições tidas até como deturpadas, por isso, desprovidas de qualquer indicação da verdadeira origem.

A pouca divulgação de conhecimentos e descobertas, até depois da Renascença, contribuiu para 'conservar' erros do passado, como prestigiar exploradores da credulidade pública.

A França foi o centro de origem de muitos Ritos Maçônicos, cabendo destacar os Ritos:

Moderno – apesar das raízes inglesas; Escocês – como foco das invasões do falso ocultismo na Ordem; Adonhiramita, etc.

e surgiram ainda Ritos de toda espécie, como:

Capítulo Philalethes (1773); De Larges com doze (12) Graus; e o último denominado Grau dos Investigadores da Verdade,
que embora cultuando as Ciências, era tido como de caráter Martinista, pois se tratava de um Rito sectário, intolerante e até intransigente, e, portanto, 'não' maçônico.

Na opinião de alguns autores maçônicos, mas não como unanimidade, quem conhecer a obra *Estrela Flamejante*, de autoria do Barão de Tschoudy, como afirma o Ir∴ Varoli poderá concluir que desse livro constam certas afirmativas e sarcaísmos que não concorda, pois considera ser esse compêndio de velha magia, da já superada alquimia mística.

Secretário

Ainda na opinião do Ir∴ Varoli, até o clássico estudioso maçônico Ragon não se afastou dessas incursões em sua vasta cultura; o moderno autor Wirth publicou muitas coisas semelhantes; e a Alemanha também não escapou das incursões, pois o Rito Schroeder além dos 'três (3) Graus' do simbolismo, em 1766 criou mais quatro (4) baseados em *magia, alquimia e teosofia*.

O Barão Karl von Hund, outro Maçom místico a tecer doutrinas erroneamente atribuídas aos Templários, em 1767 com participantes da convenção de Altenburg, criou o Rito da Estrita Observância, já idealizado anteriormente por seus pares; e se tratava de um Rito baseado nas ideias do Maçom Ramsay, e que veio a prosperar; entretanto, também depois decaiu quando certos Maçons resolveram atribuir-lhe 'intenções' do Jesuitismo.

II) Cinco (5) Princípios do Companheiro

Logicamente, as Instruções Maçônicas não mantêm, nem deviam, uniformidade aos 'cinco (5) princípios' do Grau de Companheiro; assim, resta só prover síntese mais simplista, mas baseada em muitos Rituais e Tratados; e, referindo ao ser humano, seguem esses 'princípios':

1º) **Conhece-te a ti mesmo, e aperfeiçoa-te** = *Regra atribuída ao filósofo e pensador Sócrates, mas teria sido proclamada antes por Heráclito de Éfeso. Porém, não deve pertencer, exclusivamente, a esses dois filósofos. Na Maçonaria essa Regra corresponde a edificação do Templo pessoal interior, traduzido por terminar o desbaste e prover o polimento da Pedra Bruta, para atingir a Pedra Cúbica.*

2º) **Emprega tuas faculdades para criar, inventar e renovar, em benefício dos semelhantes e da Humanidade.** = *Certos Rituais Maçônicos proclamam que 'a sabedoria inventa'. Porém, na verdade os Homens descobrem muitas verdades na Suprema Obra do G∴A∴D∴U∴, isto é, não inventam, propriamente. Assim, criar ou inventar é descobrir, aproveitar, aperfeiçoar e renovar, no sentido material e no objetivo Moral e intelectual.*

Guarda (ou Cobridor)

3º) **Trabalha** = *O G∴A∴D∴U∴ também trabalhou; e a Maçonaria não admite parasitismo nem comensalismo, pois: 'Quem não age, não vive', por isso o Maçom deve trabalhar à exaustão. Assim, o Homem que não vive do resultado do trabalho, não deve pertencer à Ordem. E a Espada é concedida ao Maçom para contrariar os antigos costumes da nobreza, e honrar somente os que trabalham, os que usam Avental. Esse Grau é dedicado ao trabalho.*

4º) **Realiza e completa tua obra** = *O Número Um não se manifesta, não se dá a conhecer. Assim, terá de passar pelo número dois, a contradição, e a luta que termina com a conciliação ou verdade concebida. Mas, essa não pode ficar* *apenas no plano mental, ou na superfície imaginária de um triângulo. Porém, tem que chegar a quatro (4), a realização, obra, Pedra Cúbica, perfeita silhar, etc.*

5º) **Dá a obra aos semelhantes e à Humanidade, e receberás o duplo salário como pagamento do trabalho, e a satisfação íntima a alegrar o merecido descanso, e teu agradecimento ao G∴A∴D∴U∴** = *O Grau de Companheiro representa desprendimento quanto aos semelhantes, ou seja, a solidariedade fraternal, e amor ao próximo.*

Caberia citar a existência de Rituais Maçônicos que, de modo geral, mencionam certas 'palavras', algumas até criadas, com vistas a substituir os 'cinco (5) princípios' por nomes de filósofos ou outras expressões, tanto que podem ser listados, como exemplo simples:

- *Citam Sólon, Licurgo, Pitágoras, Sócrates e Jesus;*
- *Outros aos Sentidos, Arte, Ciência, Humanidade, Trabalho, Fraternidade, Justiça e Igualdade;*
- *Outros mais a Lei natural, doutrinas dos economistas de França, força ou domínio da matéria;*
- *Outros referem às 'cinco (5) viagens' do Companheiro, a Inteligência, Retidão, Coragem, Valor, Prudência e Amor ao Próximo e a Humanidade.*

VM (ou Venerabilíssimo Mestre)

Finalmente, esclarecer que em Maçonaria, onde for mencionado 'Homem', deve ficar claro que é a pura referência ao ser humano de ambos os sexos, e, respeitando a Lei Natural e a Criação Divina, a Instituição propaga como sendo de seus 'princípios maçônicos', a Igualdade de Direitos em ambos os sexos; e, sobre o tema aqui abordado, considera-se que também a Mulher deve se dignificar pelo trabalho, conforme suas condições naturais e aptidões, pois é considerada também como Pedra Bruta a sociedade que vê a Mulher como instrumento ou escrava; mas, ao contrário, a Ordem procura dignificar a Mulher, no lar ou no exercício de uma profissão digna!

Fontes

1. ALENCAR, R. – Enciclopédia Histórica da Maçonaria,
2. ASLAN, N. – Grande Dicionário de Maçonaria e Simbologia,
3. ASLAN, N. – Vade-Mecum Iniciático,
4. BARB, K. e YOUNG, J.K. – O Livro Completo dos Maçons,
5. BATHAM, C.N. – The Compagnognage and the Craft,
6. BAUER, A. – O Nascimento da Franco-Maçonaria,
7. BELTRÃO, C.A.B. – As Abreviaturas na Maçonaria,
8. BITELLI, F.A. – Instrução: 'As Romãs',
9. BLAVATSKY, H. – Ísis sem Véu, A Doutrina Secreta,
10. BOUCHER, J. – A Simbólica Maçônica,
11. BOURRE, J.P. – Dicionário Templário,
12. BRAUN, V. – Fourth Fundamental Catalogue (FK4),
13. CAMAYSAR, R. – O Caibalion - Três Iniciados,
14. CAMINO, R. da – Ápice da Pirâmide, Aprendizado Maçônico, Introdução à Maçonaria, Maçom e a Intuição,
15. CAPARELLI, D. – Enciclopédia Maçônica,
16. CARR, H. – Speculative Masonry,
17. CARVALHO, A. – Cargos em Loja,
18. CASTELLANI e CARVALHO, História do GOB,
19. CASTELLANI, J. – Maçonaria e Astrologia,
20. CHEERBRAN, C. – Dicionário de Símbolos,
21. COMMELIN, P. – Nova Mitologia Grega e Romana, Trad. T.Lopes,
22. CONERY-CRUMP, W.W. – Medieval Masters and their Secrets,
23. CONTE, C.B. – Pitágoras: Ciência e Magia na Antiga Grécia,
24. COOPER, R.L.D. – Revelando o Código da Maçonaria,
25. CRUZ, A.S. – Simbologia Maçônica dos Painéis,
26. DURANT, W. – Nossa Herança Oriental, Trad. Freitas,
27. DURÃO, J.F. – Pequena História da Maçonaria no Brasil,
28. DYER, C, - O Simbolismo na Maçonaria,
29. FERRE, P.S. – Fascículos Históricos – Geometria nas 'Old Charges',
30. FERREIRA, Aurélio B.H. – Dicionário da Língua Portuguesa,
31. FIGUEIREDO, J.G. – Dicionário de Maçonaria,
32. GOP – Constituição do,
33. GUIMARÃES, J.N. – A Maçonaria e a Liturgia: Poliantéia Maçônica,
34. HINCKLEY, A. – Star Names,
35. História da Civilização, V.1, RJ, Ed. Record
36. HOWARD e JACKSON – Os Pilares de Tubalcaim,
37. INTERNET: Operative Freem. – A History of Mark Mass. – The Operative Mass. – A Concise History of Freem. – Mason´s Marks Chart – Maç. Operativa – Navegador Light, tecepe.com.br.
38. JONES, B. – Freemasonry,
39. JORNAL – 'O Aprendiz', Ano 34, Nº 326
40. JOSEFO, F. – História dos Hebreus,

41. JURADO, J.M. – Apontamentos Adonhiramita,
42. KNIGHT e LOMAS – O Livro de Hiram,
43. LANGOBARDORUM, E. – Historiae Patriae Monumenta,
44. LAROUSSE – Dicionário da Língua Portuguesa,
45. LAVAGNINI, A. – Manual de Aprendiz,
46. LEADBEATER, C.W. – A Vida Oculta na Maçonaria, Pequena História da Maçonaria,
47. LEMSS, C.C. – Instruções do Simbolismo Maçônico,
48. MAGALHÃES, A.F.R. – Simbólica Maçônica VI,
49. MARANHO, O. – Instrução: 'Da Dúvida a Solução', 'Força da Oração na Simb. Mac.',
50. MASIL, C. – O Que É Maçonaria,
51. MAZZABOTA, E. – O Papa Negro,
52. MORGAN, W. – Os Mistérios da Maçonaria,
53. NULTY, W.K.M. – A Maçonaria – Símbolos, Segredo e Significado,
54. OLIVEIRA, R. – As Origens da Maçonaria,
55. OLIVEIRA, W.B. de – Um Conceito de Maçonaria,
56. PACHECO, W. – Entre o Esquadro e o Compasso,
57. PAUWELS, G.J. – Atlas Geográfico Melhoramentos,
58. PIMENTEL, M.Jr. – Elementos de Cosmografia e Geografia Física,
59. Platão Diálogos, Trad. Souza, Os Pensadores
60. PUIG, M.S. – Instrução: 'Instruções e Curiosidades Maçônicas',
61. PUIG, M.S. – Instrução: 'O Homem é um ser Simbólico',
62. RAGON, J.M. – Maçonaria Oculta, Ortodoxia Maçônica,
63. REVISTA – 'A Verdade', nº236/41 – 'Kether', abr.1998 – 'Minerva Maçônica', Nº3, mai.1998
64. RIGHETTO, A. – Maçonaria: Ontem e Hoje,
65. RITUAIS – Grau de Aprendiz: Ritos Adonhiramita e EAA, GOB
66. ROBINSON, J.J. – A Senda de um Peregrino, Os Segredos Perdidos da Maçonaria,
67. ROGON, J.M. – Iniciação Hermética,
68. ROSA, R. – Astronomia Elementar,
69. ROTTENBURG, H.S. – Pre-eminence Great Architect in Free-mas.,
70. ROUGIER, L. – A Religião Astral dos Pitagóricos,
71. SANTIAGO, M. – Maçonaria: História e Atualidade,
72. SANTOS, G.M.C. – Instrução: 'Alquimia e Maçonaria',
73. TRABALHO – ARLS Bento Gonçalves – ARLS Cavaleiros de São Caetano – ARLS Colunas do Tatuapé – ARLS Thomaz Idineu Galera
74. TRABALHO – IIrm∴ A.R.Fadista, J.A.Neto, N.A.Santos, R.Bandeira,
75. TRABALHOS – III EMAC de São Caetano do Sul,
76. VARGAS, A. – Antropologia Simbólica,
77. VAROLLI, T.Fº – Curso de Maçonaria Simbólica,
78. WESTCOTT, W.W. – Maçonaria e Magia,